Weiterführend empfehlen wir:

**Zeitnot ist Reichtum
an Möglichkeiten**
ISBN 3-8029-5503-X

**Richtig loben und
motivieren**
ISBN 3-8029-4519-0

Kreativ umdenken
ISBN 3-8029-4607-3

**Was mein Leben wertvoll
macht**
ISBN 3-8029-5500-5

Persönlichkeit als Potenzial
ISBN 3-8029-5501-3

Karriere. Macht. Einsamkeit.
ISBN 3-8029-5502-1

Zu den Autoren:

John S. Hammond, Professor an der Harvard Business School, arbeitet
international als Consultant, u. a. für die Weltbank.

Ralph L. Keeney, Unternehmensberater, hat einen Lehrstuhl an der University
of Southern California.

Howard Raiffa, Professor in Harvard, gilt für viele als der Pionier des Lösungs-
managements.

Wir freuen uns über Ihr Interesse an diesem Buch. Gerne stellen wir Ihnen
zusätzliche Informationen zu diesem Programmsegment zur Verfügung.
Bitte sprechen Sie uns an:

E-Mail: walhalla@walhalla.de
http://www.walhalla.de

John S. Hammond · Ralph L. Keeney ·
Howard Raiffa

Erfolgreiche entscheiden klüger

Das sofort anwendbare Programm

Wie Sie richtige Lösungen finden für Ihr privates und berufliches Leben

Erfolg und Lebenskunst

Die Deutsche Bibliothek - CIP-Einheitsaufnahme

Hammond, John S.:
Erfolgreiche entscheiden klüger : das sofort anwendbare Programm ;
wie Sie richtige Lösungen finden für Ihr privates und berufliches Leben /
John S. Hammond. – Regensburg ; Berlin :
Walhalla-Fachverl., 2002
(Erfolg und Lebenskunst)
Früher u. d. T.: Hammond, John S.: Schnell und sicher entscheiden
ISBN 3-8029-5505-6

Titel der Originalausgabe: Smart Choices:
A Practical Guide to Making Better Decisions
Original work copyright © by John S. Hammond,
Ralph L. Keeney and Howard Raiffa.
Published by arrangement with Harvard Business School Press.

Zitiervorschlag:
John S. Hammond, Erfolgreiche entscheiden klüger
Walhalla Fachverlag, Regensburg, Berlin 2002

Schnellübersicht

Schnellübersicht

Das Lernprogramm für proaktive Entscheidungen

Sie wissen nicht mehr weiter? Sie befinden sich in einer verzwickten Lage? Sie müssen eine wichtige Entscheidung treffen und sind sich nicht sicher, was Sie tun sollen?

Sie haben das richtige Buch gewählt!

Sie wissen genau, daß Erfolg von klugen Entscheidungen abhängt, und möchten deshalb lernen, wie Sie ein besserer Entscheider werden können?

Auch Sie haben Sie das richtige Buch gewählt!

Tagtäglich treffen Menschen auf ihre ganz individuelle Art und Weise Entscheidungen. Da Wissenschaftler – uns drei Autoren eingeschlossen – während der letzten 50 Jahre viel über Entscheidungsfindung und zugehörige Prozesse herausgefunden haben, entschlossen wir uns, »Smart Choices« zu schreiben, damit eine Brücke zwischen Theorie und Praxis geschlagen werden kann. Wir haben die Quintessenz dessen, was in der Forschung über Entscheidungsfindung bekannt wurde, für Sie herauskristallisiert, mit unseren Erfahrungen und gesundem Menschenverstand kombiniert und für den täglichen Gebrauch in leicht verständlicher Weise niedergeschrieben.

Als Ergebnis werden Sie Hunderte, vielleicht sogar Tausende besserer Entscheidungen treffen können, die Sie Ihren Zielen schneller näherbringen werden; und dies ohne Reue, mit weniger Ausgaben, Mühen und Sorgen – kurz gesagt: Ihre Lebensqualität wird sich aufgrund verbesserter Entscheidungen erhöhen.

Die Argumente für das Erlernen einer besseren Entscheidungsfähigkeit sind überzeugend: Denken Sie einmal darüber nach, wieviel Zeit und Gedanken Sie darauf verwenden, Entscheidungen zu treffen.

Bedenkt man die Wichtigkeit des Gegenstandes, sollte man glauben, daß Kurse über Entscheidungsfindung an sämtlichen Schulen angeboten werden und unzählige hilfreiche Bücher zu diesem Thema erhältlich sind. Bedauerlicherweise ist weder das eine noch das andere der Fall.

Wir stellen Ihnen in diesem Buch einen verständlichen Entscheidungsfindungsprozeß und einige sehr leicht anwendbare Techniken vor, damit Sie bessere Entscheidungen treffen können. Sie erfahren, was Sie bei der Bewertung Ihrer Alternativen bedenken sollten, und welche Schritte für eine kluge Entscheidung erforderlich sind. Der Grundgedanke unseres Ansatzes lautet: Teilen und überwinden. Teilen Sie Ihre Entscheidungsfrage in ihre Schlüsselelemente auf; finden Sie die heraus, die für Ihre Entscheidung die größte Bedeutung haben; denken Sie gründlich und systematisch nach und treffen Sie dann Ihre Entscheidung. Unser Ansatz ist proaktiv, das heißt, Sie werden lernen, aktiv nach Entscheidungsmöglichkeiten zu suchen, anstatt darauf zu warten, mit Problemen konfrontiert zu werden.

»Smart Choices« ist die Quintessenz unserer Erfahrungen, die wir, addiert man die Jahre, in denen wir über das Thema gelehrt und geschrieben haben, in einem Zeitraum von über 100 Jahren sammeln konnten, wie etwa bei der Beratung zahlreicher Einzelpersonen, Familien, Unternehmen, gemeinnütziger oder staatlicher Organisationen. Unsere Methode kann auf jede beliebige Entscheidung angewendet werden, über die es sich nachzudenken lohnt. Sie wird Ihnen dabei helfen, kluge persönliche Entscheidungen zu treffen – angefangen damit, welches Haus oder welcher Investmentfonds gekauft werden sollte, bis hin zu der Frage, ob Sie sich einem operativen Eingriff unterziehen sollten. Sie wird Ihnen auch dabei helfen, kluge berufliche Entscheidungen zu treffen – angefangen damit, welchen Bewerber Sie einstellen, welche Unternehmensstrategie Sie verfolgen, bis hin zu der Frage, welche Reiseroute Sie bei Geschäftsreisen buchen sollten.

Einer der Gründe, warum nur wenige Menschen von den Forschungserkenntnissen über Entscheidungsfindung profitieren können, ist, daß die Ergebnisse in wissenschaftlichem Fachjargon geschrieben sind. Auf diesen Fachjargon haben wir verzichtet, so daß Sie die Grundgedanken richtig und schnell verstehen können. Wir bieten Ihnen Schritt-für-Schritt-Lösungen für Ihre schwierigsten und wichtigsten Entscheidungen an. Sie werden Ihnen helfen, wenn Sie sich wieder einmal mit Vor- und Nachteilen abplagen, Ungewißheiten klären und Risiken einschätzen müssen und die Kette verknüpfter Entscheidungen überblicken möchten. Und all dies in der richtigen Reihenfolge.

Wenn Sie unsere Methode erst einmal für einige Ihrer Entscheidungsprobleme angewendet haben, werden Sie mit den Techniken immer vertrauter werden und schließlich vor keiner Entscheidung mehr zurückschrecken. Im Laufe der Zeit werden Sie bessere Ergebnisse mit weniger Rückschlägen erzielen. Noch während Sie anhand der Lektionen dieses Buches an Ihrer Entscheidungsfähigkeit arbeiten, wird sich in Ihrem Leben ganz gewiß einiges zum Besseren wenden.

John S. Hammond
Ralph L. Keeney
Howard Raiffa

Entscheidungen

1

Wir müssen ein Leben lang entscheiden

Unsere Entscheidungen gestalten unser Leben. Sie sind unser wichtigstes Werkzeug, mit dem wir den Chancen, Herausforderungen und Ungewißheiten des Lebens begegnen, unabhängig davon, ob wir sie bewußt oder unbewußt treffen und ob sie positive oder negative Folgen nach sich ziehen.

- Soll ich auf die Universität gehen? Wenn ja, wo? Und was soll ich studieren?

- Welchen Beruf soll ich ergreifen? Welche Aufstiegsmöglichkeiten soll ich verfolgen?

- Soll ich jetzt heiraten oder noch damit warten? Möchte ich Kinder? Wenn ja, wann und wieviele?

- Wo will ich wohnen? Soll ich in ein größeres Haus ziehen?

- Welchen Bewerber soll ich einstellen? Welche Marketingstrategie soll ich meinem Unternehmen empfehlen?

- Ich fühle mich unzufrieden: Soll ich den Arbeitsplatz wechseln? Mich weiterbilden?

- Wo soll ich meine Ersparnisse anlegen? Wann mich zur Ruhe setzen? Was will ich dann tun, und wo?

Fragen wie diese kennzeichnen unseren privaten und beruflichen Lebensweg, und die Art und Weise, wie wir sie beantworten, bestimmt zu einem großen Ausmaß unseren Platz in der Gesellschaft. Der Erfolg in all den Rollen, die wir einnehmen – Student, Arbeitnehmer, Vorgesetzter, Bürger, Ehepartner, Elternteil – richtet sich nach den Entscheidungen, die wir treffen.

Über manche Entscheidungsfragen müssen wir nicht viel nachdenken, denn die Lösung ist offensichtlich: Ihr Kontostand ist zwar niedrig, Sie haben jedoch demnächst zwei Wochen Urlaub und möchten sich mit Ihrer Familie an einem sonnigen Ort erholen.

Nehmen Sie das Angebot Ihrer Schwiegereltern an, deren Ferienwohnung an der See umsonst nutzen zu können? Selbstverständlich! Sie haben ein gutes Verhältnis zu Ihrem Arbeitgeber und möchten auch auf der Karriereleiter eine Stufe weiterkommen. Vertreten Sie Ihre Chefin, während diese einen Fortbildungskurs besucht? Ja, natürlich.

Diese Art von Entscheidungen ist jedoch die Ausnahme. Die meisten der wichtigen Entscheidungsfragen, die uns im Lauf unseres Lebens begegnen, sind schwierig und komplex, und oft ist keine einfache und klare Lösung in Sicht. Außerdem sind nicht nur wir alleine betroffen, sondern ebenso unsere Familien, Freunde, Kollegen und viele andere, die uns vielleicht nicht einmal bekannt sind.

Gute Entscheidungen zu treffen ist deshalb eine der wichtigsten Voraussetzungen, um Verantwortung für sich und andere zu übernehmen und Ihre persönlichen wie beruflichen Ziele zu erreichen. Kurz gesagt: Die Fähigkeit, kluge Entscheidungen zu treffen, ist eine grundlegende Lebenstechnik.

Die meisten von uns scheuen jedoch davor zurück, schwierige Entscheidungen zu treffen.

Sie erfordern zahlreiche komplexe Überlegungen und setzen uns dem Urteil anderer aus. Sobald wir eine schwierige Entscheidung treffen müssen, laufen wir Gefahr, Ängsten, Verwirrung, Zweifeln, Fehlern, Bedauern, Peinlichkeiten und Verlust ausgesetzt zu werden.

Während wir uns mit einer wichtigen Entscheidungsfrage beschäftigen, schwanken wir zwischen Selbstzweifeln und übergroßer Selbstsicherheit, zögern die Entscheidung hinaus, drehen uns im Kreise, werden nervös und fallen vielleicht in tiefste Verzweiflung. Unser Unbehagen verleitet uns dann oft dazu, Entscheidungen zu voreilig, zu zögerlich oder zu willkürlich zu treffen. Vielleicht werfen wir eine Münze, knobeln oder überlassen die Entscheidung einem anderen – oder der Zeit. Das Ergebnis ist dann meist eine zweitklassige Wahl, und nur mit Glück stellt sich Erfolg ein. Erst im nachhinein wird uns klar, daß wir eine klügere Wahl hätten treffen können – doch dann ist es zu spät.

Sie können lernen, bessere Entscheidungen zu treffen

Warum tun wir uns so schwer? Ganz einfach: wir wissen nicht, wie man gute Entscheidungen trifft. Obwohl es für unser Leben so wichtig ist, lernen nur die wenigsten von uns etwas über den Entscheidungsprozeß. So bleibt uns nichts anderes übrig, als aus der Erfahrung zu lernen. Doch diese ist ein teurer und unproduktiver Lehrmeister. Da die unterschiedlichen Entscheidungssituationen meist wenig gemeinsam haben, hilft uns die Erfahrung, die wir bei einer wichtigen Entscheidung gewonnen haben, bei der nächsten selten weiter. Denn die Entscheidung, welche Arbeitsstelle man annehmen oder welches Haus man kaufen soll, ist nicht vergleichbar mit der Entscheidung, welche Schule die Kinder besuchen sollen, welcher medizinischen Behandlung man sich aufgrund einer schweren Krankheit unterziehen oder welches Verhältnis zwischen Kosten, Ästhetik und Funktion bei der Planung eines neuen Gewerbeparks bestehen soll.

Das bedeutet jedoch nicht, daß Sie nicht lernen könnten, wie Sie Entscheidungen erfolgreicher treffen. Der gemeinsame Nenner aller Entscheidungen ist nicht, was Sie entscheiden müssen, sondern wie Sie dabei vorgehen. Die einzige Möglichkeit, Ihre Chance, smarte Entscheidungen zu treffen, besteht darin, die Anwendung eines guten Entscheidungsprozesses zu lernen. Ein Prozeß, der Ihnen hilft, in aller Ruhe mit einem Minimalaufwand an Zeit, Energie und Geld die beste Lösung zu finden. Solch ein effektiver Entscheidungsprozeß erfüllt die folgenden Kriterien:

- Er konzentriert sich auf das Wesentliche.

- Er ist logisch und folgerichtig.

- Er berücksichtigt sowohl subjektive als auch objektive Faktoren und vereint analytisches mit intuitivem Denken.

- Er erfordert nicht mehr Informationen und Analyse, als für die Lösung eines bestimmten Problems notwendig ist.

- Er unterstützt zielgerichtet die Sammlung sachbezogener Informationen und fundierter Meinungen.

- Er ist unkompliziert, zuverlässig, leicht anzuwenden und flexibel.

Ein Ansatz zur Entscheidungsfindung, der den oben genannten Kriterien entspricht, kann für praktisch alle Entscheidungsfragen angewendet werden: Welchen Film will man sich ansehen, welches Auto soll man kaufen, wohin soll die Urlaubsreise gehen, welche Investitionen soll man tätigen, welchen Abteilungsleiter einstellen, welcher medizinischen Behandlung möchte man sich unterziehen? Je öfter Sie einen solchen Ansatz praktizieren, desto effizienter werden Sie Ihre Entscheidungen treffen können. Je geübter und selbstsicherer Sie darin werden, desto mehr wird Ihnen das Treffen von Entscheidungen in Fleisch und Blut übergehen. Es kann durchaus sein, daß sich bald Ihre Freunde und Kollegen an Sie wenden werden, damit Sie ihnen bei schwerwiegenden Entscheidungen mit Rat und Tat zur Seite stehen.

Kluge Entscheidungen treffen mit dem PrOACT-Ansatz

In diesem Buch stellen wir Ihnen einen unkomplizierten, bewährten Ansatz zur Entscheidungsfindung vor. Er wird Ihnen nicht sagen, für was Sie sich entscheiden sollen, sondern wie Sie dabei vorgehen können.

Entscheidungen

Unser Ansatz entspricht den oben aufgeführten Kriterien. Er hilft Ihnen dabei, sowohl die offensichtlichen, greifbaren, als auch die verborgenen, ungreifbaren Aspekte Ihrer Entscheidungssituation klarer zu erfassen und alle zugehörigen Fakten, Gefühle, Meinungen, Anschauungen und Ratschläge auswerten zu können. Unser Ansatz ist flexibel anwendbar auf alle Entscheidungen, seien sie beruflich, persönlich oder familiär.

Eines kann Ihnen unser Ansatz jedoch nicht bieten: schwerwiegende Entscheidungen einfach zu machen. Das ist unmöglich. Schwerwiegende Entscheidungen sind nun einmal deshalb so schwierig, weil sie komplex sind, und diese Komplexität kann nichts und niemand verschwinden lassen.

Profi-Tip:

Sie können jedoch vernünftig mit komplexen Gegebenheiten umgehen. Wie? So, als ob Sie einen Berg hinaufmarschieren. Immer einen Schritt nach dem anderen.

Unser Ansatz geht schrittweise vor. Wir haben herausgefunden, daß selbst die komplexesten Entscheidungsfragen unter Betrachtung von acht Elementen analysiert und gelöst werden können. Die ersten fünf Elemente – Problem, Ziele, Alternativen, Konsequenzen und Kompromisse – bilden den Kern unseres Ansatzes und können auf praktisch alle Entscheidungsfragen angewendet werden. Im Englischen heißen diese Elemente **Pr**oblem, **O**bjectives, **A**lternatives, **C**onsequences, **T**radeoffs und bilden das Akronym PrOACT.

PrOACT soll Ihnen als Erinnerung dienen, daß Entscheidungssituationen am besten proaktiv, d. h. mit bewußter, aktiver Beteiligung, angegangen werden.

16

Die acht Elemente für kluge Entscheidungen sind:

- Probleme

- Ziele

- Alternativen

- Konsequenzen

- Kompromisse

- Ungewißheit

- Risikobereitschaft

- Verknüpfte Entscheidungen

Profi-Tip:

Das schlimmste, was Sie tun können, ist zu warten, bis Ihnen eine Entscheidung aufgezwungen oder für Sie getroffen wird.

Die letzten drei Elemente – Ungewißheit, Risikobereitschaft und verknüpfte Entscheidungen – helfen dabei, Entscheidungen unter unbeständigen oder sich entwickelnden Umständen zu fällen. Manche Entscheidungsfragen kommen ohne diese Elemente aus, doch für viele Ihrer wichtigsten Entscheidungen sind sie unverzichtbar.

Der Kerngedanke von PrOACT ist teilen und überwinden. Zur Lösung einer vielschichtigen Entscheidungssituation zerlegen Sie diese in ihre Einzelteile und überdenken systematisch jeden Aspekt für sich. Dabei konzentrieren Sie sich auf die Aspekte, die für Ihre ganz bestimmte Situation eine Schlüsselstellung innehaben. Danach formen Sie aus Ihren Überlegungen und Analysen ein Gesamtbild und treffen aufgrund dessen eine kluge Wahl.

Acht Schlüssel zur effektiven Entscheidungsfindung

Betrachten wir kurz die einzelnen PrOACT-Elemente und klären wir, wie sie funktionieren und zusammenpassen.

1. Klären Sie das eigentliche Entscheidungsproblem

Was genau müssen Sie entscheiden? Überlegen Sie sich, für welchen Fitneßclub Sie sich entscheiden sollen, oder wissen Sie nicht, ob Sie einem Fitneßclub beitreten, sich lieber anderweitig mehr Bewegung verschaffen oder vielleicht einen Heimtrainer kaufen sollen? Geht es darum, welchen Bewerber Sie als Manager für die Abteilung Ihres betrieblichen Informationssystems einstellen, oder um die Frage, ob Sie eine solche Abteilung einrichten oder diese Arbeit lieber einem externen Dienstleister übertragen sollen? Die Art, wie Sie die Entscheidungsfrage zu Anfang stellen, kann die ganze Sache vollkommen ändern. Um eine richtige Wahl zu treffen, müssen Sie die Probleme klar definieren und dabei sowohl deren Vielschichtigkeit berücksichtigen als auch unbegründete Vermutungen und einschränkende Vorurteile vermeiden.

2. Definieren Sie Ihre Ziele

Mit Ihrer Entscheidung sollten Sie Ihr Ziel auch erreichen. Falls Sie einen neuen Mitarbeiter einstellen möchten, müssen Sie sich darüber klarwerden, ob Sie einem disziplinierten Teamarbeiter oder einem kreativen Freigeist den Vorzug geben. Liegt Ihnen mehr an frischem Wind und neuer Perspektive, oder ist fundierte Erfahrung ausschlaggebend? Eine Entscheidung ist ein Mittel zum Zweck. Fragen Sie sich, was Sie am liebsten erreichen möchten, und welche Ihrer Interessen, Wertvorstellungen, Bedenken, Ängste und Bestrebungen für das Erreichen Ihres Zieles am wichtigsten sind. Das Überdenken Ihrer Ziele wird Ihnen den Weg zur Ihrer Entscheidung weisen.

3. Stellen Sie sich Alternativen vor

Ihre Alternativen stehen jeweils für einen unterschiedlichen Lauf der Dinge und erfordern verschiedene Vorgehensweisen; Sie müssen wählen. Ist es besser, bei einem Familienstreit Partei zu ergreifen oder sich herauszuhalten, wenn sich die Gemüter erhitzen und böse Worte fallen? Oder sollten Sie vielleicht versuchen, eine für alle Beteiligten annehmbare Lösung zu finden? Gäbe es keine Alternativen, stünden Sie nicht vor einer Entscheidung. Aber haben Sie auch alle Alternativen, oder zumindest ein breites Spektrum an kreativen und erstrebenswerten Alternativen bedacht? Denken Sie daran: Ihre Entscheidung kann nicht besser als die beste Alternative sein.

4. Werden Sie sich über die Konsequenzen klar

Inwieweit dienen Ihre Alternativen Ihren Zielen? Alternativen können verlockend und verleitend sein, doch sind die Konsequenzen manchmal ernüchternd, manchmal aufregend. Es mag sich verlockend anhören, den beruflichen Alltagstrott hinter sich zu lassen, um auf Aruba einen Segelbootverleih zu eröffnen, doch was wären die Konsequenzen für die berufliche Laufbahn Ihres Partners, für Ihre schulpflichtigen Kinder, Ihre älter werdenden Eltern, Ihre sonnenempfindliche Haut? Die ehrliche Beurteilung der Konsequenzen aller Alternativen wird Ihnen dabei helfen, diejenigen herauszufinden, die Ihren Zielen – und zwar allen Ihren Zielen – am dienlichsten sind.

5. Wägen Sie die Kompromisse ab

Verschiedene Ziele stehen oft in Konflikt zueinander und erfordern Kompromißbereitschaft. Manches muß eventuell zugunsten anderer Gesichtspunkte aufgegeben werden. Ihre berufliche Karriere ist Ihnen wichtig, Ihre Familie aber auch. Vielleicht entscheiden Sie sich deshalb, Ihre Geschäftsreisen einzuschränken oder sogar Ihre

Arbeitszeit zu reduzieren. Dadurch verliert Ihre Karriere an Schub-kraft, und wahrscheinlich verdienen Sie auch etwas weniger, doch dafür gewinnen Sie Zeit für Ihren Partner und Ihre Kinder. Für die komplexesten Entscheidungsfragen gibt es keine perfekten Lösun-gen. Ihre Aufgabe ist es, unter den nicht ganz perfekten Möglich-keiten die beste zu wählen.

6. Werden Sie sich über Ungewißheiten klar

Was könnte mit welcher Wahrscheinlichkeit in der Zukunft ge-schehen? Um zu entscheiden, wieviel Geld Sie für die Universitäts-ausbildung Ihrer Tochter sparen sollten, müssen Sie eine Reihe von Ungewißheiten abwägen. Wird sie sich an einer Universität oder einer Fachhochschule anmelden wollen? Wird sie überhaupt zuge-lassen werden? Besteht aufgrund ihrer akademischen, künstleri-schen oder sportlichen Leistungen die Möglichkeit, ein Stipendium zu erhalten? Wird sie neben ihrer Ausbildung arbeiten wollen? Braucht sie ein Auto? Ungewißheiten erschweren die Entschei-dung ganz wesentlich. Zu einer effektiven Entscheidung gehört jedoch ganz unmittelbar, daß Sie sich mit den Ungewißheiten aus-einandersetzen und die Wahrscheinlichkeit verschiedener Ergeb-nisse und deren Auswirkungen beurteilen.

7. Überlegen Sie sich ganz genau, wie risikobereit Sie sind

Sobald eine Entscheidung Ungewißheiten beinhaltet, können natürlich ganz andere Ergebnisse herauskommen als die, die Sie geplant hatten. Eine wohlüberlegte Knochenmarkstransplantation kann Krebswucherungen zum Stillstand bringen – oder auch nicht. Eine risikoarme Investition in Kommunalobligationen kann schwe-re finanzielle Verluste zur Folge haben – oder hohe Gewinne. Jeder Mensch hat eine unterschiedliche Risikobereitschaft, je nachdem, um welche Entscheidung es gerade geht und abhängig davon, was für ihn auf dem Spiel steht. Das Bewußtsein über Ihre persönliche Risikobereitschaft wird Ihren Entscheidungsprozeß vereinfachen und effizienter werden lassen. So werden Sie eine Alternative finden, die Ihrer ganz persönlichen Risikobereitschaft entspricht.

8. Bedenken Sie verknüpfte Entscheidungen

Wozu Sie sich heute entscheiden, kann Einfluß darauf haben, welche Entscheidungen Sie morgen treffen. Die Ziele, die Sie demnächst verfolgen möchten, sollten Sie auch in aktuellen Entscheidungen berücksichtigen. Viele wichtige Entscheidungen sind zeitlich miteinander verknüpft. Ein Straßenbaubeauftragter kann sich bereits jetzt dazu entschließen, Land zu kaufen, um so die Voraussetzung zu schaffen, einem eventuell höheren Verkehrsaufkommen in der Zukunft beizukommen. So umgeht er die Gefahr, daß die Grundstückspreise oder der Widerstand in der Gemeinde gestiegen sind, wenn der Zeitpunkt zum Kauf drängt. Der Schlüssel zum effektiven Umgang mit verknüpften Entscheidungen ist, aktuelle Aspekte zu isolieren, während gleichzeitig die notwendigen Informationen zur Lösung späterer Aspekte gesammelt werden. Wenn Sie Ihre Aktionen in Einzelschritte aufteilen und das, was Sie im Lauf der Zeit dazulernen, auch voll ausschöpfen, sind Sie auf dem besten Weg, smartere Entscheidungen zu treffen.

Die acht PrOACT-Elemente bieten Ihnen ein System, das Ihren Entscheidungsfindungsprozeß von Grund auf ändern kann. Sie werden feststellen, daß Sie damit zahlreiche Möglichkeiten haben und Ihre Chancen, eine befriedigende Lösung zu finden, besser stehen.

Bevor wir in den folgenden Kapiteln auf jedes einzelne Element eingehen, beschreiben wir anhand einer kurzen und etwas vereinfachten Fallstudie, wie die PrOACT-Methode funktioniert.

Anwendung: Das Geschäft verkaufen oder nicht?

Vor vielen Jahren gründete einer unserer Bekannten, nennen wir ihn Bill, zusammen mit seinem Freund Stan eine Schallisolierungsfirma in Brooklyn, New York. Wie bei jedem neuen Unternehmen war die Anfangsphase schwierig, und es war viel harte Arbeit erforderlich, es zu etablieren. Nach 20 Jahren jedoch waren Bill und sein Partner mit ihrer Marktposition endlich zufrieden. Das Unternehmen war gewachsen und erfolgreich, die Angestellten in Schlüsselpositionen waren fachlich erfahren, loyal und zuverlässig. Der ständige Streß und die Belastung, ein eigenes kleines Unternehmen zu leiten, hatten nachgelassen.

Bill, ein sehr aktiver und ruheloser Mann, der sich gerne neuen Herausforderungen stellt und nach Veränderungen sucht, machte sich nun Sorgen darüber, selbstgefällig und träge zu werden. Er betrachtete seine Situation unter einem proaktiven Blickwinkel und kam zu dem Schluß, daß er seine Hälfte des Unternehmens verkaufen wollte, um irgendwo ein neues Unternehmen zu gründen. Er teilte seine Überlegungen Stan mit, der sich bereit erklärte, Bill auszuzahlen.

Daraufhin überlegte sich Bill, welchen Preis er für seinen Firmenanteil veranschlagen könnte. Der Unternehmenswert belief sich auf $ 1 300 000, also hatte seine Hälfte einen Wert von $ 650 000. Da er das Gefühl hatte, daß Stan sich diesen Betrag nicht leisten könne, entschloß er sich, den Preis versuchsweise auf $ 400 000 festzulegen. Als er seine Überlegungen mit seiner Frau Marie und den drei erwachsenen Kindern durchdiskutierte, äußerten sie beträchtliches Unbehagen über seine Pläne. Anders als Bill konnten sie sich lebhaft daran erinnern, daß die Überstunden und die große Belastung der Anfangs- und Aufbauphase des Unternehmens große Opfer gefordert hatten. War er denn wirklich dazu bereit, mit 57 Jahren alles noch einmal durchzumachen? Und falls er verkaufen wollte, sollte er nicht die Früchte seiner Arbeit und damit den vollen Betrag seines Anteils von Stan erhalten?

Als Bill sich ihre Argumente anhörte, wurde ihm klar, daß auch er mit seiner Entscheidung nicht zufrieden war. Er fragte uns um Rat. Größte Priorität hatte, Bill erst einmal bei der Formulierung seines Entscheidungsproblems zu unterstützen. Sein etwas vager Plan war, ein anderes Unternehmen zu gründen, Sitz und Geschäftsbereich hatte er sich noch nicht überlegt. Außerdem hatte er geplant – ebenfalls etwas vage –, an die Westküste der USA zu ziehen, da ihm das Klima dort mehr zusagte, und er und Marie mehr Gelegenheit zum Golfspielen, Segeln, Fischen, Skifahren und anderen Freizeitaktivitäten hätten, an denen ihnen sehr viel lag.

Schritt für Schritt zur Lösung des Problems

Bill mußte seinem Entscheidungsproblem durch deutliches Formulieren seiner Ziele eine Richtung geben. Wie wichtig waren ihm eine neue Umgebung und eine anderer Lebensstil tatsächlich? Die intellektuelle Herausforderung, sich neue Fachkenntnisse in einem neuen Bereich anzueignen? Die mentale und emotionelle Anstrengung, ein Unternehmen von Grund auf aufzubauen?

Mit diesen richtungsweisenden Anregungen formulierte Bill seine Hauptziele folgendermaßen: Teilnahme an Freizeitaktivitäten, intellektuelle Herausforderungen, Streßminimierung. Auch die Loyalität seinem Partner gegenüber bewertete er sehr hoch, denn immerhin war er bereit, ihm zuliebe auf einen beträchtlichen Teil seines Unternehmensanteils zu verzichten.

Danach überlegten wir uns Alternativen. Bill schloß die momentane Situation aus, hatte jedoch nur eine einzige weitere Option überlegt: sich von seinem Partner für $ 400 000 auszahlen zu lassen. Doch angenommen, er würde tatsächlich verkaufen, wäre es keine Frage, daß ein höherer Preis seinen Zielen besser dienen würde. Diese Alternative sollte er nicht außer acht lassen. Außerdem halfen wir Bill, einige weitere, kreativere Möglichkeiten zu finden. Er könnte einen Käufer suchen, der ihm die vollen $ 650 000 zahlt. Oder sein Partner könnte ihm $ 400 000 sofort und die restlichen $ 250 000 in Raten zahlen. Bill und Stan könnten auch beide verkaufen, und Stan könnte, falls er das wollte, als Geschäftsführer unter dem neuen Besitzer weiterarbeiten.

Die neuen Einsichten über seine Ziele ließen Bill noch einmal genauer über die Konsequenzen der erweiterten, aber dennoch begrenzten Alternativen nachdenken. Hatte er bedacht, daß der Anteil der zu zahlenden Kapitalertragssteuern sein Anlagekapital verringert? Würde die restliche Summe für einen Neuanfang ausreichen, und könnte er gleichzeitig seinen Lebensstandard aufrechterhalten? Die finanzielle Seite des Verkaufs sah nach Überlegung der Steuersituation nicht mehr so rosig wie vorher aus.

Wir drängten Bill, die Vor- und Nachteile zwischen seiner eigenen finanziellen Sicherheit und der Loyalität seinem Partner gegenüber gründlich zu überlegen. Wir fragten ihn, ob er, falls sein Partner – wider Erwarten – irgendwie $ 650 000 zum Kauf seines Geschäftsanteils aufbringen könnte, bereit sei, Stan $ 250 000 zu schenken? Die Antwort war natürlich ein ganz entschiedenes »Nein«.

Wir halfen Bill auch dabei, die anderen Für und Wider seiner Ziele zu durchdenken. Er wollte seine Freizeit in milderem Klima genießen, doch war er nicht bereit, sich zur Ruhe zu setzen. Andererseits wollte er aber auch nicht wieder seine ganze Zeit der Arbeit und den zugehörigen Problemen opfern. Die Gründung eines neuen Unternehmens erforderte ganz offensichtlich viele persönliche Opfer, ganz zu schweigen von den beträchtlichen Risiken und Unsicherheiten, die die Gründung eines neuen Unternehmens in einem neuen Geschäftsbereich und in einer neuen Stadt mit sich bringen würden. Unsicherheiten und Risiken machten Bill keine Angst, schließlich war er Geschäftsmann, doch würde er sich diesmal nicht auf Stans Fachwissen und Unterstützung verlassen können.

Nachdem Bill nun sein Entscheidungsproblem unter völlig neuem Blickwinkel betrachtet hatte, überdachte er noch einmal alle Aspekte, die sich bei unserer gemeinsamen Analyse herauskristallisiert hatten. Er diskutierte seine Ziele und Alternativen mit seiner Familie und seinem Partner. Danach traf er eine endgültige und sehr kluge Entscheidung, die mit seiner ursprünglichen nichts mehr zu tun hatte: Er verkaufte nicht. Statt dessen zog er mit seiner Frau nach Südkalifornien und eröffnete dort eine Zweigstelle der Schallisolierungsfirma. Sie genossen ihren neuen Lebensstil, und Bill empfand es als äußerst motivierend, ein neues Geschäft aufzubauen, aber dennoch nicht völlig von vorne anfangen zu müssen.

Beginnen Sie, selbst smarte Entscheidungen zu treffen

Natürlich garantiert eine smarte Entscheidung nicht notwendigerweise auch ein gutes Ergebnis, so wenig wie eine unkluge Entscheidung unbedingt ein schlechtes Ergebnis nach sich ziehen muß. Auch ein blindes Huhn findet einmal ein Korn, und der besonnenste Mensch kann einmal Pech haben. Eine gute Entscheidung erhöht jedoch auf alle Fälle die Chancen auf Erfolg und befriedigt gleichzeitig unser sehr menschliches Bedürfnis, Kontrolle über die Faktoren auszuüben, die unser Leben beeinflussen.

Bevor wir nun richtig einsteigen, möchten wir Sie noch einmal an einige wertvolle Hinweise erinnern, die Ihnen dabei helfen sollen, unseren Ansatz auch wirklich voll ausschöpfen zu können.

Profi-Tip:

Zuallererst sollten Sie sich immer auf das Allerwichtigste konzentrieren. Gehen Sie die acht Elemente kurz durch, um sich einen allgemeinen Überblick über Ihr Entscheidungsproblem zu machen. Sie werden sicherlich nicht immer alle Elemente in allen Einzelheiten durchdenken müssen, es sei denn, Sie haben eine sehr komplexe Entscheidung zu treffen. Normalerweise werden sich ein oder zwei Elemente als die wichtigsten für die gerade zu treffende Entscheidung herausstellen.

Allein die Formulierung des Problems, der Ziele, Alternativen, Konsequenzen und Kompromisse und die Klärung der Unsicherheiten, Risiken und verknüpften Entscheidungen werden manchmal schon ausreichen, die Entscheidungsfrage zu klären und eine kluge Wahl treffen zu können. Ist das nicht der Fall, sollten Sie versuchen, Ihr Problem auf verschiedene Weise darzustellen, z. B. als Grafik, Tabelle, Diagramm oder Kurve. Drücken Sie es auf verschiedene Weisen aus, indem Sie andere Wörter, Formulierungen und Betonungen verwenden. Beschreiben Sie anderen Ihr Problem und fragen Sie nach deren Meinung und Rat.

Obwohl unsere systematische Methode die Chance, zu einer klugen Entscheidung zu gelangen, stark erhöht, gibt es dafür keine Garantie. Sie müssen auch gewisse psychologische Fallstricke vermeiden, die Ihr Denken durcheinanderbringen können. Psychologen haben z. B. bewiesen, daß die ersten Gedanken, die uns zu Beginn eines Entscheidungsprozesses in den Kopf kommen, einen übertriebenen Einfluß auf die letztliche Entscheidung haben. Ohne es überhaupt zu bemerken, kann dies unseren Entscheidungsprozeß so negativ beeinflussen, daß wir am Ende eine falsche Entscheidung treffen. Wie Sie die häufigsten psychologischen Fallstricke erkennen und beherrschen können, werden wir Ihnen in Kapitel 10 aufzeigen.

Die Geschichte von Bill macht eine noch wichtigere Lektion bei der Entscheidungsfindung deutlich: Übernehmen Sie die Kontrolle. Schaffen Sie sich Ihre eigenen Entscheidungsmöglichkeiten. Nehmen Sie bei der Entscheidungsfindung eine proaktive Stellung ein. Suchen Sie nach neuen Wegen, Ihr Entscheidungsproblem zu formulieren. Halten Sie aktiv nach versteckten Zielen, weiteren Alternativen, noch unbekannten Konsequenzen und akzeptablen Kompromissen Ausschau. Und am allerwichtigsten: Seien Sie proaktiv bei der Suche nach Entscheidungsmöglichkeiten, die Sie Ihren langfristigen Zielen näherbringen. Nehmen Sie Ihr Leben in die Hand und bestimmen Sie selbst, mit welchen Entscheidungen Sie zu welchem Zeitpunkt konfrontiert werden. Warten Sie nicht einfach ab, welche guten und schlechten Überraschungen das Leben für Sie bereithält.

Probleme

2

Gehen Sie bei der Problemdefinition kreativ vor

Es ist zwar möglich, eine wohlüberlegte und gut durchdachte Entscheidung zu treffen, doch falls der Ausgangspunkt falsch war – ein falsches Entscheidungsproblem – kann es nicht die bestmögliche Entscheidung gewesen sein. Die Art und Weise, wie Sie Ihr Problem formulieren, ist der Rahmen für Ihre Entscheidungsfindung. Schon damit legen Sie fest, welche Alternativen in Frage kommen und wie Sie diese beurteilen werden.

Profi-Tip:

Ist die Problemstellung richtig, sind Sie bereits auf dem richtigen Lösungsweg.

Beispiel:

Sie planen, in eine andere Stadt zu ziehen und suchen nach einer unmöblierten Mietwohnung. Ihr Entscheidungsproblem scheint völlig klar zu sein: Welche Wohnung soll ich mieten? Ist es aber wirklich so einfach? Vielleicht wäre es viel vorteilhafter, ein Haus anstelle einer Wohnung zu mieten. Vielleicht sollten Sie Ihr Mobiliar erst einmal kurzzeitig zwischenlagern und für einige Monate eine möblierte Wohnung mieten, um die neue Umgebung richtig kennenzulernen, bevor Sie einen Mietvertrag unterschreiben. Sie könnten sich auch ein Zimmer in einer Wohngemeinschaft suchen oder sich einfach eine Eigentumswohnung kaufen. Vielleicht sollten Sie überhaupt nicht in diese Stadt ziehen.

Ihre Vorgehensweise hängt stark von der Problemstellung ab. Die Entscheidung, zu der Sie aufgrund der Frage »In welche Stadt soll ich ziehen?« gelangen, ist eine völlig andere als die, die Sie mit der

Frage »Welche Wohnung soll ich mieten?« treffen. Die Formulierung des Problems ist somit selbst eine Kernentscheidung. Ist sie falsch, werden Sie auch an der falschen Lösung arbeiten. Ist sie richtig, sind Sie Ihrem Ziel bereits ein gutes Stück näher.

Profi-Tip:
Die gute Lösung eines richtig formulierten Entscheidungsproblems ist fast immer besser als die beste Lösung eines schlecht formulierten Entscheidungsproblems.

Bei der Formulierung eines Entscheidungsproblems lauert die größte Gefahr in der eigenen Trägheit. Es ist so einfach, nur das Offensichtliche zu sehen, ein Problem so zu definieren, wie es zuallererst in den Sinn kam oder wie es schon immer formuliert wurde. Der einfachste Weg ist jedoch nicht unbedingt der beste. Verlassen Sie eingefahrene Verhaltensmuster und denken Sie kreativ, denn nur so können Sie sicherstellen, daß Sie das Problem richtig erkennen.

Sehen Sie Probleme als Chancen an

Entscheidungen sind aus gutem Grund »Probleme«. Schließlich treffen wir Entscheidungen nicht zum Spaß. Wir treffen Entscheidungen, weil wir mit schwierigen oder komplizierten Umständen konfrontiert werden. Wir stecken in einer Zwickmühle, stehen an einem Scheideweg, sind in Schwierigkeiten – und müssen eine Lösung finden.

Dennoch sind Probleme nicht immer etwas Negatives. Im Gegenteil, mit einer kreativen Betrachtungsweise Ihres Problems verwandeln Sie es vielleicht in eine Möglichkeit, aus der sich ganz neue und reizvolle Alternativen eröffnen. Schon Albert Einstein erkannte: »Im Kern des Problems liegt die Lösung«. Fragen Sie sich ganz unabhängig davon, wie verzwickt eine Situation erscheinen mag, was Sie gewinnen können und welche Möglichkeiten sich bieten.

Beispiel:

Als amerikanische Firmen gesetzlich dazu verpflichtet wurden, umweltschädliche Materialien aus ihrem Betriebsablauf zu entfernen, entdeckten sie die positive Seite von Entscheidungsproblemen. Zuerst sahen die Firmenchefs nur die negativen Seiten: unterbrochene Arbeitsabläufe, höhere Kosten, mehr Schreibarbeit. Doch dann wurden einigen die Chancen deutlich. Anstatt das Problem nur in seiner enggefaßten und offensichtlichen Gestalt zu betrachten – wie entsorgt man umweltschädliche Stoffe? – definierten sie es auf breiterer Basis um: Wie können wir unser Produkt am besten und wirtschaftlichsten fertigen? Als Ergebnis wurden umfassende Neuerungen im Produktionsprozeß eingeführt, durch die die Kosten der Produktion ohne Verwendung giftiger Stoffe niedriger waren als vorher. Indem die Produzenten das Problem als Möglichkeit erkannten, schufen sie einen beträchtlichen Wettbewerbsvorteil gegenüber weniger einfallsreichen Konkurrenten.

In diesem Fall agierte der Gesetzgeber als Auslöser. Jedes Entscheidungsproblem hat einen Auslöser, mit dem alles beginnt. Auslöser treten in unterschiedlichster Gestalt auf. Ihr Vorgesetzter bittet Sie darum, eine neue Mailing-List-Software zu wählen. Sie plaudern mit Ihrem Partner darüber, wie Sie Ihren Garten nutzen können, und dabei kommt Ihnen die Idee, neue Gartenmöbel anzuschaffen. Der Herzanfall eines Freundes macht Ihnen klar, daß Sie sich um Ihre eigene Gesundheit kümmern sollten.

Für die meisten Auslöser sind andere Personen (z. B. Ihr Vorgesetzter) oder Umstände, die sich Ihrem Einfluß entziehen (neue Regelungen, die Ihr Geschäft betreffen) verantwortlich. Da uns der Auslöser von außen aufgezwungen wird, sind die daraus folgenden Entscheidungsprobleme meist äußerst unwillkommen.

Es steht jedoch nirgends geschrieben, daß Sie darauf warten müssen, bis Ihnen eine Entscheidungssituation aufgezwungen wird. Ergreifen Sie die Initiative.

Profi-Tip:

Das aktive Schaffen von Entscheidungssituationen ist ein guter Weg, sich selbst neue Möglichkeiten zu eröffnen, bevor ein Problem überhaupt entsteht.

Sie können beispielsweise Ihren beruflichen Werdegang regelmäßig überprüfen und feststellen, ob Sie noch auf dem richtigen Weg sind. Sie müssen weder darauf warten, bis Sie eine magere Gehaltserhöhung erhalten, noch darauf, daß Ihr Arbeitgeber in Schwierigkeiten gerät oder Sie einen neuen Vorgesetzten bekommen, mit dem Sie nicht auskommen. Handeln Sie proaktiv. Suchen Sie überall nach Entscheidungsmöglichkeiten.

Definieren Sie das Entscheidungsproblem

Wie definieren Sie Ihr Entscheidungsproblem nun am besten? Schreiben Sie zuerst Ihre anfängliche Einschätzung des Grundproblems nieder. Danach stellen Sie sie in Frage, testen sie, feilen daran.

1. Fragen Sie sich, was der Auslöser für diese Entscheidung war

Warum denken Sie überhaupt darüber nach? Der Auslöser ist ein guter Ausgangspunkt, denn er stellt die Verbindung zum grundsätzlichen Problem dar. Beschreiben Sie den Auslöser so gut Sie können, und schließen Sie folgende Punkte mit ein:

- Woraus besteht Ihrer Meinung   – Wir brauchen neue
  nach das Entscheidungsproblem?   Gartenmöbel.

- Was war die Auslösesituation?   – Gespräch mit Partner.

- Woraus besteht die Verbindung   – Wie wollen wir den
  zwischen Auslöser und Problem?   Garten nutzen?

Nehmen Sie sich bei der Überprüfung des Auslösers in acht! Auslöser können Ihr Denken in eine Richtung drängen und Sie dazu verleiten, das Problem nur aus dem Blickwinkel zu betrachten, unter dem es sich zum ersten Mal gestellt hat. Ihr Vorgesetzter bat Sie zwar beispielsweise darum, eine neue Mailing-List-Software zu wählen, doch vielleicht ist das eigentliche Problem gar nicht, das geeignetste Softwarepaket zu finden, sondern die effektivste Organisation des Direct-Mail-Programms Ihrer Firma? Eventuell stellt sich heraus, daß überhaupt keine neue Software erforderlich ist, sondern ein Vertrag mit einem externen Dienstleister die beste Lösung wäre.

2. Überprüfen Sie die einschränkenden Faktoren Ihrer Problemstellung

Problemstellungen enthalten üblicherweise einschränkende Faktoren, die die Anzahl der in Frage kommenden Alternativen begrenzen. Beispiel: Bei der Problemstellung »wann sollen wir die dreimonatige Marktanalyse bezüglich unseres neuen Kreditkartenangebots in den neuen Bundesländern durchführen« wird davon ausgegangen, daß (1) eine Marktanalyse stattfinden, (2) diese drei Monate dauern, und (3) in den neuen Bundesländern durchgeführt wird.

Einschränkende Faktoren sind oft nützlich, da sie die Richtung für eine Entscheidung weisen und verhindern, daß Sie Ihre Zeit mit unwichtigen Überlegungen verschwenden. Manchmal setzen sie Ihnen jedoch auch Scheuklappen auf und verbergen somit die besten Möglichkeiten. Das folgende Beispiel wird verdeutlichen, daß das Erkennen und In-Frage-Stellen der einschränkenden Faktoren zu besseren Problemstellungen und besseren Lösungen führen kann.

Beispiel:

**Überprüfung der einschränkenden Faktoren:
Ein Treffen in Berkeley (Kalifornien)**

Ein Snowboard-Hersteller an der Westküste der USA bereitete sich auf einen Vorstoß in den Markt im Nordosten der USA vor. Zur Planung einer erfolgversprechenden Strategie wurde ein Team aus drei Mitarbeitern zusammengestellt: jeweils ein Mitarbeiter aus der Zentrale in Berkeley (Kalifornien), der Produktionsstätte in Vancouver (British Columbia), und dem Vertriebsbüro in Denver (Colorado). Der Teamleiter, Vizepräsident der Marketingabteilung in Berkeley, schlug zur endgültigen Strategieplanung ein dreitägiges Treffen vor und bat seine Sekretärin, so schnell wie möglich ein Treffen in Berkeley zu organisieren. Trotz vieler Telefongespräche und E-Mails war es der Sekretärin jedoch einfach nicht möglich, innerhalb der nächsten zwei Monate einen geeigneten Termin für das dreitägige Treffen zu finden.

Die Sekretärin fragte nach, ob denn unbedingt ein dreitägiges Treffen notwendig sei, oder ob vielleicht zwei Tage auch ausreichten? Mußten unbedingt alle drei Teammitglieder drei Tage anwesend sein? Es war jedoch nicht einmal möglich, jedes Teammitglied auf nur einen Tag festzulegen.

Der Vize fing noch einmal von vorne an und fragte sich und seine Kollegen: »Warum wollen wir uns überhaupt treffen?« Die Antwort war einfach: »Um die Strategie fertigzustellen.«. Danach fragte er: »Gibt es eine andere Möglichkeit, die Arbeit zu erledigen?« – und formulierte damit das Entscheidungsproblem von ursprünglich »Wann treffen wir uns« um in »Wie können wir die Strategie fertigstellen«.

> Das Team stellte einen neuen Aktionsplan auf. Der Vizepräsident sollte die zur Fertigstellung der Strategie notwendigen Schritte umreißen und die Aufgaben zwischen sich und seinen Partnern aufteilen. Über E-Mail sollten sich die Teammitglieder über die Entwicklungen auf dem laufenden halten. Danach sollten während der nächsten zwei Wochen drei zweistündige Konferenzschaltungen stattfinden, um alles zu koordinieren.
>
> Der Plan funktionierte, und innerhalb von drei Wochen war die Strategie fertiggestellt.

3. Finden Sie die grundlegenden Elemente des Problems heraus

Sind Sie Schauspieler und müssen Ihre nächste Rolle wählen, können die Elemente Ihres Entscheidungsproblems aus beliebig vielen oder allen der folgenden Punkte bestehen: Welche Rolle verschafft mir das höchste Maß an Berühmtheit? Wieviel Geld muß ich damit verdienen? Welche Grenzen setze ich mir bezüglich Zeitaufwand und Reisewege? Soll ich die Gelegenheit ergreifen, die sich mir bietet, oder auf eine bessere warten? Wenn Sie ein Problem als erstes in seine Bestandteile zerlegen, können Sie sicher sein, daß Ihre Problemstellung auch auf das gewünschte Ziel gerichtet ist.

4. Machen Sie sich klar, welche anderen Entscheidungen jetzt oder später mit der aktuellen Entscheidung zusammenhängen

Welche anderen Entscheidungen betreffen die aktuelle, und welche Folgeentscheidungen werden sich aus der aktuellen Entscheidung ergeben? Die Frage, ob Ihre Firma die Finanzierung von Mitarbeiterschulungen bewilligen wird, beeinflußt möglicherweise den Aufwand, den sie bei der Suche nach einem neuen Textverarbeitungsprogramm betreiben. Wieviel Geld Sie dafür ausgeben, könnte Einfluß darauf nehmen, welche PC- und Telekommunikationsgeräte Ihr Unternehmen sich leisten kann. Selten kann man eine Entscheidung getrennt von weiterführenden Überlegungen treffen. Ein Entscheidungsproblem sollte immer in seinem Kontext betrachtet werden, damit man unterwegs nicht vom richtigen Lösungsweg abkommt.

5. Setzen Sie einen Umfang für Ihre Problemstellung fest, der ausreichend groß, aber dennoch überschaubar ist

Sind innerhalb dieser Entscheidungsfrage zugehörige Entscheidungen mit einzubeziehen oder sollte ein Teil separat behandelt werden? Wägen Sie die Vor- und Nachteile zwischen einer weitläufigen, breitgefaßten Problemstellung und einer leichter zu handhabenden, enger gefaßten ab. Die ideale Lösung für ein zu eng gefaßtes Problem kann sich für ein umfassendes, genau definiertes Problem als mangelhaft erweisen. Wenn Sie Ihre Benzinkosten reduzieren möchten, können Sie das mit höherem Luftdruck in den Reifen und dadurch geringerem Reibungsverlust erreichen. Ist Ihr eigentliches Ziel jedoch, sämtliche Ausgaben für Ihr Fahrzeug zu senken, ist dies keine gute Lösung. Die neuen Reifen werden Sie sehr wahrscheinlich mehr Geld kosten, als Sie beim Tanken gespart haben.

6. Gewinnen Sie neue Einsichten, indem Sie andere Menschen nach ihrer Meinung fragen

Wenn Sie alle der oben aufgeführten Fragen zu Ihrer Zufriedenheit gestellt, beantwortet und überprüft haben, betrachten Sie die Situation aus einer neuen Perspektive. Lassen Sie sich je nach Art des Problems von einem Familienmitglied, einem kompetenten Freund, einem Bekannten, der vielleicht einmal mit einer ähnlichen Situation konfrontiert war, oder von einem Experten beraten. Deren Überlegungen werden Sie Ihre Situation in einem anderen

Licht sehen lassen. Es könnte durchaus sein, daß sich dadurch völlig neue Möglichkeiten ergeben oder Sie feststellen werden, daß Sie sich mit selbst auferlegten Schranken im Weg stehen.

Falls Sie niemanden haben sollten, den Sie ins Vertrauen ziehen möchten, kann es schon helfen, sich nur einfach vorzustellen, was andere über Ihr Problem denken könnten. Fragen Sie sich z. B., wie Ihr Steuerberater oder Ihr Vorgesetzter die Situation sehen würden. Scheuen Sie sich nicht vor Ihrer eigenen Kreativität.

Überprüfen Sie Ihre Problemstellung kontinuierlich

Natürlich möchten Sie schon von Anfang an Ihr Problem bestmöglich definieren. Dennoch kann es sein, daß sich Ihre Ansichten auch nach gründlichsten Überlegungen über das eigentliche Problem und dessen Lösung noch einmal ändern. Zuerst glauben Sie, daß die Planung des Sommerurlaubs das Problem ist, nur um später festzustellen, daß Sie eigentlich viel lieber einen Winterurlaub in Südamerika machen möchten. Da für zwei Urlaubsreisen das Geld fehlt, muß die ursprüngliche Problemstellung den neuen Erkenntnissen angepaßt werden.

Denken Sie daran, daß die Definition Ihres Entscheidungsproblems selbst ein Entscheidungsproblem ist, dessen Lösung Ihre letztliche Wahl tiefgehend beeinflußt. Es ist deshalb unerläßlich, nicht nur zu Beginn verschiedene Problemstellungen zu überdenken, sondern auch die gefundene Definition immer wieder zu überprüfen.

Beispiel:

Einem Telekommunikationsunternehmen, das mit einem Wettbewerber konfrontiert ist, der gerade die Bildqualität seiner Videokonferenzanlagen um 20 % verbessert hat, stellt sich wahrscheinlich anfangs das Problem »Wie erreichen wir die gleiche Bildqualität in kürzester Zeit?«. Nach weiteren Überlegungen kommt das Unternehmen aber vielleicht zu dem Schluß, daß es viel günstiger wäre, das Problem umzuformulieren in: »Mit welchen technologischen Neuerungen könnten wir eine 100 %ige Verbesserung erzielen und dadurch einen absoluten Wettbewerbsvorteil schaffen?«

Umstände, die die Neudefinierung eines Problems erfordern, sind oft Möglichkeiten, die zu besseren Entscheidungen führen. Während Sie sich durch den Entscheidungsprozeß kämpfen, sollten Sie sich deshalb von Zeit zu Zeit fragen, ob Sie immer noch am richtigen Problem arbeiten.

Profi-Tip:

Die Überprüfung des Problems ist besonders wichtig, wenn sich die Umstände rapide ändern oder neue Informationen zur Verfügung stehen. Ein schlecht formuliertes Entscheidungsproblem ist ein Fallstrick, über den Sie nicht stolpern dürfen!

Verlieren Sie nicht den Überblick

Falls Sie glauben, wir machen aus der Problemstellung eine große Sache, haben Sie völlig recht. Es erfordert viel Zeit, um zu einer richtigen Definition zu gelangen; erwarten Sie nicht, daß Sie es auf Anhieb schaffen. Der Aufwand, den Sie für eine richtige und umfassende Problemstellung betreiben, sollte zwar im Verhältnis zur verfügbaren Zeit (»Ich habe jetzt nicht die Zeit, mich um ein komplexeres Problem zu kümmern«), Wichtigkeit (»So wichtig ist die Entscheidung nun auch nicht, die Mühe lohnt sich nicht«), Dringlichkeit (»Ich habe im Moment wichtigere Dinge zu erledigen«) und Gefühlszustand (»Ich bin nicht bereit, mich diesem Problem jetzt zu stellen«) abgewägt werden, doch in 99 von 100 Fällen lohnt es sich, für die Definition des Problems etwas mehr Zeit aufzuwenden. Die Wahrscheinlichkeit, zu einer klugen Entscheidung zu gelangen, steigt.

Allzu oft hakt man die Definition des Problems viel zu schnell ab. Voller Ungeduld, endlich voranzukommen, stürzt man sich auf die nächsten Elemente des Entscheidungsprozesses, ohne das Problem vorher richtig definiert zu haben. Obwohl man glaubt, der Lösung des Problems schrittweise näherzukommen, ist man doch nur ein Reisender, der mit Höchstgeschwindigkeit zufrieden auf einer Straße fährt, ohne überhaupt zu merken, daß man sich verfahren hat.

Anwendung: Umbauen oder Umziehen?

Wir stellen Ihnen Darlene und Drew Mather vor. Trotz zwei Schlafzimmern, Badezimmer, Gästebadezimmer und ausgebautem Keller ist ihnen ihr Haus zu eng geworden. Sie müssen sich entscheiden, wie es nun weitergehen soll.

Vor acht Jahren hatte sich das junge Paar ein kleines Häuschen in der School Street, einer ruhigen Wohngegend in der Stadt gekauft. Darlene war damals mit John, ihrem Sohn, schwanger, und da John ein eigenes Zimmer haben sollte, zogen sie aus ihrer winzigen Wohnung aus. Inzwischen ist ein weiteres Kind unterwegs. Zuerst überlegten Darlene und Drew, wie sie in ihrem jetzigen Haus Platz für das zweite Kind schaffen könnten. Wäre es möglich, daß John sich sein Zimmer mit dem Baby teilt? (Davon würde er sicher bald genug haben). Könnten sie ihr eigenes Schlafzimmer abteilen? (Das wäre zwar möglich, doch das Schlafzimmer war schon jetzt völlig überfüllt.) Sie kamen sehr schnell zu dem Schluß, daß ihnen der zur Verfügung stehende Platz einfach nicht ausreichte.

Sie beschlossen deshalb, ihr Haus auszubauen und verbrachten die letzten zwei Monate damit, die Ausbaumöglichkeiten zu planen und den Preis zu kalkulieren. Der Anbau eines weiteren Zimmers an ihr einstöckiges Haus würde etwa $ 25 000 kosten und den bereits sehr kleinen Garten noch weiter verkleinern. Der Ausbau eines weiteren Stockwerks würde zwar den Garten erhalten, aber $ 40 000 kosten.

Während der letzten acht Jahre waren die Grundstückspreise gestiegen, und ihr Haus wäre inzwischen ungefähr das Doppelte wert. Eine gute Freundin und Immobilienmaklerin, Anne Chu, informierte sie darüber, daß sich das Haus inzwischen für $ 155 000 verkaufen ließe – ein ziemlich gutes Geschäft, da die beiden ursprünglich $ 77 750 gezahlt hatten. Abzüglich der verbleibenden Hypothek von $ 57 000 hätten sie dann ein Eigenkapital von $ 98 000. Die Arbeitsplätze der beiden sind ebenfalls gesichert. Darlene arbeitet Vollzeit als Krankenschwester im städtischen Krankenhaus, plant im Moment jedoch, daß sie, sobald das Baby auf der Welt ist, einige Jahre nur Teilzeit arbeiten wird. Drew ist Handelsvertreter und hat eine sichere, solide Arbeitsstelle. Ihr gemeinsames Einkommen beläuft sich vor Abzug der Steuern auf $ 75 000 im Jahr. Die beiden sind zuversichtlich, daß sie sich den Umbau leisten können, da sie die Finanzierung mit dem Kapitalwert des Hauses realisieren und die monatlichen Zahlungen ohne Probleme aufbringen können.

Eines Abends, Drew räumt gerade den Tisch ab, beginnt Darlene ein Gespräch und äußert einen Gedanken, der sie beide auf einen völlig neuen Weg bringen wird.

»Drew, John hat mich heute wirklich zum Nachdenken gebracht. Du kennst doch seinen Freund Jimmy, der hier in der Nähe wohnt? Nun, Jimmy und seine Familie ziehen demnächst um, und John fragte mich, warum Leute überhaupt umziehen und wann wir umziehen werden. Zuerst dachte ich, er hätte Angst, daß wir womöglich auch umziehen, aber er war völlig begeistert von dieser Idee. Wir unterhielten uns lange darüber, warum Leute umziehen, und je länger wir darüber sprachen, desto mehr fragte ich mich, warum

41

wir uns eigentlich nicht überlegen umzuziehen, anstatt umzubauen.«

»Meinst du das ernst? Bei der heutigen Marktlage?«

»Na ja, für mich ist der Gedanke ja auch neu. Aber als ich John die Gründe aufzählte, warum Leute umziehen – und auch ihm fielen einige Gründe ein, wie zum Beispiel, mehr Platz zum Spielen, auf der Straße radfahren, einen kürzeren Schulweg haben – wurde mir immer deutlicher, daß es eigentlich nicht so abwegig wäre. Klar sind die Preise ziemlich hoch, aber unser Haus ist heute sehr viel mehr wert, und wenn wir es verkaufen würden, könnten wir uns eine Baranzahlung für ein größeres Haus leisten. Und außerdem würden wir die $ 25 000 für den Umbau sparen.«

Drew ist wie vom Blitz getroffen: »Ich kann es einfach nicht fassen! Zwei Monate haben wir jetzt darüber debattiert, daß wir Platz brauchen und umbauen. Mann, manchmal muß ein Achtjähriger daherkommen und seinen Eltern die Augen öffnen! Unser Problem ist gar nicht, wie wir umbauen sollen, sondern wie wir genug Platz für uns und unseren Nachwuchs schaffen oder wie wir zu einem besseren Heim kommen. Der Umbau ist schließlich nur eine Möglichkeit von vielen!«

(Fortsetzung in Kapitel 3)

Die Lektion aus der Anwendung

Darlenes und Drews Problemstellung war ursprünglich viel zu eng gefaßt, nämlich »Wie bauen wir um". Der Auslöser war die Notwendigkeit, Platz für den erwarteten Nachwuchs zu schaffen. Sie nahmen sich anfangs keine Zeit, verschiedene Definitionsmöglichkeiten ihres Problems zu finden und kamen deshalb zu dem voreiligen Schluß, daß ein Umbau die beste Lösung wäre. Zum Glück brachte Johns naive Frage, warum Menschen umziehen, seine Eltern dazu, breiter gefaßte Überlegungen anzustellen.

Welche Vorschläge könnten ihnen jetzt weiterhelfen?

- Zuallererst sollten sie sich etwas Zeit nehmen und herausfinden, ob noch weitere Problemstellungen möglich sind. Vielleicht überlegen sie sich, inwiefern ein Umzug in die Vorstadt ihre Lebensqualität beeinflussen würde. Sie könnten sich auch überlegen, ob sie später noch ein drittes Kind haben wollten, oder es einen älteren Verwandten gibt, den sie später einmal bei sich aufnehmen würden.

- Zweitens sollten sie sich über die Einschränkungen klar werden, die ihre Entscheidung mit einschließt und sich fragen, inwiefern sie sich lösen oder ändern lassen. Wenn sie umzögen, was würde es zum Beispiel ausmachen, daß die Familien von Drew und Darlene nicht mehr so nahe wären? Würden sie bei anderen Arbeitgebern gute Stellen finden können?

Profi-Tip:

Breitgefächertes Denken führt zu besseren Problemdefinitionen, und diese wiederum eröffnen Raum für kreative Lösungen.

Ziele

3

Lassen Sie sich von Ihren Zielen leiten

Jetzt haben Sie bereits das Entscheidungsproblem richtig definiert. Bevor Sie sich nun aber daran machen, die eigentliche Entscheidung zu treffen, halten Sie noch einmal inne und denken Sie gründlich über Ihre Ziele nach: Was wollen Sie wirklich? Was brauchen Sie wirklich? Was erhoffen Sie sich? Was wollen Sie erreichen? Wenn Sie diese Fragen ehrlich, klar und vollständig beantworten, sind Sie auf dem richtigen Weg, eine kluge Entscheidung zu treffen.

Warum sind Ziele eigentlich so wichtig? Sie schaffen die Basis, um die möglichen Alternativen zu bewerten. Sie sind also mit anderen Worten Ihre Entscheidungskriterien.

Wenn Sie sicherstellen, daß Sie alle Ihre Ziele erkannt haben, vermeiden Sie eine unausgewogene Entscheidung – zum Beispiel eine, die zwar finanzielle Zusammenhänge berücksichtigt, Sie aber persönlich nicht befriedigt. Außerdem kann Ihnen eine ganzes Paket an Zielen dabei helfen, an neue und bessere Alternativen zu denken, die über die unmittelbar erkennbaren Wahlmöglichkeiten hinausgehen.

Ziele sind sehr persönlich, müssen aber nicht unbedingt egoistisch sein. Stellen Sie sich vor, Sie wären ein freischaffender Autor und hätten gerade die umfangreiche Aufgabe beendet, ein PC-Schulungshandbuch für eine große Firma zu schreiben. Nun sehen Sie sich nach Ihrem nächsten Auftrag um. Ihre unmittelbare Vorstellung ist, sich um eine ähnliche Arbeit bei einer anderen großen Firma zu bemühen – damit könnten Sie Ihr Ziel, Ihr Einkommen zu steigern und sich in Ihrem Fachgebiet zu spezialisieren, erreichen. Doch dann denken Sie über andere Ziele nach, die Ihnen auch am Herzen liegen: sich sozial zu engagieren und Ihren Erfahrungsschatz zu erweitern. Sie entscheiden sich dafür, einen schlechter bezahlten Auftrag anzunehmen, bei dem Sie einen Spendenaufruf und eine Broschüre für ein örtliches Pflegeheim für Aids-Kranke schreiben.

Manchmal kann schon allein der Prozeß, über Ziele nachzudenken und sie aufzuschreiben, direkt zu einer klugen Entscheidung führen – ohne daß Sie dabei viel analysieren müßten.

Beispiel:

Stellen Sie sich vor, Ihr Vorgesetzter hat Ihnen gerade eine Beförderung angeboten. Die neue Arbeitsstelle bietet Ihnen ein beträchtlich höheres Einkommen, aber Sie müßten von San Diego nach New York ziehen. Ihre rein gefühlsmäßige Reaktion ist: »Phantastisch, genau das, was ich wollte!« Aber als Sie genauer über all Ihre Ziele nachdenken, zögern Sie doch. Obwohl die neue Stellung finanzielle Vorteile brächte, würde der Umzug Ihre Gattin, Ihre 12jährigen Zwillingssöhne und Sie selbst völlig aus den gewohnten Bahnen reißen.

Zusammen mit Ihrer Familie bestimmen Sie die wichtigsten Ziele: die Lebensqualität Ihrer Familie zu verbessern, Ihre berufliche Entwicklung zu fördern und zum Erfolg Ihrer Firma beizutragen. Wenn Sie das Angebot im Hinblick auf diese Ziele betrachten, ändert sich Ihre Einschätzung drastisch. Ihnen wird klar, daß die Lebensqualität Ihrer Familie unter einem Umzug nach New York wahrscheinlich stark leiden würde, da Ihnen das warme Klima und die Möglichkeit, sich in der Natur zu erholen, sehr fehlen würde. Sie entdecken, daß Ihre neue Arbeitsstelle eigentlich weniger Ihren Fähigkeiten und Interessen entspricht als Ihre gegenwärtige Arbeit, obwohl sie eine Herausforderung und Bestätigung wäre. Sie erkennen auch, daß Ihr Beitrag zum Unternehmenserfolg in beiden Stellungen ungefähr gleich wäre. Die Bezahlung wäre in New York zwar wirklich höher, doch ist die Verbesserung Ihres Einkommens, das wird Ihnen jetzt deutlich, nur eines Ihrer grundsätzlichen Ziele. Ihre Entscheidung liegt auf einmal auf der Hand. Sie lehnen die Beförderung ab und legen Ihrem Vorgesetzen Ihre Überlegungen überzeugend dar.

Selbst wenn die Antwort nicht so offensichtlich ist, werden Ihnen die Ziele, die Sie sich setzen, als Leitfaden durch Ihren Entscheidungsprozeß helfen – angefangen mit der ersten Auflistung der Alternativen und deren Analyse bis hin zur endgültigen Entscheidung. Im Detail:

1. Ziele helfen Ihnen herauszufinden, nach welchen Informationen Sie suchen müssen

Man bietet Ihnen eine Stelle bei einem neuen Arbeitgeber an. Sie legen Ihre Ziele dar und stellen dabei fest, daß die Arbeitsumgebung für Sie extrem wichtig ist. Im Internet klicken Sie sich durch die Web-Seiten Ihres zukünftigen Arbeitgebers, um etwas über die Unternehmenskultur herauszufinden.

2. Ziele können Ihnen helfen, Ihre Entscheidung auch anderen zu erklären

Ihre Vorgesetzte möchte wissen, warum Sie sich dazu entschieden haben, einen Langzeit-Servicevertrag für die Firmenkopierer abzuschließen. Mit der Liste Ihrer Ziele gehen Sie Ihren Gedankengang mit ihr durch und können damit erklären, warum Ihre Entscheidung den Kernzielen besser gerecht wird als andere Alternativen.

3. Ziele bestimmen die Wichtigkeit einer Entscheidung und somit auch, wieviel Zeit und Aufwand gerechtfertigt ist

Falls es Ihnen relativ egal ist, wann Sie morgen den Zahnarzttermin erhalten, müssen Sie auch keine große Sache daraus machen.

Wann immer Sie das Gefühl haben, sich während des Entscheidungsprozesses in zu vielen Einzelheiten zu verlieren, besinnen Sie sich auf Ihre Ziele. Sie werden Ihnen helfen, auf dem richtigen Weg zu bleiben.

Nehmen Sie sich vor folgenden Fallstricken in acht

»Wenn man nicht weiß, wohin man will, führt jeder Weg ans Ziel.«

Nur allzu oft nehmen sich Entscheider nicht die Zeit, ihre Ziele klar und vollständig zu definieren. Und daher erreichen sie nie ihr Ziel.

Warum? Oft haben Entscheidungsträger einen zu engen Blickwinkel. Die Liste ihrer Ziele ist kurz und oberflächlich und vernachlässigt wichtige Überlegungen, die erst zutage treten, nachdem die Entscheidung gefallen ist. Sie konzentrieren sich eher auf faßbare und quantitative Aspekte (Kosten, Verfügbarkeit) als auf nicht faßbare und qualitative Aspekte (Eigenschaften, Anwendbarkeit). Vordergründige Fakten verdrängen die hintergründigen. Außerdem tendieren sie dazu, eher kurzfristig als langfristig zu denken.

Diese Fehleinschätzungen haben zwei Ursachen. Erstens: Viele Menschen investieren zu wenig Zeit und Mühe, um ihre Ziele zu konkretisieren. Sie glauben zu wissen, was sie wollen und brauchen. Ohne einen weiteren Gedanken zu verschwenden, ergreifen sie die erstbeste Alternative, die ihr Problem scheinbar »löst« und beschäftigen sich mit anderen Dingen. Erst viel später, wenn sich herausstellt, daß etwas einen anderen Verlauf nimmt als erwartet, wird ihnen klar, daß sie ihre Ziele doch nicht richtig eingeschätzt haben. Dann ist es aber leider meist schon zu spät.

Zweitens: Es richtig zu machen, ist nicht leicht. Ziele ergeben sich nicht von selbst. Obwohl Sie vielleicht glauben, Sie wüßten, was Sie wollen, liegen Ihre wahren Wünsche womöglich verborgen – verdeckt von dem, was andere für Sie und von Ihnen erwarten. Bei wichtigen Entscheidungen ist es unerläßlich, in sich zu gehen. Nur so finden Sie heraus, was wirklich zählt – für Sie.

Profi-Tip:

Das Nachdenken über sich selbst mag für viele ungewohnt und unangenehm sein, doch je gründlicher Sie die »offensichtlichen« Ziele in Frage stellen, desto besser wird die Entscheidung sein, die Sie letztlich treffen.

Meistern Sie die Kunst, Ihre Ziele zu erkennen

Ziele zu erkennen ist eine Kunst, doch man kann sie anhand der folgenden fünf Schritte systematisch üben:

Schritt 1: Schreiben Sie alle Anliegen auf, die Sie in Ihrer Entscheidung berücksichtigen möchten

Sammeln Sie so viele Punkte wie nötig. Kümmern Sie sich nicht darum, ob Ihre Auflistung strukturiert ist oder wichtige Belange mit scheinbar unwichtigen vermischt werden. In diesem frühen Stadium des Entscheidungsprozesses behindert zu viel Ordnung nur Ihre Kreativität. Versuchen Sie sich sämtliche gegenwärtige, zukünftige und auch versteckte Anliegen bewußt zu machen. Kümmern Sie sich nicht darum, daß Sie scheinbar ein und dieselbe Sache mehrmals mit verschiedenen Worten ausdrücken. Wenn Sie ein Anliegen auf unterschiedliche Weise formulieren, entdecken Sie vielleicht wichtige Feinheiten.

Strukturieren Sie die Liste, indem Sie einige der folgenden Techniken ausprobieren:

- Stellen Sie eine Wunschliste zusammen. Schreiben Sie möglichst vollständig alles auf, was Sie sich von Ihrer Entscheidung erwarten. Was würde Sie wirklich glücklich machen?

- Denken Sie über das ungünstigste Ergebnis nach. Was wollen Sie unbedingt vermeiden?

- Welche möglichen Auswirkungen hat die Entscheidung für andere? Was wünschen Sie sich für diese?

- Fragen Sie andere, die schon einmal in einer ähnlichen Situation waren, was sie sich während ihrer Entscheidungsfindung überlegt haben.

- Denken Sie sich eine großartige Alternative aus, selbst wenn sie unrealistisch ist. Was ist so verlockend an ihr?

- Denken Sie an eine schreckliche Alternative. Was ist so furchtbar an ihr?

- Überlegen Sie, wie Sie Ihre Entscheidung einem Außenstehenden erklären würden. Wie würden Sie sich rechtfertigen? Ihre Antwort kann weitere Anliegen aufdecken.

- Wenn Sie vor einer gemeinsamen oder Gruppenentscheidung stehen, lassen Sie zuerst jeden Beteiligten den oben genannten Vorschlägen folgen. Danach fügen Sie die Listen zusammen und erweitern oder konkretisieren die ursprünglichen Stichpunkte anhand der verschiedenen Ansichten der Beteiligten. Wenn sich jeder Beteiligte zu Beginn seine Meinung bilden kann, ohne darin von den anderen beeinflußt zu werden, erhalten Sie eine umfangreichere Liste, die die Anliegen jedes einzelnen genauer widerspiegelt.

Nutzen Sie diese oder auch selbst entwickelte Techniken und sammeln Sie alle Überlegungen, die beschreiben, was Ihnen im Zusammenhang mit Ihrer bevorstehenden Entscheidung am meisten am Herzen liegt.

Schritt 2: Bauen Sie Ihre Anliegen zu konkreten Zielen aus

Zielsetzungen lassen sich am klarsten und verständlichsten durch ein Objekt und Verb formulieren, wie etwa »Kosten minimieren«, »Umweltschäden lindern«, und so weiter. (Im folgenden Beispiel wird verdeutlicht, wie Ziele richtig erkannt werden können.)

Beispiel:

Zielfindung: Auswahl einer Grundschule

Mary und Bill mußten für ihre Tochter Kate eine Grundschule auswählen. Um eine Grundlage zu schaffen, die Alternativen überhaupt erkennen und auswerten zu können, stellten beide für sich eine Liste mit den für Kates Ausbildung wichtigen Kriterien zusammen. Nachdem sie ihre Auflistungen verglichen hatten, war die gemeinsame Zieleliste bereits nach kurzer Zeit fertiggestellt:

- Allgemeinbildung erwerben

- Spaß in der Schule haben

- Kreativität entwickeln

- Disziplin lernen

- Gute Arbeitsweise lernen

- Zusammenarbeit mit anderen Leuten lernen

- An sportlichen Aktivitäten teilnehmen

- Toleranz lernen und Menschenkenntnis aneignen

- Intellektuell gefordert sein

- Spaß am Lernen und Wissen kennenlernen

- Sinn für Kunst entwickeln

- Lernen, gesellschaftliche Funktionen zu übernehmen

- Zukunftsmöglichkeiten schaffen (weiterführende Schulen)

- Langfristige Freundschaften schließen

- Einsicht in grundlegende Werte gewinnen (Ehrlichkeit, Hilfsbereitschaft, Mitgefühl)

Sie wiederholten das gleiche Verfahren noch einmal unter dem Aspekt, was sie sich von der Schule erwarteten.

Sie stimmten ihre Forderungen aufeinander ab, indem sie die wesentlichen Elemente ihrer individuellen Standpunkte ausarbeiteten. Daraufhin wurden die folgenden zusätzlichen Anforderungen an eine gute Grundschule in die ursprüngliche Liste mit aufgenommen:

- Möglichst kurzer Schulweg

- Verschiedenartigkeit der Lebensstile betonen (Kleidung, Interessen)

- Wettbewerbsdenken in bezug auf Materielles unterbinden (Kleidung, Fahrräder)

- Verständnis für alle Kinder gewinnen, egal aus welchen Familienverhältnissen sie stammen

Schritt 3: Trennen Sie Zwecke von Mitteln, um grundsätzliche Ziele setzen zu können

Nachdem Sie nun Ihre erste Zieleliste entworfen haben, ist der nächste Punkt, diese zu strukturieren. Die Schwierigkeit dabei ist, zwischen Zielen, die nur Mittel zum Zweck sind (Ledersitze in Ihrem neuen Auto) und den eigentlichen Zielen, den Zwecken selbst (eine komfortable und ansprechende Innenausstattung) zu unterscheiden.

Mittel und Zwecke zu trennen ist wie das Schälen einer Zwiebel. Jede neue Schicht sieht anders aus. Am besten hält man sich dabei an das japanische Sprichwort, das besagt »Bevor du nicht fünfmal ›Warum?‹ gefragt hast, verstehst du nichts wirklich.« Fragen Sie sich einfach so lange »Warum?«, bis es nicht mehr weiter geht.

Beispiel:

Bei der Auswertung der Vorschläge zur Verminderung der Luft- und Wasserverschmutzung hat die amerikanische Umweltschutzbehörde (EPA) beispielsweise das Ziel »Emissionen verringern«. Aber ist dieses Ziel nun Zweck oder Mittel? Fragen wir »Warum?« und finden es heraus.

Also, warum sollen die Emissionen verringert werden?

Weil es die Schadstoffwerte reduziert.

Warum ist das wichtig?

Weil weniger Schadstoffe auch weniger gesundheitsschädlich sind.

Und warum ist geringere Gesundheitsschädigung ein wichtiges Anliegen?

Die Gesundheit ist wichtig. Sie ist der Zweck, den die EPA verfolgt; alles andere ist ein Mittel, um diesen Zweck zu erreichen.

Die Frage nach dem »Warum?« führt Sie zu dem, was Ihnen wirklich am Herzen liegt – zu Ihren eigentlichen Zielen, und nicht zu Mitteln, die nur Zwischenziele sind.

Zwischenziele sind Stationen auf dem Weg zum Ziel, dem Punkt, an dem Sie sagen können »Das will ich um seiner selbst willen. Das ist der eigentliche Grund, warum ich diese Entscheidung treffen will.« Diese Ziele sind Ihre eigentlichen Ziele und werden von den Alternativen, die Ihnen bei Ihrer Entscheidung zur Verfügung stehen, unmittelbar betroffen.

Ihre Ziele hängen von Ihrem Entscheidungsproblem ab. Das Zwischenziel eines Entscheidungsproblems kann in einem anderen Fall das endgültige Ziel sein. Angenommen, Sie sind gerade 55 geworden und wollen in zehn Jahren, mit 65, in den Ruhestand gehen. Sie stehen vor zwei miteinander verbundenen Entscheidungsproblemen: Wie legen Sie jetzt Geld für später an, und was wollen Sie im Ruhestand anfangen?

Im ersten Fall wäre ein Endziel, soviel Geld wie möglich für den Ruhestand zu sparen. Im zweiten Fall ist viel Geld zu haben nur ein Mittel zum Zweck. Wenn Sie mehrmals »Warum?« fragen, bringt Sie das zum eigentlichen Ziel: Hohe Lebensqualität erreichen und erhalten.

Die Mittel vom Zweck, also Zwischen- von eigentlichen Zielen zu trennen, ist problematisch, da beide eine wichtige, wenn auch unterschiedliche Rolle im Entscheidungsprozeß spielen:

- *Jedes Zwischenziel kann als Anregung für neue Alternativen dienen und kann die Einsicht in Ihr Entscheidungsproblem vertiefen.*

- *Alternativen sollten nur anhand der eigentlichen Ziele bewertet und verglichen werden.* Natürlich wollen Sie auch Ihre Zwischenziele besser verwirklichen. Aber warum? Doch nur, um Ihre Ziele besser zu erreichen.

Schritt 4: Klären Sie genau, was Sie mit jedem einzelnen Ziel meinen

Im jetzigen Stadium sollten Sie bereits eine ganze Liste von Zielen aufgestellt haben. Fragen Sie sich bei jedem einzelnen: »Was meine ich eigentlich wirklich damit?« Diese Frage hilft Ihnen, die einzelnen Bestandteile Ihrer Ziele zu erkennen.

Profi-Tip:

Klärung führt zu besserem Verständnis, und damit können Sie Ihr Ziel präziser formulieren und klarer erkennen, wie Sie es erreichen können. Außerdem läßt sich, wenn der Zeitpunkt der Entscheidung gekommen ist, besser einschätzen, ob das Ziel damit auch erreicht wird.

Bei vielen Zielen ist es ganz offensichtlich, was damit gemeint ist. »Kosten minimieren« heißt schlicht und einfach: möglichst wenig Geld ausgeben. Andere Ziele wiederum lassen sich nicht so einfach auf den Punkt bringen. Sie möchten die »gesundheitsschädlichen Auswirkungen minimieren« und denken dabei auch an einen ganz bestimmten Schadstoff. Aber an welche Gesundheitsschäden denken Sie eigentlich? Und an wessen Gesundheit? Ihnen liegt daran, im Beruf »mehr Anerkennung« zu erfahren. Aber was verstehen Sie unter Anerkennung? Und wer soll sie Ihnen aussprechen? Sie werden Ihr Ziel leichter erreichen, wenn Sie es so präzise wie möglich formulieren.

Schritt 5: Prüfen Sie, ob Ihre Ziele auch Ihren Interessen entsprechen

Nachdem Sie Ihre Ziele geklärt haben, ist es nun an der Zeit, sie zu überprüfen. Nehmen Sie Ihre Liste zur Hand und betrachten Sie einige mögliche Alternativen. Fragen Sie sich, ob Sie mit den sich daraus ergebenden Entscheidungen zufrieden wären. Ist dies nicht der Fall, haben Sie wahrscheinlich einige Ziele übersehen oder falsch formuliert. Untersuchen Sie diese noch einmal.

Es gibt noch eine zweite Möglichkeit zur Überprüfung Ihrer Ziele: Überlegen Sie, ob Sie anhand Ihrer Ziele einem Außenstehenden die voraussichtliche Entscheidung erklären könnten. Wenn Sie es schwierig finden, diese anhand Ihrer Ziele zu begründen, sollten

Sie Ihre Ziele noch etwas genauer ausarbeiten. Was ist unklar? Was fehlt?

Praktische Tips zur Festlegung Ihrer Ziele

Sie werden Ihre grundsätzlichen Ziele leichter festlegen können, wenn Sie sich folgendes bewußt machen:

Ziele sind persönlich

Verschiedene Menschen können sehr verschiedene Ziele verfolgen, selbst wenn sie sich in der gleichen Situation befinden. Ein Alleinstehender, der sein Geld für das Rentenalter anlegt, interessiert sich vielleicht nur dafür, wie hoch sein Gewinn nach einer langfristigen Investition ist, während sich eine Mutter auch zwischenzeitlich für den aktuellen Wert ihrer Anlage interessiert, da er ihre Familie unterstützen würde, sollte ihr etwas zustoßen.

Für unterschiedliche Entscheidungsprobleme eignen sich unterschiedliche Ziele

Man vergißt diesen so offensichtlichen Punkt immer wieder. (Schließlich ist es leichter, Ziele »wiederaufzubereiten«, anstatt sie jedesmal neu zu formulieren.) Selbst im gleichen Unternehmen sollten für die Einstellung des Verantwortlichen für die Geldbeschaffung und des Verantwortlichen der Finanzabteilung unterschiedliche Zielsetzungen formuliert werden.

Ziele sollten nicht von der Verfügbarkeit der notwendigen Informationen abhängig gemacht werden

Oft konzentriert man sich bei der Auflistung seiner Ziele fälschlicherweise nur auf unmittelbare, greifbare und abschätzbare Faktoren, doch spiegeln diese nicht unbedingt das eigentliche Problem wider. Setzt man sich nur leicht abschätzbare, mäßig relevante Ziele, ist dies, als ob man einen verlorenen Geldbeutel lieber unter dem Licht einer Straßenlaterne sucht, obwohl man genau weiß, daß man ihn in der dunklen Straße um die Ecke verloren hat.

Wenn die Umstände sich nicht völlig ändern, sollten gut durchdachte Ziele ihren Stellenwert auch später bei ähnlichen Problemen behalten

Die Betonung liegt hier auf »gut durchdacht«. Ziele, die von Anfang an nicht sorgfältig ausgearbeitet wurden, ändern sich natürlich nach gründlicher Überlegung. Entscheidende Ziele bleiben bei ähnlicher Problemlage die gleichen oder ändern sich nur langsam, vorausgesetzt, sie sind wohlüberlegt, und wichtige Umstände ändern sich nicht grundlegend.

Falls Ihnen die anstehende Entscheidung Unbehagen bereitet, haben Sie vielleicht ein wichtiges Ziel übersehen

Es muß nicht immer ein Zeichen von Unüberlegtheit sein, wenn man ganz kurz vor der dem Zeitpunkt der Entscheidung entdeckt, daß noch etwas fehlt. Manchmal muß man einfach direkt vor einer Entscheidung stehen, um ein bis dahin unerkanntes Ziel zu erkennen.

Anwendung: Umbauen oder Umziehen?

Drew und Darlene Mather aus Kapitel 2 haben jetzt zwei Möglichkeiten, ihrer wachsenden Familie genügend Platz zu schaffen: Sie können umbauen oder umziehen.

»In Ordnung«, sagt Drew, »falls wir es also wirklich ernst meinen, sollten wir jetzt eine Aufstellung machen, was für und was gegen einen Umzug spricht. Was wollen wir wirklich?«

Darlene holt Stift und Papier, und nach etwa einer Stunde heftigen Diskutierens hat sie mehrere Seiten vollgeschrieben. Während sie noch debattieren, taucht ihr Sohn John auf, und als er sieht, worum es geht, bringt auch er eigene Ideen ein.

Welche Anforderungen stellen wir an ein Haus:

Ziele:	Unterziele:
1. Gute Lage	Pendelzeit Darlene
	Pendelzeit Drew
	Schulweg John
	Entfernung zu Geschäften
2. Gute Schule	
3. Sichere Wohngegend	Kriminalität
	Verkehr
	Spielplätze
	Sportplätze (Schwimmbad, Tennis-plätze, Fahrradwege)
4. Hausqualität	Größe (Anzahl der Schlaf- und Badezimmer)
	Küche
	Wohnzimmer
	Aufwand für Instandhaltung
	guter Allgemeineindruck
5. Garten	Größe
	Gestaltung (Bäume, Rasen, Beete)
6. Kosten	

Am nächsten Tag ordnet Darlene ihre Notizen und erstellt eine Liste: »Welche Anforderungen stellen wir an ein Haus?« Nach weiteren Diskussionen arbeiteten die Mathers ihre Interessenliste (sie nannten sie Zieleliste) noch genauer aus, und obige Aufstellung war das Ergebnis. Drew und Darlene sind recht zufrieden mit diesem Ergebnis und entschließen sich, auf dem Immobilienmarkt nach Häusern Ausschau zu halten, die ihren Ansprüchen eher gerecht werden als ihr eigenes Haus in umgebautem Zustand.

(Fortsetzung in Kapitel 4)

Die Lektion aus der Anwendung

Die Mathers haben schon vieles richtig gemacht. Sie überlegten sich ihre Anliegen und setzten diese in eine Zieleliste um. Sie nahmen sich die Zeit, sie aufzuschreiben, und motivierten sich gegenseitig dazu, Hauptziele von Unterzielen abzugrenzen. Einige Verbesserungen wären jedoch noch möglich gewesen, wenn sie folgende Richtlinien beachtet hätten:

- Bei gemeinsamen bzw. Gruppenentscheidungen sollte erst jeder Beteiligte für sich eine Liste erstellen und diese erst später mit den anderen vergleichen.

- Formulieren Sie jedes Anliegen als echtes Ziel, mit Objekt und Verb.

- Fragen Sie bei jedem Ziel »Warum?« Die Mathers machen sich wahrscheinlich deswegen um Kriminalität und Verkehr Gedanken, weil ihnen ihre Sicherheit sehr wichtig ist. Sie könnten ausdrücklich »Sicherheit erhöhen« als Endziel auflisten, wodurch ihnen noch andere Sicherheitsaspekte, wie z. B. steile Treppen etc., als wichtige Zwischenziele auffallen könnten.

- Fragen Sie sich »Was meinen wir damit wirklich?« Diese Frage hilft, Anliegen, wie im Beispiel der Mathers, Kosten und gute Schule, besser zu verstehen. Meinen sie mit »Kosten« den Kaufpreis oder die Höhe der Anzahlung und andere Vorauszahlungen, die Höhe der Hypothek oder die Höhe der monatlichen Hypothekenrückzahlung, Steuern, Ausbesserungen, Instandhaltung und Versicherungen?

Sobald die Mathers ihre Ziele etwas präziser formuliert haben, wären folgende Vorschläge zur Verbesserung ihrer Liste eine zusätzliche Hilfe:

- Vor der endgültigen Zielsetzung sollten sie einige zum Verkauf angebotene Häuser besichtigen. Dieser Schritt wäre hilfreich, um ihr Verständnis für die anfänglich gesetzten Ziele zu vertiefen und zu festigen.

- Sie könnten sich vorstellen, das eine oder andere Haus zu kaufen bzw. abzulehnen und sich überlegen, wie gut oder einfach sie anhand der genannten Ziele anderen diese Entscheidung erklären könnten.

- Und sie sollten damit rechnen, daß ein wichtiges und bis dahin unerkanntes Ziel hinzukommen könnte, zum Beispiel die potentielle Wertsteigerung eines Hauses.

Alternativen

4

Halten Sie sich möglichst viele Alternativen offen

Alternativen sind die grundlegenden Bestandteile der Entscheidungsfindung. Sie stellen Ihre potentiellen Entscheidungen dar, die Ihnen zum Erreichen Ihres Zieles zur Verfügung stehen. Aufgrund ihrer zentralen Bedeutung müssen Sie bei der Schaffung Ihrer Alternativen einen hohen Maßstab ansetzen und diesen auch beibehalten. Dabei gilt es, zwei wichtige Aspekte im Auge zu behalten.

- Erstens: Sie können sich für keine Alternative entscheiden, die Sie nicht bedacht haben. Ein tolles Haus in schöner Umgebung, das zur Vermietung freisteht, wird für sie unerreichbar bleiben, wenn Sie nichts von dem Angebot wissen.

- Zweitens: Ihre Wahl kann nie besser sein als die beste Ihrer Alternativen, unabhängig davon, wieviele Sie sich geschaffen haben. Es lohnt sich also ganz bestimmt, von Anfang an nach guten, neuen und kreativen Alternativen zu suchen.

Leider denken die meisten Menschen nicht gründlich genug über ihre Alternativen nach. Sie gehen davon aus, ihre Ziele zu kennen, und nehmen an, alle Möglichkeiten, die sie ans Ziel bringen können, sind ebenfalls bereits bekannt. Dies hat zur Folge, daß viele Entscheidungen getroffen werden, obwohl nur wenige oder unbefriedigende Alternativen zur Wahl stehen. Dieses grundsätzliche Problem kann sich auf ganz unterschiedliche Weise stellen, obwohl der gemeinsame Nenner immer die mangelnde gedankliche Auseinandersetzung ist.

Eine der üblichsten Fallen ist der Gedanke: »Machen wir es doch einfach wie immer.« Da neue Entscheidungsprobleme vorausgegangenen oft sehr ähnlich sind, läßt man sich leicht dazu verleiten, auch wieder die gleichen Alternativen zu wählen. So ist es zum

Beispiel wieder einmal Freitag abend, und Sie überlegen sich mit Ihrem Partner, wie Sie einen netten Abend verbringen können. Die letzten sechs Freitage gingen Sie zum Abendessen aus und danach ins Kino. Na, wie wäre es mit auch diesmal mit einem Abendessen und anschließendem Kinobesuch?

Beispiel:

Letztes Jahr hat die Kommunalverwaltung 40 % ihres Haushaltes für Schulen, 30 % für Polizei und Feuerwehr, 20 % für öffentliche Einrichtungen und 10 % für Freizeitangebote, Instandhaltungskosten und anderes veranschlagt. Warum sollte sich das dieses Jahr ändern? Das Prinzip »Machen wir es doch einfach wie immer« ist das Ergebnis von Bequemlichkeit und Gewohnheitsdenken. Dabei könnte man mit nur geringfügiger Anstrengung neue und bessere Alternativen finden.

Manchmal verbirgt sich jedoch hinter einer sogenannten neuen Alternative nichts anderes als die unwesentliche Modifizierung einer bereits bestehenden. Dieses Jahr mag die Kommune den Haushaltsplan des Vorjahres geändert haben. Die Änderung besteht jedoch nur aus hier ein paar Prozent mehr, dort weniger. Basteln Sie nicht einfach nur am jetzigen Status quo. Überdenken Sie Ihre Situation mit etwas Abstand, entwickeln Sie Alternativen, die wirklich neue Gedanken enthalten.

Oftmals werden schlechte Entscheidungen getroffen, weil man einfach die vorgegebene Alternative ergreift. Stellen Sie sich vor, Sie hätten Ihr Studium im Fach Meeresbiologie abgeschlossen und nichts wäre Ihnen lieber, als auf diesem Gebiet zu arbeiten. Nun drängt Ihre Familie aber darauf, daß Sie im Familienunternehmen mitarbeiten sollen. Bisher haben Sie noch keine Stelle in Ihrem Spezialgebiet gefunden (vielleicht haben Sie sich auch noch nicht ausreichend darum bemüht). Da Sie keinen besseren Ausweg aus Ihrer Situation sehen, nehmen die Stelle im Familienunternehmen – die vorgegebene Alternative – an.

Profi-Tip:

Denken Sie immer daran, daß es zu jedem Entscheidungsproblem mehrere Alternativen gibt, selbst wenn es anfangs nicht so erscheint. Behauptet jemand, er hätte »keine Wahl«, meint er in Wirklichkeit, er hätte »keine bessere als die ihm vorgegebene«. Die Schaffung neuer Alternativen erfordert zielgerichtetes Denken.

Eine weitere Falle ist, die erstbeste Lösung zu wählen. Nehmen wir an, Sie wären gerade umgezogen und suchten einen Hausarzt. Sie fragen eine Arbeitskollegin, bei welchem Arzt sie ist, und lassen sich dort einen Termin geben. Sie ergreifen die erstbeste Alternative, gehen den bequemen Weg. Sie haben zwar, was Sie wollten, aber Ihre Entscheidung war nicht durchdacht und kann sich im nachhinein als Fehlentscheidung erweisen. Es ist ja nicht gesagt, daß die leichteste Wahl auch immer die klügste ist. Der Arzt Ihrer Kollegin mag ja fachlich sehr kompetent sein, aber vielleicht erwarten Sie ein anderes Arzt-Patienten-Verhältnis, bessere Verbindungen zu Fachkliniken oder anderen Fachärzten, andere Fachgebiete oder andere Öffnungszeiten. Mit etwas mehr Aufwand hätten Sie einen Arzt finden können, der Ihren Bedürfnissen entspricht.

Profi-Tip:

Gewöhnen Sie sich an, noch ein wenig weiter zu suchen, sobald Sie eine mögliche Lösung Ihres Problems gefunden haben. Schaffen Sie weitere Alternativen, die zu einer besseren Lösung führen können.

Eine schlechte Entscheidung kann auch dadurch getroffen werden, daß man nur Alternativen erwägt, die von anderen angeboten werden. Nehmen wir an, Sie sind mit Ihrem Job zufrieden.

Eines Tages klingelt das Telefon, und man bietet Ihnen eine gutbe-
zahlte Stelle bei einer anderen Firma an. Wie würden die meisten
Menschen reagieren? Sie entscheiden sich zwischen ihrer jetzigen
und der angebotenen Arbeitsstelle. Beide Optionen sind Ihnen von
anderen angeboten worden. Falls Sie jedoch wirklich mit dem Gedanken spielen, Ihre Stelle zu wechseln, sollten Sie sich noch nach
weiteren Alternativen umsehen. Schränken Sie sich nicht selbst
ein.

Zögert man eine Entscheidung zu lange hinaus, riskiert man, daß
am Ende nicht viele Alternativen übriggeblieben sind. Die besten
Alternativen müssen ergriffen werden, solange sie sich bieten.
Wenn Sie z. B. zu lange warten, bis Sie sich für ein Urlaubsziel entscheiden können, sind die günstigsten Flüge wahrscheinlich aus-
gebucht. Zögern Sie die Behandlung eines gesundheitlichen Problems zu lange hinaus, hat sich Ihr Zustand vielleicht schon so
verschlechtert, daß Ihnen, wenn Sie endlich zu einer Behandlung
bereit sind, nur noch beschränkte Möglichkeiten zur Verfügung
stehen.

Profi-Tip:
Denken Sie daran: Gehen Sie zügig an wichtige Entscheidungen heran. Nehmen Sie die Sache selbst in die Hand.

Wege zur Schaffung besserer Alternativen

Mit etwas Zeit und Einfallsreichtum ist es gar nicht so schwierig,
eine Auswahl an guten Alternativen zu schaffen. Die folgenden
Techniken helfen Ihnen dabei, Ihre Kräfte möglichst sinnvoll einzu-
setzen:

1. Richten Sie sich nach Ihren Zielen – fragen Sie nach dem »Wie«?

Da Sie mit Ihren Entscheidungen ganz bestimmte Ziele erreichen möchten, gehen Sie bei der Suche nach guten Alternativen von diesen aus. Fragen Sie sich für jedes Ziel, das Sie sich gesteckt haben, wie Sie es erreichen können. Beachten Sie dabei nicht nur Ihr eigentliches Ziel, sondern auch die notwendigen Zwischenziele.

Die Frage nach dem »Warum?« führte Sie vom Mittel zum Zweck. Die Frage nach dem »Wie?« führt Sie vom Zweck wieder zurück zu den Mitteln, die wiederum verschiedene Alternativen aufzeigen werden. Alternativen sind schließlich Ihre Mittel.

Sie planen beispielsweise ein neues Versandlager. Wie erreichen Sie Ihr Ziel, das Lager schnellstmöglich in Betrieb zu nehmen? Eine Antwort könnte lauten: »Indem ich mich möglichst schnell um die Baugenehmigung kümmere.« Wie? Indem ich einen Anwalt engagiere, der die relevanten Bestimmungen und die Beamten in der Stadtverwaltung kennt. Dies ist eine Alternative.

2. Hinterfragen Sie Einschränkungen

Die meisten Entscheidungsprobleme enthalten Einschränkungen, die Alternativen begrenzen. Manche dieser Einschränkungen sind real, während manche nur scheinbar echt sind. So haben Sie z. B. auf der Suche nach einem neuen Wagen Ihr Traumauto gefunden. Da gibt es nur ein Problem: Das Auto ist länger als Ihre Garage. Die Länge der Garage ist eine reale Einschränkung. Oft hilft etwas Kreativität, um reale Einschränkungen zu überwinden. So könnten Sie z. B. Ihre Garage verlängern oder Ihr neues Auto auf der Straße parken.

Eine nur scheinbar reale Einschränkung stellt eine gedankliche Schranke und keine tatsächliche Schranke dar. Stellen Sie sich vor, in Ihrer Firma wird eine Marketingstelle frei. Die übliche Vorgehensweise ist, diese Stelle mit einem Mitarbeiter aus der Firma zu besetzen, ohne überhaupt an andere mögliche Bewerber zu denken. Die übliche Vorgehensweise stellt eine nur scheinbar reale Einschränkung dar und sollte bei der Suche nach Alternativen ignoriert werden (selbst wenn sie bei der letztlichen Entscheidung als Zielsetzung berücksichtigt werden muß). Um sicherzustellen, daß Sie bei der Auswertung alle in Frage kommenden Alternativen berücksichtigen, müssen Sie sich von traditioneller Denkweise und Gewohnheit befreien.

Versuchen Sie sich vorzustellen, daß es eine bestimmte Einschränkung nicht gibt. Erdenken Sie sich dann Alternativen, die nur ohne diese Einschränkung durchführbar wären. Sind diese Alternativen erstrebenswert genug, finden Sie vielleicht einen Weg, sie in die Tat umzusetzen.

3. Stecken Sie sich hohe Ziele

Sie können die Wahrscheinlichkeit, gute und kreative Alternativen zu schaffen, auch dadurch erhöhen, daß Sie sich Ziele stecken, die unerreichbar scheinen. Hochgesteckte Ziele zwingen Sie dazu, Ihr Denken in völlig neue Bahnen zu lenken, anstatt die gewohnten Denkmuster mit nur kleinen Änderungen beizubehalten. Zur Verdeutlichung: In den späten 80er Jahren versuchten viele Unternehmen ihre Ausgaben zu senken, indem sie im Kundendienst Stellen abbauten. Ein durchgesetztes Ziel war eine Kostensenkung von ca. 15 % bis 20 %. Durch Automatisierung von Betriebsabläufen gelang es einigen Unternehmen, ihre Ausgaben auch tatsächlich um den angestrebten Betrag zu reduzieren. Die Freude darüber hielt nicht lange vor, hatten sich doch Konkurrenzunternehmen eine Kostensenkung um 50 % zum Ziel gemacht und dieses auch erreicht. Dies zwang die anderen Unternehmen zum Umdenken, und der Kundendienst wurde zum Teil völlig ausgelagert, was letztlich eine komplette betriebliche Umstrukturierung zur Folge hatte. Hochgesteckte Ziele erweitern das Gesichtsfeld.

4. Denken Sie zuerst selbst nach

Lassen Sie Ihren eigenen Gedanken freien Lauf, bevor Sie andere nach möglichen Alternativen um Rat fragen. Geben Sie Ihren ersten, ganz naiven Gedanken die Chance, zu reifen und sich zu entwickeln, denn diese gehen oft schnell unter, sobald andere ihre Überlegungen beisteuern. Ein gewisses Maß an Unwissenheit kann auch ein Segen sein, deshalb sollten Sie zumindest eine Zeitlang Ihrer eigenen Kreativität freien Lauf lassen. Sobald Sie die Meinung eines anderen erfahren haben, noch dazu, wenn dieser ein Fachmann ist, könnten Ihre eigenen Gedanken zu voreilig verworfen werden.

5. Lernen Sie aus der Erfahrung

Sie sollten sich nicht von Erfahrungen in Ihrem Handlungsspielraum einengen lassen, sondern daraus lernen. Finden Sie heraus, wie andere in ähnlichen Situationen gehandelt haben. Falls Sie schon einmal vor ähnlichen Entscheidungen standen, erinnern Sie sich, welche Alternativen Sie damals erwogen haben. (Greifen Sie jedoch nicht nur auf die damaligen Alternativen zurück, sonst geraten Sie in die Falle: »Machen wir es wie immer.«) Wenn Sie z. B. nach Anregungen zur Umgestaltung Ihres Hauses suchen, schauen Sie sich doch einfach in der Nachbarschaft um.

6. Lassen Sie sich Anregungen geben

Nachdem Sie selbst gründlich über Ihre Entscheidung und die Alternativen nachgedacht haben, sollten Sie andere nach ihrer Meinung fragen. Das wird Ihnen vielleicht neue Perspektiven eröffnen. Mit einiger Distanz sieht das Problem vielleicht ganz anders aus, da Unbeteiligte nicht von gedanklichen oder emotionalen Blockaden abgelenkt werden. Erwägen Sie nicht nur die offensichtlichsten Anlaufstellen, wenn Sie Außenstehende um Rat fragen. Anregungen, wie z. B. der Bestand an chirurgischem Werkzeug überprüft werden kann, erhalten Sie womöglich vom Verantwortlichen des Ersatzteillagers Ihrer Autoreparaturwerkstatt.

Bleiben Sie in diesen Gesprächen aufgeschlossen. Ihr größter Vorteil besteht vielleicht nicht aus einer neuen Idee, sondern daraus, daß Sie sich mit jemandem über Ihre Entscheidung unterhalten. Dadurch, daß Sie gezwungen sind, Fragen zu beantworten und die Antworten zu erklären, müssen Sie Ihre Gedanken ordnen. Es ist gut möglich, daß letztlich die besten Einfälle von Ihnen selbst kommen.

7. Lassen Sie Ihrem Unterbewußtsein Zeit

Wie oft schon hatten Sie beim Duschen oder kurz vor dem Einschlafen eine geniale Idee? Ihr Unterbewußtsein beschäftigt sich nämlich ebenfalls mit Ihrem Problem, und in einem ruhigen Moment, wenn Sie es gar nicht erwarten, haben Sie plötzlich eine gute Idee. Allerdings braucht Ihr Unterbewußtsein dazu etwas Zeit und Anregung. Denken Sie möglichst bald über Ihr Problem nach und zögern Sie es nicht bis zur letzen Minute hinaus. Sobald Sie damit begonnen haben, sollten Sie sich von Zeit zu Zeit sehr ernsthaft damit befassen, damit Ihr Unterbewußtsein einen Anstoß erhält. Vielleicht werden Sie dann mit einem Geistesblitz belohnt. (Wenn dies der Fall ist, sollten Sie ihn schnell aufschreiben, denn die Einzelheiten verblassen sehr schnell.)

8. Alternativen zuerst schaffen, später auswerten

Um gute Alternativen schaffen zu können, muß man aufnahmefähig, offen und unvoreingenommen sein. Ein Gedanke führt zum nächsten, und je mehr Ideen Ihnen einfallen, desto wahrscheinlicher ist es, daß Sie eine gute Lösung finden. Natürlich werden Ihnen auch immer einige schlechte Ideen einfallen. Machen Sie sich zu diesem Zeitpunkt keine Sorgen darüber, das ist ein ganz natürlicher Vorgang. Werten Sie Ihre Alternativen nicht schon aus, während Sie sie schaffen. Das bremst Sie nur unnötig und schränkt

Ihre Kreativität ein. Schreiben Sie eine Alternative selbst dann auf, wenn sie einen ganz offensichtlichen Nachteil oder ein Gefahrenpotential bedeutet. Falls diese Alternative auch nur einen vielversprechenden Aspekt enthält, läßt sich die unangenehme Seite vielleicht später noch ausräumen. Eine Auswertung beschränkt nur den Umfang Ihrer Alternativen, und im jetzigen Stadium ist es Ihre Aufgabe, möglichst viele Alternativen zu schaffen.

9. Hören Sie niemals auf, nach Alternativen zu suchen

Wenn Sie innerhalb des Entscheidungsprozesses zu den Auswertungsstadien der Betrachtung der Konsequenzen und Kompromisse gelangen, wird sich Ihr Entscheidungsproblem schon sehr viel deutlicher darstellen. Oft zeigen sich bei der Auswertung noch Nachteile Ihrer Alternativen, was wiederum zu noch besseren Lösungen führen kann. Bleiben Sie immer aufgeschlossen.

Passen Sie die Alternativen Ihrem Problem an

Ebenso wie manche Kleidungsstile zu bestimmten Menschen passen, passen manche Arten von Alternativen zu bestimmten Entscheidungsproblemen. Wenn es um Entscheidungen über Geldanlagen geht, spielen z. B. Ungewißheiten und Risiken bei der Erwägung der Konsequenzen eine Hauptrolle. Man wird deshalb nach Alternativen suchen, die das Risiko etwa durch Anlagenstreuung oder andere Absicherungen reduzieren.

Es gibt vier Kategorien von Alternativen, die für bestimmte Probleme besonders geeignet sind: Alternativen, die sich durch Auswahltechniken ergeben, Alternativen, bei denen alle Beteiligten gewinnen, Alternativen, mit denen Informationen gesammelt werden, und Alternativen, mit denen man Zeit gewinnt.

1. Alternativen, die sich durch Auswahltechniken ergeben

Es mag seltsam erscheinen, doch manchmal ist die beste Alternative, eine Auswahltechnik anzuwenden, anstatt eine klare Entscheidung zu treffen.

Beispiel:

Stellen Sie sich vor, Sie wohnen mit Heidi und Susan zusammen, und beide schwärmen für Eiskunstlauf. Eines Tages kommen Sie abends nach Hause und hören auf dem Anrufbeantworter die Nachricht Ihrer Schwester, daß sie noch eine Eintrittskarte für die Eiskunstlaufmeisterschaften übrig hat. Da sie weiß, daß Sie an diesem Abend schon etwas vorhaben, bietet sie an, die Karte einer Ihrer Mitbewohnerinnen zu geben. Jetzt müssen Sie entscheiden, wer die Karte bekommt. Die Alternativen sind einfach: Heidi oder Susan. Die Wahl fällt schwer. Eine Möglichkeit, diesen Konflikt zu lösen, ist das Werfen einer Münze: Kopf heißt, Heidi geht, Zahl heißt, Susan geht.

Das Werfen einer Münze ist eine Auswahltechnik, die einen Entscheidungsprozeß darstellt, wer die Eintrittskarte bekommen soll. Das Werfen einer Münze empfinden alle Beteiligten als fair, doch wenn Sie selbst die Entscheidung treffen, gehen Sie das Risiko ein, eine Ihrer Mitbewohnerinnen sehr zu verärgern. Folglich ist die Auswahltechnik in diesem Fall die beste Alternative.

Profi-Tip:

Auswahltechniken helfen dabei, gerechte Entscheidungen zu treffen, wenn gegensätzliche Interessen im Spiel sind, und tragen dazu bei, zwischenmenschliche Beziehungen zu erhalten und zu festigen.

Alternativen

Bekannte Auswahltechniken sind:

- Wahlen

- verbindliche Schiedssprüche

- Noten und Punkte bei Prüfungen

- Ausschreibungen

- Versteigerungen

Wenn Sie selbst eine Auswahltechnik entwerfen möchten, beginnen Sie mit der Auflistung der zur Auswahl stehenden Alternativen (z. B. eine Aufstellung aller Kandidaten, die für ein Komitee zur Wahl stehen).

Danach sollten Sie ein angemessenes Verfahren festsetzen (z. B. geheime Wahlen), wie die beste Alternative gewählt werden soll. In anderen Fällen, z. B. bei einem Schiedsspruch, sind die Alternativen nicht von vornherein festgelegt. In diesem Fall schafft das Verfahren sowohl die Alternativen als auch die Lösung.

2. Alternativen, bei denen alle Beteiligten gewinnen

Manchmal ist das Problem nicht, gute Alternativen zu finden, sondern daß Ihre Entscheidung von einem anderen Menschen genehmigt werden muß. Stellen Sie sich vor, Sie wollten sich drei Monate von Ihrer Arbeit in einer Pharmaziefirma freistellen lassen, da sich die einmalige Gelegenheit bietet, in einem Krankenhaus in Afrika als freiwilliger Helfer zu arbeiten. Ihr Arbeitgeber, der Entscheidungsträger, ist damit aber nicht einverstanden. Damit er seinen Entschluß ändert, müssen Sie eine Alternative schaffen, die gleichzeitig seine Bedenken berücksichtigt und Ihnen Ihren Wunsch erfüllt.

74

Dies können Sie nur erreichen, indem Sie sein Entscheidungsproblem analysieren. Was sind seine Ziele, und wie finden Sie eine Alternative, die beiden Seiten einen Gewinn bringt? Nehmen wir an, Ihr Vorgesetzter soll ein neues Verfahren zur Qualitätssicherung entwickeln. Er fühlt sich mit dieser Aufgabe nicht sonderlich wohl, denn eigentlich fehlt ihm das nötige Fachwissen. Sie selbst wären für diese Aufgabe allerdings hervorragend geeignet. Deshalb schlagen Sie ihm folgendes vor: Sie entwickeln und implementieren das neue Verfahren während der nächsten sechs Monate und leisten dafür eine Menge Überstunden, wenn er Sie im Gegenzug für die gewünschte Zeit freistellt. Er willigt ein, und Sie beide haben etwas gewonnen.

Sie schlagen zwei Fliegen mit einer Klappe, wenn Sie es schaffen, Ihre Alternativen und die anderer miteinander zu vereinen, wobei beide Seiten nur gewinnen können. Dies ist eine effektive und befriedigende Lösung.

3. Alternativen, mit denen Informationen gesammelt werden

Informationen helfen dabei, den Nebel aus Ungewißheiten, der manche Entscheidungen umhüllt, zu lichten. Ein Arzt wird zum Beispiel immer zuerst Informationen über einen Patienten sammeln, indem er dessen Krankengeschichte liest und Untersuchungen durchführt, um eine möglichst sichere Diagnose zu stellen. Ein Unternehmen wird immer zuerst den Prototyp eines neuen Produktes prüfen, um sicherzustellen, daß alle Leistungsanforderungen erfüllt werden. Besser informiert sein heißt, bessere Entscheidungen treffen zu können.

Enthält eine Entscheidung Ungewißheiten, sind Alternativen, die der Sammlung der erforderlichen Informationen dienen, sehr nützlich.

Profi-Tip:

Schreiben Sie zuerst alle Punkte auf, die der Klärung bedürfen. Anschließend schreiben Sie für jeden Punkt auf Ihrer Liste Möglichkeiten nieder, wie Sie die notwendigen Informationen sammeln können.

Jede dieser Möglichkeiten ist eine Alternative, mit der Sie Informationen sammeln können. Zwei Beispiele dafür sind Angebotsvergleiche und medizinische Untersuchungen. In anderen Fällen muß eine Alternative, die der Informationssammlung dient, erst genau auf Ihre Bedürfnisse zugeschnitten werden, indem Sie z. B. das Kosten-Nutzen-Verhältnis verschiedener Marktforschungsmethoden miteinander vergleichen (per Post, per Telefon, Befragungen auf der Straße usw.).

4. Alternativen, mit denen man Zeit gewinnt

»Was du heute kannst besorgen, das verschiebe nicht auf morgen.« Eine gute Regel, wenn man eine Entscheidung treffen muß. Doch auch hier gilt: Ausnahmen bestätigen die Regel.

Profi-Tip:

Das Verschieben einer Entscheidung gibt Ihnen im Bedarfsfall Zeit, Ihr Problem besser zu verstehen, wichtige Informationen zu sammeln und eine umfassende Analyse durchzuführen. Dadurch werden Sie möglicherweise Ungewißheiten klären und Risiken minimieren können, oder sogar eine noch bessere Alternative entwickeln können, als Ihnen bekannt war.

Das Verschieben von Entscheidungen hat natürlich auch seinen Preis. Es kommt vor, daß manch gute Alternative plötzlich nicht mehr realisierbar ist. Wenn Sie einen Gebrauchtwagen kaufen wollen und Ihre Entscheidung zu lange aufschieben, sind vielleicht schon einige der interessanten Modelle verkauft worden.

Oft kann man die Nachteile, die das Verschieben einer Entscheidung mit sich bringen kann, umgehen, indem man sich nur teilweise auf etwas festlegt. So kann sich eine Familie, die nicht genau weiß, ob Sie von nun an jeden Sommer im Norden verbringen will, zunächst einmal dazu entscheiden, ein Ferienhaus für zwei Jahre zu mieten und gleichzeitig die Option auf den Kauf des Hauses zu einem Festpreis schaffen. Das Mietverhältnis, eine Alternative, mit der man Zeit gewinnt, verschafft der Familie die Möglichkeit herauszufinden, ob ihr das Haus und die Gegend wirklich so gut gefallen, um das Haus zu kaufen.

Wenn Sie sich nicht zu einer sofortigen Entscheidung durchringen können, sollten Sie die gesetzte Frist immer in Frage stellen. Ist die gesetzte Frist wirklich notwendig oder handelt es sich um eine nur angenommene Einschränkung? Welche Vor- und Nachteile würde ein Verschieben der Entscheidung mit sich bringen? Überwiegen die Vorteile, suchen Sie nach einer Alternative, mit der Sie Zeit gewinnen. Aber Vorsicht! Stellen Sie sicher, daß Sie damit auch tatsächlich Vorteile gewinnen und nicht nur eine unangenehme Entscheidung hinauszögern.

Wann man mit der Suche aufhören sollte

Es ist hart aber wahr: Die ideale Lösung ist ein Einzelfall. Dies hält jedoch die wenigsten Menschen davon ab, immer weiter nach ihr zu suchen, selbst wenn dies völlig unrealistisch ist. Es ist sehr wichtig, bei der Suche nach Alternativen sorgfältig und gründlich vorzugehen; sich deswegen verrückt zu machen ist jedoch unsinnig. Sowohl der Zeitaufwand als auch der gedankliche und gefühlsmäßige Energieaufwand hat seine Grenzen.

Wie kann man wissen, wann es genug ist? Vergleichen Sie den betriebenen Aufwand mit der Tauglichkeit der gefundenen Alternativen. Fragen Sie sich dabei:

- Haben Sie gründlich über Ihre Alternativen nachgedacht?

- Wären Sie mit einer der gefundenen Alternativen als endgültiger Entscheidung zufrieden?

- Haben Sie verschiedene Alternativen zur Auswahl? Unterscheiden sich Ihre Alternativen voneinander? (Falls Ihre Alternativen alle sehr ähnlich sind, sollten Sie etwas kreativer werden.)

- Müssen Sie sich noch mit anderen Elementen dieses Entscheidungsprozesses (z. B. Konsequenzen und Kompromissen) eingehend beschäftigen?

- Wäre es produktiver, sich mit anderen Entscheidungen oder Themen auseinanderzusetzen?

Wenn Sie diese Fragen mit »Ja« beantwortet haben, sollten Sie nicht nach weiteren Alternativen suchen und Ihre Energie produktiver nutzen.

Anwendung: Umbauen oder Umziehen?

Darlene und Drew haben ihre Ziele gründlich überdacht und sind jetzt bereit, mit Stift und Zettel in der Hand, nach Alternativen zu suchen. Darlene schlägt vor, ihre Freundin Anne, die Immobilienmaklerin, um Rat zu fragen. Drew ist dagegen und meint: »Sollten wir es nicht erst einmal alleine versuchen? Vielleicht können wir uns ja sogar die Maklerprovision sparen.«

John schaltet sich auch ein: »Ich fahre mit dem Fahrrad durch die Nachbarschaft und halte nach Häusern Ausschau, die zu verkaufen sind.«

»Das tust du auf keinen Fall«, schimpft seine Mutter, »Du weißt doch, daß du mit dem Fahrrad nicht auf der Straße fahren darfst.«

Aber John hat noch eine Idee. »Ich kann doch in der Schule sagen, daß wir nach einem neuen Haus suchen und eine Belohnung bieten.«

»Nein, John, kommt gar nicht in Frage. Ich möchte nicht, daß alle Welt weiß, daß wir umziehen wollen, bevor wir überhaupt selber wissen, ob wir uns es leisten können.«

Während der nächsten Wochen geht es hektisch zu. Darlene und Drew antworten in ihrer knappen Freizeit auf Zeitungsanzeigen, und gemeinsam sieht sich die Familie einige vielversprechende Angebote an. Allzu oft entsprechen die Häuser jedoch nicht ihren Erwartungen. John will wissen, wann sie endlich aufhören, sich alles anzusehen, und sich entscheiden. »Ich weiß nicht, John«, sagt sein Vater, »aber jetzt noch nicht«.

Erschöpft und frustriert von der zeitaufwendigen Suche entschließen sich Darlene und Drew, ihre Freundin Anne zu Rate zu ziehen. Dennoch waren ihre Anstrengungen nicht völlig umsonst gewesen, denn jetzt wissen die beiden ganz genau, was sie wollen, und können ihre Ansprüche realistischer beurteilen.

In der folgenden Woche treffen sich Darlene und Anne zum Mittagessen. Während des Nachtischs faßt Anne ihr Gespräch zusammen: »Also, Ihr wollt ein Haus kaufen, von dem aus Ihr beide nicht weit zur Arbeit fahren müßt. Ihr wollt die allerbeste Schule für John und den Nachwuchs. Ihr wollt in einer sicheren Gegend wohnen. Ihr wollt reichlich Platz und einen großen Garten für die Kinder und den Hund, den Ihr euch schon immer gewünscht habt. Natürlich soll das Ganze erschwinglich und eine gute Geldanlage sein. Dann soll ich mich bei der Bundesbank darum kümmern, daß der Zinssatz gesenkt wird, damit Ihr nur 5 % Zinsen auf die Hypothek zahlt. Und Euer altes Haus soll ich zu einem Preis verkaufen, der über dem Marktpreis liegt.«

Die nächsten Wochen schwitzen die Mathers über Auflistungen und besichtigen viele Objekte. Einige davon erfüllen viele ihrer Wünsche, aber Drew und Darlene legen sich nicht fest. Die Familie ist im Stadium der Suche und will ein Gefühl dafür entwickeln, was möglich ist.

Eines Abends ruft Anne an: »Es wird Zeit, etwas zu unternehmen, Leute. Ihr habt genug Häuser besichtigt. Wie wäre es, wenn Ihr mal zur Sache kommt?«

Darlene und Drew sehen ein, daß sie recht hat und es Zeit wird, nun auch einen Entschluß zu fassen. John ist hellauf begeistert.

Darlene zieht also ihre Liste der möglichen Alternativen hervor. Das Haus in der Eaton Street hat einen großen Garten, was für den Hund schön wäre. Die Wade Street würde den Kindern den kürzesten Weg zur besten Schule bieten. Das Haus am West Boulevard ist zwar in ziemlich schlechtem Zustand, wäre aber sehr günstig. Das Haus in Amherst liegt zwar etwas abseits, dafür ist die Gegend sehr sicher und die Infrastruktur gut. Und zuletzt gibt es noch ihr eigenes Haus, das umgebaut werden müßte, aber dennoch auch eine Alternative wäre.

»Also, was machen wir jetzt?« fragt Drew.

»Für was entscheiden wir uns jetzt?« fragt John.

(Fortsetzung in Kapitel 5)

Die Lektion aus der Anwendung

Bei der Schaffung der Alternativen haben die Mathers ganze Arbeit geleistet. Zuerst haben sie selbst auf Anzeigen geantwortet (auch wenn sich dies letztlich als mühsam und unproduktiv erwies), und später einen Immobilienmakler eingeschaltet. Hätten Sie es besser machen können? Wir finden schon. Die folgenden Vorschläge hätten Drew und Darlene helfen können:

- Denken Sie an Ihre Ziele und fragen Sie für jedes einzelne, wie Sie es erreichen können. Die Mathers hätten ihre Suche eingrenzen können, wenn sie zuerst überlegt hätten, welche Gegenden im Hinblick auf ihre Hauptziele, z. B. gute Schulen und kurze Pendelzeiten, überhaupt in Frage kommen.

- Gehen Sie bei der Schaffung der Alternativen proaktiv vor. Die Mathers hätten Freunde oder Bekannte in den passenden Gegenden darum bitten können, daß sie ihnen Bescheid geben, falls dort ein Haus zum Verkauf angeboten wird. Natürlich hätten sie auch eine eigene Anzeige aufgeben können, anstatt nur auf die anderer zu antworten.

- Es ist oft schwierig, den richtigen Zeitpunkt zu finden, an dem man mit der Suche nach Alternativen aufhören und eine Entscheidung treffen sollte. Die Mathers erhielten den Anstoß von ihrer Immobilienmaklerin, die die Initiative ergriff und nach einer Entscheidung verlangte. Die Mathers waren schnell einverstanden und haben sich eine weitere Suche erspart, ohne noch einmal darüber nachzudenken.

Profi-Tip:

Noch eine Sache, bevor wir einen Schritt weiter gehen: Machen Sie sich nie unwiderruflich von den vorhandenen Alternativen abhängig. Die Mathers haben fünf Häuser zur Auswahl. Doch auch während sie diese Häuser näher ins Auge fassen, sollten sie sich weiter umsehen. Es könnte ja sein, daß sie alle vorhandenen Häuser wieder verwerfen oder sie nicht erwerben können. Da wäre es günstig, noch weitere Alternativen zu haben.

Konsequenzen

5

Beschreiben Sie die Konsequenzen präzise und vollständig

Sie haben Ihr Problem formuliert, Ihre Zielsetzungen geordnet und sich eine Reihe von Alternativen geschaffen. Nun müssen Sie Ihre Alternativen daraufhin miteinander vergleichen, inwiefern sie Ihren Zielen auch tatsächlich dienen. Dazu sollten Sie zuerst schriftlich festhalten, wie gut jede einzelne Alternative für Ihre Ziele geeignet ist.

Anders ausgedrückt: Beschreiben Sie, welche Alternative welche Konsequenzen in bezug auf jedes Ihrer Ziele zur Folge hätte.

Profi-Tip:

Wenn es Ihnen gelingt, die Konsequenzen vollständig und treffend zu beschreiben, löst sich das Problem oft schon von selbst, ohne daß Sie weiter darüber nachdenken müßten.

Dieses Kapitel will eine ganz einfache Botschaft vermitteln: Machen Sie sich die Konsequenzen Ihrer Alternativen bewußt und stellen Sie sicher, daß Sie sie auch richtig verstanden haben, bevor Sie eine Entscheidung treffen. Tun Sie dies nicht, könnten Sie später über Ihre Entscheidung unglücklich sein. Der größte Vorteil, den Ihnen das Beschreiben der Konsequenzen bietet, ist Einsicht in die Situation. Sie werden sowohl die Konsequenzen selbst als auch Ihre Ziele und sogar Ihre Probleme besser verstehen. Und je besser Sie diese Punkte verstehen, desto smarter wird Ihre Entscheidung sein.

Ein scheinbar einfaches Problem: Sie müssen sich entscheiden, wohin Sie heute abend vor dem Theaterbesuch zum Essen gehen. Ihnen schwebt ein gutes Essen in einem hübschen Restaurant vor, Sie möchten nicht allzuviel Geld ausgeben, und vor allem möchten Sie rechtzeitig zur Vorstellung im Theater sein. Zum Essen und für den Weg ins Theater haben Sie insgesamt eineinhalb Stunden Zeit. Zwei Alternativen stehen zur Auswahl: Restaurant Mario ist für sein ausgezeichnetes Essen bekannt, das Ambiente ist jedoch nur mittelmäßig und die Bedienung oft langsam. Im Restaurant Luigi hingegen gibt es recht gutes Essen, das Restaurant ist sehr schön, die Bedienung sehr aufmerksam und schnell, aber die Preise sind höher als im Restaurant Mario.

Wie das Leben nun einmal so spielt, erfüllt keine der beiden Alternativen Ihre Wünsche hundertprozentig, und es kommt darauf an, wie gut die eine oder andere Ihre Ziele erfüllt und welchen relativen Stellenwert Sie diesen Zielen beimessen. Haben Sie die Konsequenzen beider Alternativen ausführlich genug beschrieben, werden Sie eine kluge Entscheidung treffen können.

Das scheint zwar ganz einfach zu sein, ist es aber durchaus nicht. Im Gegenteil, es kann sogar ausgesprochen schwierig sein, Konsequenzen zu beschreiben. Sind die Beschreibungen unrichtig, unvollständig oder ungenau – die drei größten Fehlerquellen – laufen Sie Gefahr, eine schlechte Entscheidung zu treffen. Das Ergebnis Ihrer Entscheidung könnte ganz anders ausfallen, als Sie sich das vorstellten. Bei unserem Beispiel der Restaurantwahl könnten die Beschreibungen folgende Mängel aufweisen:

Unrichtige Informationen: Obwohl Sie anders informiert sind, könnte das Essen im Restaurant Luigi besser als das im Restaurant Mario sein.

Unvollständige Informationen: Vom Restaurant Luigi benötigen Sie eventuell 15 Minuten länger ins Theater als vom Restaurant Mario. Und wissen Sie eigentlich, ob es bei Mario Ihren Lieblingswein gibt, auf den Sie nicht verzichten möchten?

Ungenaue Informationen: Wie lange müssen Sie bei Mario auf Ihr Essen warten? Um wieviel ist Restaurant Luigi teurer als Restaurant Mario?

Konsequenzen

Es ist eine sehr schwierige Aufgabe, Konsequenzen zu definieren, und wir möchten Ihnen an dieser Stelle einen Witz über eine inzwischen in Konkurs gegangene Fluglinie erzählen, die für ihren unregelmäßigen Flugverkehr berüchtigt war. Eines Tages, bei der Landung, informierte der Pilot die Passagiere über die Sprechanlage: »Wir sind früher angekommen als geplant. Aber leider wissen wir nicht, wo wir uns befinden.« Wenn Sie die Konsequenzen nicht präzise definieren, kommen Sie zwar schnell zu einer Entscheidung, doch ob das die richtige sein wird, ist fraglich.

Erstellen Sie eine Konsequenzentabelle

Der Kniff besteht darin, die Konsequenzen präzise genug zu beschreiben, damit eine kluge Wahl getroffen werden kann, ohne sich jedoch in unnötigen Einzelheiten zu verlieren. Die folgenden vier Schritte werden Ihnen bei dieser Aufgabe helfen:

Schritt 1: Denken Sie vorausschauend

Da sich die Konsequenzen Ihrer Entscheidungen oft erst Monate oder Jahre später einstellen, müssen Sie in Gedanken vorausblicken und die Tragweite Ihrer Entscheidung erkennen. Wenn Sie Ihre Alternativen eine nach der anderen erwägen, sollten Sie sich bei jeder einzelnen vorstellen, Sie hätten sie tatsächlich gewählt. Stellen Sie sich z. B. vor, Sie hätten Ihr Haus tatsächlich nach den Plänen Ihres Architekten umgebaut. Wie wäre es, darin zu wohnen? Stellen Sie sich dabei den ganz normalen Alltag, die Wochenenden und verschiedene Jahreszeiten vor. Wie wäre es, Gäste einzuladen? Was würde sich ändern, wenn Ihre Kinder ein paar Jahre älter werden? Der Blick in die vorgestellte Zukunft wird Ihnen dabei helfen, sowohl die naheliegenden als auch die langfristigen Konsequenzen Ihrer Entscheidung im Zusammenhang zu erkennen.

86

Schritt 2: Erstellen Sie eine ausformulierte Beschreibung der Konsequenzen jeder Alternative

Verwenden Sie dafür Zeichen, Zahlen oder Begriffe, die zur Beschreibung der Konsequenz am geeignetsten sind.

- Sammeln Sie aussagekräftige Informationen (zum Beispiel den Lebenslauf eines Bewerbers) und notieren Sie außerdem Ihre subjektive Einschätzung (der Bewerber ist »eifrig« oder »sympathisch«).

- Je nach Situation können Sie entweder Zahlen (Wunschgehalt des Bewerbers ist $ 37 000 pro Jahr), Worte (»umfangreiche Computerkenntnisse und analytisches Denkvermögen«) und Grafiken, wie z. B. Diagramme, Fotografien und Symbole verwenden, sofern diese aussagekräftig sind und durchgängig verwendet werden können. Die Bereitschaft eines Bewerbers, auf Geschäftsreisen zu gehen, könnte beispielsweise mit einem Koffersymbol ausgedrückt werden.

- Überprüfen Sie die Beschreibungen anhand Ihrer Zieleliste und stellen Sie sicher, daß Sie auch alle Ziele in Betracht gezogen haben. Ist das nicht der Fall, sollten Sie es nun nachholen. Weist eine der Beschreibungen Sie auf ein Ziel hin, das Sie bis jetzt noch nicht formuliert haben? Ist dies der Fall, beurteilen Sie dessen Stellenwert und nehmen es mit in Ihre Alternativenliste auf, falls Sie es für gut befunden haben.

  Eine ausformulierte Beschreibung Ihrer Konsequenzen wird Sie viel wahrscheinlicher auf noch nicht erkannte Ziele stoßen lassen als eine Beschreibung anhand einer Ziele-Checkliste.

Schritt 3: Streichen Sie alle offensichtlich schlechten Alternativen

Dieser Schritt erspart Ihnen bei Entscheidungen enorm viel Zeit, da zahlreiche Alternativen sehr schnell gestrichen werden und Sie Ihr Problem danach eventuell sofort lösen können. Stellen Sie sich vor, Ihre Alternativen wären Gegner in einem Spiel, in dem jeder versucht, seinen Gegenspieler aus dem Spiel zu drängen.

- Nehmen Sie zwei Ihrer Alternativen. Versuchen Sie, sich eine als Favoriten vorzustellen. Der Status quo, falls er zu Ihren Alternativen gehört, ist dafür gut geeignet. Beginnen Sie z. B. damit, Ihren Computer mit einem der neuen Modelle, die Sie gerne kaufen möchten, zu vergleichen.

- Nehmen Sie Ihre Beschreibungen zur Hand, um die Vor- und Nachteile (jeweils in einer Auflistung) des jeweiligen Computers herauszufinden. Berücksichtigen Sie dabei jedes Ihrer Ziele. Sollte sich eine der Alternativen als eindeutiger Sieger herausstellen, streichen Sie die unterlegene sofort, betrachten die bessere als neuen Favoriten und setzen mit der nächsten Alternative das Spiel fort. Sollte sich in der ersten Runde kein eindeutiger Gewinner gefunden haben, legen Sie die zweite Alternative erst einmal beiseite und setzen das Ausscheidungsspiel mit Ihrem ersten Favoriten fort.

- Gehen Sie die Liste Ihrer Alternativen vollständig durch und vergleichen Sie sie jeweils paarweise. Am Ende des Ausscheidungsspieles erweist sich vielleicht eine Alternative als eindeutiger Gewinner. Ist dies nicht der Fall, gehen Sie zum nächsten Schritt über.

Schritt 4: Erstellen Sie aus den Beschreibungen der verbleibenden Alternativen eine Konsequenzentabelle

Nehmen Sie entweder Papier und Bleistift zur Hand, oder erstellen Sie eine Tabelle auf dem Computer. Am linken Seitenrand listen Sie Ihre Ziele, am oberen Seitenrand Ihre Alternativen auf. Nun haben Sie eine leere Tabelle vor sich. In jedem Feld der Tabelle beschreiben Sie nun präzise die Konsequenz, die die jeweilige Alternative (in Spalten von links nach rechts) für das jeweilige Ziel (in den Zeilen von oben nach unten) hat. Wahrscheinlich werden Sie dabei manche Konsequenzen quantitativ in Zahlen, andere qualitativ in Worten beschreiben.

Wichtig dabei ist, daß Sie alle Konsequenzen eines bestimmten Ziels in einheitlicher Terminologie beschreiben, d. h., daß Sie in jeder Zeile die gleiche Art der Beschreibung verwenden. Anschließend vergleichen Sie wieder paarweise die Alternativen und streichen alle aus, die sich im Verlauf des Ausscheidungsspiels als unterlegen erweisen.

Ist nun offensichtlich, welches die klügste Entscheidung ist, haben Sie es geschafft! Wenn nicht, werden Sie Kompromisse schließen müssen, ein Thema, mit dem wir uns ausführlich im nächsten Kapitel befassen werden.

Profi-Tip:

Die Konsequenzentabelle wird sich bei der Auswertung sich gegenüberstehender Alternativen in jedem Fall als wichtiges Hilfsmittel erweisen.

Vergleichen Sie Alternativen anhand einer Konsequenzentabelle

Nun untersuchen wir die Konsequenzentabelle eines jungen Mannes namens Vincent Sahid, um den Nutzen solcher Tabellen überzeugend zu veranschaulichen. Vincent möchte sich vom seinem Betriebswirtschaftsstudium beurlauben lassen, da sein verwitweter Vater ernsthaft erkrankt ist und er keine Geschwister hat, die ihm beistehen könnten. Damit er sich während dieser Zeit finanziell über Wasser halten kann, muß er sich eine Arbeit suchen. Am liebsten hätte er eine Arbeit, bei der er gut bezahlt wird, Anspruch auf Urlaub und Sozialleistungen hat und die ihm Freude macht. Außerdem würde er gerne einige Erfahrungen sammeln, die ihm für sein Studium hilfreich wären. Da er aufgrund der Krankheit seines Vaters damit rechnen muß, daß plötzliche Notsituationen eintreten, muß ihm bei seiner Arbeit auch ein ausreichendes Maß an Flexibilität gewährt werden. Vincent hat nach langem Suchen fünf Arbeitsstellen ausfindig gemacht, die für ihn in Frage kommen. Jede dieser Stellen zieht hinsichtlich seiner Ziele ganz unterschiedliche Konsequenzen nach sich, die er tabellarisch auflistet (siehe Seite 91).

Man sieht deutlich, daß eine Konsequenzentabelle viele Informationen genau und übersichtlich darstellen kann, was es Ihnen vereinfacht, Ihre Alternativen Ziel für Ziel zu vergleichen. Sie schafft zusätzlich den idealen Rahmen, um gegebenenfalls Kompromisse zu erwägen. Außerdem werden Sie dazu angeregt, diszipliniert und zielgerichtet über Ihre Alternativen, Ziele und mögliche Konsequenzen nachzudenken. Obwohl eine solche Tabelle sehr einfach zu erstellen ist, erstaunt es uns immer wieder, wie selten sich Entscheider die Zeit nehmen, die Elemente einer schwierigen Entscheidung zu Papier zu bringen. Erstellt man keine Konsequenzentabelle, läuft man Gefahr, wichtige Informationen zu übersehen und bei Vergleichen planlos vorzugehen. Die Gefahr, eine falsche Entscheidung zu treffen, ist dabei groß.

Vincent Sahids Konsequenzentabelle

Ziele	Alternativen				
	Stelle A	Stelle B	Stelle C	Stelle D	Stelle E
monatliches Gehalt	$ 2 000	$ 2 400	$ 1 800	$ 1 900	$ 2 200
Flexibilität der Arbeitszeit	mittel	niedrig	groß	mittel	keine
Erfahrungen für das Studium	Computer	Mitarbeiter-führung, Computer	Betriebs-führung, Computer	Organisation	Zeitmanage-ment, vielfältige Aufgaben
Urlaubstage pro Jahr	14	12	10	15	12
Sozialleistungen	Krankenvers., Rentenanspruch	Krankenvers.	Krankenvers. ohne Zahnarzt	Krankenvers. ohne Zahnarzt, Rentenanspruch	Krankenvers.
Gefallen an der Arbeit	sehr groß	groß	groß	sehr groß	wenig

Meistern Sie die Kunst, Konsequenzen zu beschreiben

Wie bei allen anderen Faktoren innerhalb des Entscheidungsfindungsprozesses gilt auch für die Beschreibung der Konsequenzen: Übung macht den Meister. Die folgenden Empfehlungen werden Ihnen dabei helfen.

Entscheiden Sie sich erst einmal »auf Probe«

Versuchen Sie, alle Konsequenzen einer Alternative am eigenen Leib zu erleben, bevor Sie sich für diese entscheiden. Haben Sie beispielsweise immer einen VW Golf gefahren und spielen nun mit dem Gedanken, einen VW-Bus zu kaufen, sollten Sie sich zuerst für einige Tage einen VW-Bus mieten oder von Freunden leihen. Spürt man die Konsequenzen seiner Entscheidungen am eigenen Leib, mißt man ihnen eine ganz andere Bedeutung zu. Außerdem können Sie auf diese Weise ganz neue Konsequenzen entdecken, an die Sie vorher noch nicht einmal gedacht haben. Vielleicht stellen Sie fest, daß es zwar einerseits sehr schwierig ist, den VW-Bus in Ihren üblichen Parkplatz einzuparken, daß andererseits aber Ihr Vater, der nicht mehr der Jüngste ist, viel einfacher ein- und aussteigen kann.

Beispiel:

Es gibt viele Möglichkeiten, sich »auf Probe« zu entscheiden. Bevor Sie sich für eine bestimmte Universität entscheiden, können Sie ja einmal so tun, als ob Sie dort studierten. Essen Sie in der Mensa, setzen Sie sich in einige der Vorlesungen oder unterhalten Sie sich mit den anderen Studenten. Bevor Sie Ihr Traumhaus kaufen, fahren Sie doch einmal einige Strecken zwischen Arbeitsplatz und Ihrem zukünftigen Heim ab. Wenn Sie gerade ein neues Toasterdesign entwerfen, könnten Sie eine Computergraphik erstellen oder einen Prototyp bauen.

Beschreiben Sie jede Konsequenz mit einheitlichen Maßstäben

Eine verbale Beschreibung von Konsequenzen, und sei sie noch so präzise ausgearbeitet, wird nicht immer ausreichen, um ein Entscheidungsproblem lösen zu können. Ist dies der Fall, können Sie versuchen, die Konsequenzen mit Maßstäben oder Maßeinheiten zu verdeutlichen und somit auch Ihr Entscheidungsproblem zu vereinfachen.

Diese Maßstäbe müssen meßbare und sinnvolle Kategorien repräsentieren, die dem Kernpunkt Ihres Ziels Rechnung tragen. Maßstäbe wie z. B. Geldbeträge (zur Beschreibung von Einkommen oder Produktionskosten), Prozentsätze (zur Beschreibung von planmäßigen Abflugzeiten) oder Flächenangaben (zur Beschreibung des Lebensraumes freilebender Tiere) entsprechen diesen Kriterien, doch wie würden Sie Eigenschaften beschreiben, die sich mit den üblichen Maßstäben nicht so einfach messen lassen, wie z. B. guter Wille, Moral, Schmerz oder Leid? Wir können Ihnen dazu zwei Möglichkeiten vorschlagen:

■ Wählen Sie einen Maßstab, der den Kernpunkt des betreffenden Zieles sinnvoll repräsentiert. Vincent Sahid verfolgt bei seiner Arbeitsuche unter anderem das Ziel, flexible Arbeitszeiten zu haben. In seiner Konsequenzentabelle verwendet er relativ allgemein gehaltene Begriffe zur Bewertung dieses Faktors. Doch wie hätte er ihn genauer messen können? Der Prozentsatz der Arbeitsstunden, die er ohne langfristige Absprache mit seinem Vorgesetzten hätte verschieben können, wäre für sein Entscheidungsproblem ein geeigneter Maßstab gewesen.

■ Denken Sie sich einen subjektiven Maßstab für Ihr Ziel aus. Sie treffen und akzeptieren regelmäßig Entscheidungen, die aufgrund subjektiver Maßstäbe getroffen wurden: Denken Sie nur an die Schulnoten von 1 bis 6, die blauen, roten oder schwarzen Markierungen auf einer Skipiste, um den Schwierigkeitsgrad anzuzeigen, oder Symbole, die in Fachzeitschriften zur Klassifizierung von Risiken, Kosten oder ähnlichem verwendet werden. Wenn Sie sich selbst einen Maßstab ausdenken, müssen Sie sich ausreichend viele Abstufungen schaffen, damit die Konsequenzen unterschiedlich eingeordnet werden können. Manchmal ist auch schon ein einfacher Ja/Nein- oder Plus/Minus-Maßstab ausreichend (z. B. wenn Sie nur kurz anmerken möchten, ob für eine medizinische Behandlung ein verschreibungspflichtiges Medikament notwendig ist oder nicht).

Profi-Tip:

So anstrengend es auch sein mag, schwer faßbare Zielsetzungen mit einem Maßstab zu messen, bietet es jedoch einen großen Vorteil: Das Festsetzen eines Maßstabs für Ihr Ziel macht es erforderlich, daß Sie klären müssen, was Sie eigentlich wirklich damit aussagen möchten.

Verlassen Sie sich nicht ausschließlich auf greifbare Fakten

Das heißt natürlich nicht, daß Sie greifbare Fakten nicht berücksichtigen sollen, sofern sie verläßlich, in sich schlüssig und relevant sind. Doch beschränken Sie sich nicht auf sie, nur weil sie leicht zu beschaffen sind oder objektiv erscheinen.

- Räumen Sie auch denjenigen Zielen ihren angemessenen Stellenwert ein, die sich nicht konkret messen lassen. Müssen Sie beispielsweise entscheiden, wo eine Bundesstraße gebaut werden soll, dürfen Sie dabei nicht die ästhetische Einbindung der Straße in das Landschaftsbild zugunsten der Kostenminimierung des Projektes vernachlässigen, nur weil es nicht so einfach meßbar ist.

- Wählen Sie nur geeignete Maßstäbe, selbst wenn Sie die notwendigen Informationen nicht so einfach beschaffen können. Ein ungeeigneter oder unwichtiger Maßstab ist etwas, was Sie ganz bestimmt nicht gebrauchen können. Bei einer Entscheidung über Ihren zukünftigen Wohnort, hilft Ihnen der Maßstab »tägliche Pendelzeit« mit Sicherheit besser weiter als der Maßstab »Entfernung zum Arbeitsplatz«, selbst wenn dieser einfacher zu messen ist.

Machen Sie das Beste aus den verfügbaren Informationen

Manchmal ist es sehr einfach, an die benötigten Informationen zu gelangen. So erging es Vincent Sahid, als er sich über das Gehalt der verschiedenen Stellenangebote informierte. In anderen Fällen hingegen sind überhaupt keine Informationen verfügbar, und man ist ausschließlich auf sein eigenes Urteilsvermögen angewiesen. Auch diese Erfahrung machte Vincent, als er beschrieb, wie gut ihm die verschiedenen Arbeitsstellen gefallen würden. In wieder anderen Fällen stehen Ihnen nur Informationsbrocken zur Verfügung, und Sie werden die Informationslücken mit Urteilsvermögen und einem Schuß Logik schließen müssen.

Beispiel:

Stellen Sie sich vor, Sie haben für Ihren vierwöchigen Traumurlaub in Australien und Neuseeland mit Ihrer Familie vier verschiedene Reiserouten zur Auswahl. Da Ihnen die Reiserouten alle mehr oder weniger gut gefallen, wird eines Ihrer Ziele sehr wahrscheinlich daraus bestehen, die Gesamtreisekosten möglichst niedrig zu halten. Dazu ist es erforderlich, die verschiedenen Kostenfaktoren abzuschätzen. Die Flugkosten können Sie sehr leicht in Erfahrung bringen. Hinsichtlich der Hotelkosten haben Sie Ihre eigenen Erfahrungen darüber, welchen Komfort Sie normalerweise erwarten; zusätzlich können Sie

95

die aktuellen Durchschnittspreise Ihrer bevorzugten Hotelklasse sehr einfach in Erfahrung bringen. Die Kosten für die Verpflegung im Ausland wird vielleicht Ihr Reisebüro einschätzen können. Die Kosten für Freizeitvergnügungen im Urlaub können ebenfalls nur Sie aufgrund Ihrer Erfahrungen einschätzen. Zwar wird es zu manchen Aktivitäten Informationen über deren Preis geben, aber bei anderen müssen Sie einfach schätzen. Zum Schluß rechnen Sie alle Kosten zusammen, um den Gesamtpreis Ihrer verschiedenen Anreiserouten einschätzen zu können.

Wenden Sie sich an den richtigen Ratgeber

Oft können andere, wir nennen sie Fachleute, die möglichen Konsequenzen besser einschätzen als Sie selbst. Wenn Sie sich überlegen, ob Sie in eigenem Namen oder im Namen Ihres minderjährigen Kindes Investitionen tätigen sollen, wird Ihnen ein Finanz- oder Steuerberater am besten weiterhelfen können. Wenn es darum geht, ein Geburtstagsgeschenk für die achtjährige Cousine auszusuchen, ist bestimmt Ihre neunjährige Tochter die Expertin in der Familie.

Wenn Ihnen andere Menschen die Konsequenzen Ihrer Entscheidung zu erklären versuchen, müssen Sie auch verstehen, wie diese zu ihrem Urteil gelangt sind. Lassen Sie sich die zugrunde liegenden Fakten und Urteile schlüssig darlegen. Dies wird sich besonders bei strittigen Entscheidungsproblemen als nützlich erweisen.

Wählen Sie Maßstäbe, die den Grad der Genauigkeit angemessen widerspiegeln

Allzu oft sind die Maßstäbe, die zu Beschreibungen der Konsequenzen verwendet werden, viel zu genau, beziehungsweise ungenau, als es für den Zweck sinnvoll und nützlich ist. Bei einer ungefähren Kostenabschätzung ist die Angabe von $ 33 475,00 übertrieben. Die Angabe $ 33 000,00 ± 10 % wäre hierfür völlig ausreichend.

Gehen Sie die größten Unsicherheitsfaktoren als erstes an

Einige Konsequenzen bleiben in diesem Stadium ungewiß. Normalerweise können Sie sie abschätzen oder durch eine Zahl darstellen. Es sei denn, der Unsicherheitsfaktor beeinflußt Ihre Entscheidung maßgeblich. Möchten Sie ein neues Auto kaufen, wissen Sie den entgültigen Kaufpreis erst, wenn Sie mit dem Anbieter darüber verhandelt haben. Dennoch können Sie vorher durchaus abschätzen, welche Preislage für Sie in Frage kommt, oder sogar eine Wahl treffen.

Ihre Entscheidung wird hier, wie auch in vielen anderen Fällen, durch den relativ vernachlässigbaren Unsicherheitsfaktor nicht beeinflußt. In anderen Situationen kann der Unsicherheitsfaktor jedoch so belastend sein, daß es Ihnen schwerer fällt, die Konsequenzen angemessen zu beschreiben. Bei Entscheidungen, die Kapitalanlagen, Versicherungsfragen, schwerwiegende medizinische Eingriffe oder Rechtsangelegenheiten betreffen, werden Sie sich mit Ungewißheiten detaillierter auseinandersetzen wollen. Diese werden wir in Kapitel 7 behandeln.

Anwendung: Umbauen oder Umziehen?

Familie Mather ist nun bereit, ein Angebot zu unterbreiten – doch in welcher Höhe und für welches Haus? Da die Notizen inzwischen sehr umfangreich geworden sind und sich Drew damit überfordert fühlt, beschwert er sich: »Das sind mir zu viele Einzelheiten. Laß uns doch alles auf einer Seite zusammenfassen. Wir wissen doch, welche Ziele wir verfolgen: Schule, Pendelzeit, und all das. Wie schneiden denn die Häuser im Vergleich zueinander ab, wenn wir sie hinsichtlich unserer Zielsetzungen einander gegenüberstellen?«

Darlene ist auch der Meinung, daß sie eine übersichtlichere Aufstellung anfertigen sollten. Anhand ihrer ersten Liste »Welche Anforderungen stellen wir an ein Haus« (siehe Kapitel 3) und ihrer Notizen werden ihre Ziele durch genauer definierte Unterziele deutlicher. Daraus ergibt sich eine neue Tabelle, in der die Konsequenzen der Entscheidung für das jeweilige Haus im Hinblick auf die sechs Zielsetzungen verglichen werden können. Am linken Seitenrand listet Darlene ihre Ziele und deren zugehörige Unterziele auf. Am oberen Seitenrand listet sie die zur Auswahl stehenden fünf Häuser auf. In manchen Zeilen werden die Konsequenzen der Entscheidung in Worten beschrieben, (z. B. »schlecht«, »ganz gut« oder »ausgezeichnet« für Spielplätze), in anderen werden sie in Zahlen ausgedrückt (Pendelzeit, Größe des Gartens).

Für ihr jetziges Haus in der School Street legen die Mathers zusammen mit ihrer Immobilienmaklerin einen angemessenen Preis von $ 175 000,00 fest, unter der Voraussetzung, daß das weitere Zimmer angebaut werden würde. Das Anfertigen der Konsequenzentabelle ist sehr zeitaufwendig, aber Darlene nimmt dies gerne in Kauf.

Stolz zeigt sie das Ergebnis ihrem Mann: »Du wolltest doch alles auf einer Seite zusammengefaßt haben. Hier ist sie.« (Siehe ab Seite 99)

Drew ist beeindruckt. Einige von Darlenes Einträgen sind ihm unklar, doch nach erklärenden Worten seiner Frau hat er die Beschreibungen verstanden, und er pflichtet ihr bei. Sogar John kann mit der Tabelle etwas anfangen. Die Tabelle ist sehr hilfreich. Drew und Darlene streichen das Haus in der Eaton Street von ihrer Liste, da es im Vergleich zu den anderen Häusern keine Vorteile bietet. Eine endgültige Entscheidung können sie jedoch immer noch nicht treffen.

(Fortsetzung in Kapitel 6.)

Die Konsequenztabelle der Mathers

Ziele	Unterziele	Alternativen				
		Amherst	Eaton	School	Wade	West Boulev.
Wohnlage	Pendelzeit Drew (einfach)	40 Minuten, wechselnd	30 Minuten, viel Verkehr	30 Minuten	15 Minuten	30 Minuten
	Pendelzeit Darlene (einfach)	25 Minuten, viel Verkehr	20 Minuten, mäßiger Verkehr	25 Minuten, wenig Verkehr	20 Minuten	15 Minuten
	Schulweg John	10 Minuten mit Bus	10 Minuten mit Bus	2 Str. entfernt, zu Fuß	5 Minuten zu Fuß	4 Str. weiter zu Fuß
	Entfernung zu Geschäften	5 Minuten mit Auto	3 Minuten mit Auto	kurz, zu Fuß	kurz, zu Fuß	lange, zu Fuß
Schulqualität	in % über Durchschnitt	90	65	55	95	70
	Grundfächer (Lesen, Mathe, Naturwissensch.)	sehr gut	mäßig	schlecht	sehr gut	sehr gut
	musikalische Ausbildung	gut	sehr gut	keine	hervorragend	akzeptabel

Konsequenzen

Ziele	Unterziele	Alternativen					
		Amherst	Eaton	School	Wade	West Boulev.	
	Sportangebot	hervorragend	schlecht	sehr gut	gut	gut	
	weiter-führende Schule	sehr gut	gut	gut	erstklassig	gut	
Wohngegend	Sicherheit	mittel	mäßig	hoch	einigermaßen hoch	mäßig bis niedrig	
	Verkehrs-aufkommen	ruhige Straße	geringer Durchgangs-verkehr	mittel	geringer Durchgangs-verkehr	mittel bis hoch	
	Spielplätze	ausgezeichnet	ausreichend	tauglich	ganz gut	schlecht	
	Sportplatz	hervorragend	tauglich	recht gut	tauglich	gut	
	Kinder in der Nachbarschaft	einige	sehr wenige	viele	viele	wenig bis einige	
	Nachbarn	neue Freunde	eher unan-genehm	sympathisch	man kommt bestimmt mit-einander aus	scheinen sehr nett zu sein	
Zust. u. Qualität des Hauses	Zimmer	4, davon 2 kleine	4 kleine	3 kleine	3 große	3 mittelgroße	
	Badezimmer	sehr schön	passabel	nicht sehr schön	schön	problematisch	

100

Ziele	Unterziele	Alternativen				
		Amherst	Eaton	School	Wade	West Boulev.
	Küche	toll	schön	schön	ganz hübsch	das schönste Zimmer im Haus
	Wohnzimmer	passabel	erbärmlich	schön	groß, mit Kamin	klein
	Instand-haltung	in sehr gutem Zustand	in gutem Zustand	in weniger gutem Zustand	erfordert einiges an Arbeit	mittelmäßig
	allgemeiner Eindruck	freundlich	ganz nett	schlecht	freundlich	zwischen ganz nett und schön
Grundstück	Größe	ca. 270 m^2	ca. 450 m^2	ca. 140 m^2	ca. 370 m^2	ca. 190 m^2
	Garten (Bäume, Hecken)	gepflegt	langweilig	furchtbar	erfordert einiges an Arbeit	muß gepflegt werden
	geeig. f. Hund	ganz gut	sehr gut	nicht gut	gut	schlecht
	geeig. f. Kinder	perfekt	gut	einigermaßen	prima	mäßig
Kosten	Angebotspreis	$ 225 000	$ 240 000	$ 175 000	$ 195 000	$ 180 000
	Grundsteuern	$ 3 500/Jahr	$ 3 200/Jahr	$ 2 200/Jahr	$ 2 500/Jahr	$ 2 300/Jahr
	Sonstiges	niedrige Instand-haltungskosten, Wertzuwachs	–	hohe Kosten mit Umbau	Mäßige Instand-haltungskosten	–
Wert						

Die Lektion aus der Anwendung

Die Mathers sind bei der Frage, für welches Haus sie sich entscheiden sollen, schon einen großen Schritt weitergekommen. Dank Darlenes Tabelle können sie nun die zur Auswahl stehenden Häuser ganz einfach unter dem Gesichtspunkt vergleichen, welches Haus welche Konsequenzen hinsichtlich ihrer Ziele nach sich zieht. Obwohl die Konsequenzentabelle noch keine endgültige Entscheidung ermöglicht, können die Mathers doch wenigstens eine Alternative (Eaton Street) streichen, da diese im Vergleich mit mindestens einem der anderen Häuser in jedem Punkt deutlich unterlegen ist und daher eine schlechte Entscheidung wäre.

An dieser Stelle könnten den Mathers folgende Vorschläge weiterhelfen:

■ Wählen Sie passende Maßstäbe für einige der Ziele. Dies erleichtert sowohl die Klärung der Ziele, als auch den Vergleich der übriggebliebenen Alternativen. Beim Unterziel »Sicherheit« zum Beispiel könnten sich die Mathers klarer darüber werden, ob sie dabei an Gewaltverbrechen, Einbruch, Vandalismus oder alles zusammen denken. Gibt es Informationen darüber, wie hoch die Verbrechensrate in der jeweiligen Wohngegend ist? Die Mathers könnten dann beispielsweise eine Kennziffer für die Verbrechensrate in ihren Vergleich eintragen. Ist Sicherheit ein wichtiger Gesichtspunkt, wäre es die Mühe wert.

■ Überprüfen Sie, ob alle Konsequenzen genau und vorausblickend formuliert sind. John, derzeit in der dritten Klasse, benötigt für seinen Schulweg momentan fünf Minuten; wenn er in wenigen Jahren in eine weiterführende Schule geht, wird er aber vielleicht 20 Minuten benötigen. Somit erweist sich die Beschreibung des Schulweges mit fünf Minuten als relativ kurzsichtig.

- Überprüfen Sie, ob alle Konsequenzen vollständig formuliert sind. Bei der Beschreibung der Schulqualität fehlen Angaben zu weiterführenden Schulen, die für John und seine Eltern bald relevant werden. Dies sollte für jedes der in Erwägung gezogenen Häuser nachgetragen werden.

- Überprüfen Sie, ob alle Konsequenzen präzise formuliert sind. Für das zum »Grundstück« gehörende Unterziel »Garten (Bäume, Hecken)« zum Beispiel ist die Beschreibung »erfordert Arbeit« recht ungenau. Es wäre besser, eine Einschätzung des Zeit- oder Geldaufwands für die Arbeit einzutragen.

- Vergleichen Sie die übriggebliebenen Alternativen systematisch und paarweise. Stellen Sie die Vor- und Nachteile jeder Alternative einander gegenüber. Ein paarweiser Vergleich ist nicht nur einfacher anzustellen, sondern bringt oft neue Informationen ans Licht, die entweder eine Alternative als deutlich beste oder deutlich schlechtere hervorhebt.

Kompromisse

6

An diesem Punkt des Entscheidungsprozesses haben Sie vermutlich schon einige der schlechteren Möglichkeiten verworfen, nachdem Sie die unterschiedlichen Konsequenzen Ihrer Alternativlösungen miteinander verglichen haben.

Die übriggebliebenen Alternativlösungen scheinen auf den ersten Blick gleich gut zu sein: Alternative A ist in bezug auf einige der Ziele die bessere Entscheidung als Alternative B, auf andere Zielsetzungen bezogen aber die schlechtere. Wichtige Entscheidungen bedeuten im allgemeinen gegensätzliche Ziele – man kann einfach nicht alles auf einmal haben. Aus diesem Grund müssen Sie Kompromisse schließen. Sie müssen sich von bestimmten Vorstellungen trennen, um in anderen Punkten dazuzugewinnen.

Profi-Tip:

Entscheidungen, die mehrere Zielsetzungen enthalten, lassen sich nicht dadurch treffen, daß man sich nur auf ein Ziel konzentriert.

Gibt es nur ein Ziel, liegt die Entscheidungsfrage klar auf der Hand. Möchten Sie zum Beispiel so billig wie möglich von New York nach San Francisco fliegen, brauchen Sie nur die günstigste Fluglinie herauszufinden und Ihren Flug zu buchen. Doch Entscheidungen, bei denen es nur um ein Ziel geht, sind selten. In den meisten Fällen verfolgen Sie gleichzeitig mehrere Ziele. Um bei unserem Beispiel zu bleiben: Natürlich wollen Sie so günstig wie möglich fliegen, aber eine akzeptable Abflugzeit, einen Direktflug und eine Fluggesellschaft, bei der Sie sich sicher aufgehoben fühlen, wünschen Sie ebenfalls. Außerdem hätten Sie gerne einen Sitzplatz am Gang und wollen nicht auf die Punkte für Vielflieger verzichten, da sich auf Ihrem Konto bereits einige angesammelt haben. Nun ist die Entscheidung schon wesentlich komplizierter. Da es unmöglich ist, alle Wünsche auf einmal zu erfüllen, sind Sie praktisch gezwungen, die einzelnen Argumente gegeneinander abzuwägen und einen Kompromiß zu schließen.

Vernünftige Kompromisse zu finden ist eine der wichtigsten, aber auch schwierigsten Herausforderungen bei der Entscheidungsfindung. Je mehr Alternativen und Ziele erwogen und verfolgt werden, um so mehr Kompromisse werden erforderlich.

Doch nicht die bloße Anzahl der Kompromisse macht den Entscheidungsprozeß so schwierig, sondern die Tatsache, daß bei jeder Zielsetzung mit einem anderen Maß gemessen werden muß. Bei einer Zielsetzung können Sie die unterschiedlichen Alternativen mit Zahlen oder Prozentsätzen gegeneinander abwägen – 34 %, 38 % oder 53 %. Bei der anderen können Sie allgemeine Bewertungsmaßstäbe anlegen – hoch, mittel, niedrig. Im nächsten Fall brauchen Sie lediglich Beschreibungen – gelb, orange und blau. Sie vergleichen Äpfel nicht nur mit Birnen, sondern auch mit Elefanten.

Wie gelangen Sie in Anbetracht so unterschiedlicher Gegenstände zu einem vernünftigen Kompromiß? Genau das werden wir Ihnen in diesem Kapitel erklären.

Schwächere Alternativen erkennen und streichen

Der erste Schritt liegt darin nachzuprüfen, ob Sie einige Ihrer übriggebliebenen Alternativen nicht vielleicht schon streichen können, bevor Sie einen schwierigen Kompromiß erwägen müssen.

Profi-Tip:

Je weniger Alternativen übrigbleiben, um so weniger Abstriche müssen Sie letztlich machen und um so einfacher ist wiederum die Entscheidung.

Um herauszufinden, welche Alternativen gestrichen werden können, halten Sie sich an folgende einfache Regel: Ist Alternative A bezogen auf einige Zielsetzungen besser als Alternative B und in bezug auf alle restlichen Zielsetzungen nicht schlechter als Alternative B, können Sie Alternative B aus Ihren Überlegungen streichen. In solchen Fällen sprechen wir davon, daß B von A dominiert wurde – B bringt Nachteile, ohne Vorteile zu bieten.

Beispiel:

Nehmen wir an, Sie hätten einen Kurzurlaub nötig und möchten über das Wochenende wegfahren. Es kommen fünf verschiedene Urlaubsziele in Frage, wobei drei Zielsetzungen eine Rolle spielen: niedrige Kosten, gutes Wetter und kurze Anreisezeit. Bei der Betrachtung Ihrer Optionen kommen Sie zu folgendem Schluß: Alternative C ist teurer als D, das Wetter ist meist schlechter, und die Anreise dauert genauso lange wie bei Alternative D. Alternative C wird also von D dominiert, das heißt, Sie können sie von der Liste streichen.

Bleiben Sie bei diesem Prozeß jedoch flexibel. Sie könnten beim Vergleich der Alternativen zum Beispiel herausfinden, daß Lösung E zwar auch teurer und das Wetter schlechter ist als bei D, aber die Anreisezeit um etwa eine halbe Stunde kürzer ist als bei Alternative D. Sie werden jedoch sehr wahrscheinlich zu dem Schluß kommen, daß die kürzere Fahrt das schlechtere Wetter und die höheren Kosten nicht ausgleicht. Alternative E wird aus praktischen Gründen von D dominiert – wir sprechen in diesem Fall von »Dominanz aus praktischen Gründen« – und Alternative E kann somit auch gestrichen werden.

Konsequenzentabellen, die wir im vorherigen Kapitel behandelt haben, sind eine große Hilfe bei der Festlegung, welche Alternativen dominiert werden, da sie einen Rahmen vorgeben, der den Vergleich vereinfacht. Gibt es jedoch sehr viele Alternativen und Ziele, ist es sehr schwer, Dominanzen herauszufinden. Werfen Sie doch einmal einen Blick zurück auf die Konsequenzentabelle von Vincent Sahid auf Seite 91, und Sie werden uns wahrscheinlich zustimmen. Am besten erstellen Sie eine zweite Tabelle, in der Sie die Beschreibung der möglichen Konsequenzen durch ein simples Notenschema ersetzen. Diese Vorgehensweise vereinfacht das Erkennen dominierter Alternativen beträchtlich.

Wenn Sie Zeile für Zeile – die einzelnen Zielsetzungen also – bearbeiten, legen Sie fest, welche Konsequenzen mit dem gesetzten Ziel am besten vereinbar sind, und ersetzen sie mit der Note 1. Nun suchen Sie nach der zweitbesten Konsequenz und weisen ihr Note 2 zu. So verfahren Sie, bis alle Konsequenzen benotet sind. Wirft Vincent zum Beispiel einen Blick auf das Ziel »Urlaubstage« in seiner Tabelle, wird er feststellen, daß 15 Tage die Note 1, 14 Tage die Note 2, zweimal 12 Tage die Note 3 und 10 Tage die Note 5 erhalten. Geht er dann von den quantitativ gemessenen Zielen zu den qualitativ gemessenen über, wird ihm auffallen, daß hier mehr Gedankenarbeit erforderlich ist, weil die Benotung aufgrund subjektiver Beurteilung und nicht durch objektiven Vergleich erfolgen muß. Bei der Beurteilung der Sozialleistungen stellt er zum Beispiel fest, daß ihm die zahnärztliche Versorgung wichtiger ist als die Altersvorsorge, das heißt, er macht diese subjektive Bewertung zur Grundlage seiner Benotung.

Dominanz läßt sich anhand eines einfachen Notenschemas viel einfacher erkennen. Vincent sieht, daß Arbeitsstelle E klar von Arbeitsstelle B dominiert wird – weil sie bei vier Zielen die schlechtere Lösung und bei zwei Zielen gleichwertig ist. Beim Vergleich von Arbeitsstelle A mit Arbeitsstelle D stellt er fest, daß Arbeitsstelle A bei drei Zielsetzungen besser, bei einer (Urlaubstage) schlechter abschneidet und in zwei Punkten gleich gut ist. Bietet eine Alternative im Vergleich zu einer anderen nur einen einzigen Vorteil, wie in unserem Beispiel Arbeitsstelle D, sollte man sich von ihr verabschieden, da hier eine Dominanz aus praktischen Gründen vorliegt. In unserem Fall liegt es für Vincent klar auf der Hand, daß der eine Urlaubstag mehr bei Arbeitsstelle D die anderen Nachteile –

bezüglich Gehalt, Erfahrungen für das Studium und Sozialleistungen – nicht aufwiegt.

Profi-Tip:

Sie sparen sich viel Zeit und Mühe, wenn Sie zur Streichung schwächerer Alternativen eine Benotungstabelle zu Hilfe nehmen. Manchmal gelangen Sie auf diese Weise sogar direkt zur endgültigen Entscheidung: Wenn alle Alternativen, außer einer, von anderen dominiert werden, ist die übriggebliebene Ihre beste Wahl.

Kompromisse durch die Austauschmethode schließen

Sind nun immer noch mehrere Alternativlösungen vorhanden, müssen Sie einen Kompromiß schließen. An dieser Stelle sollten wir eine kurze Reise in die Vergangenheit antreten, um herauszufinden, was Benjamin Franklin, ehemaliger Staatsmann und Erfinder, zum Thema Kompromisse zu sagen hatte, als ihn sein Freund Priestley um seinen Rat bat. Franklin erkannte, daß die Wahl von der Zielsetzung Priestleys und von dessen Bewertung der beiden Alternativen hinsichtlich des Ziels abhing. Aus diesem Grund nahm er ihm seine Entscheidung nicht ab, sondern bot ihm eine sinnvolle Methode an, mit deren Hilfe er seine eigene Entscheidung treffen sollte. Hier nun der Brief Franklins aus London vom 19. September 1772:

Werter Herr Priestley,

in der für Sie so wichtigen Angelegenheit, in der Sie mich um Rat ersuchen, ist es mir bedauerlicherweise aus Mangel an ausreichendem Vorwissen nicht möglich, Ihnen mitzuteilen, wie Sie sich entscheiden sollen. Doch gestatten Sie mir, Sie bei der Entscheidung zu unterstützen.

Benotung der Alternativen für jedes Ziel bei Vincent Sahids Entscheidung für eine Arbeitsstelle

Ziele	Arbeitsstelle A	Arbeitsstelle B	Arbeitsstelle C	Arbeitsstelle D	Arbeitsstelle E
monatliches Gehalt	3	1	5	4	2
Flexibilität der Arbeitszeit	2 (Gleichstand)	4	1	2 (Gleichstand)	5
Erfahrungen für das Studium	4	1	3	5	2
Urlaubstage pro Jahr	2	3 (Gleichstand)	5	1	3 (Gleichstand)
Sozial- leistungen	1	2 (Gleichstand)	5	4	3 (Gleichstand)
Gefallen an der Arbeit	1 (Gleichstand)	3 (Gleichstand)	3 (Gleichstand)	1 (Gleichstand)	5

Kompromisse

Solche Entscheidungen sind vor allem deshalb so schwierig, weil uns während unserer Überlegungen nicht alle möglichen Vor- und Nachteile gleichzeitig bewußt sind; manchmal vergegenwärtigen wir uns bestimmte Argumente, doch schon im nächsten Moment werden sie von anderen vollständig verdrängt. So erklären sich die unterschiedliche Ziele oder Vorlieben, die mal weniger und mal stärker ausgeprägt sind, sowie die damit verbundene Unschlüssigkeit, die uns verunsichert.

Meine Vorgehensweise besteht darin, ein Blatt Papier durch einen Strich in zwei Spalten zu teilen. Über die eine schreibe ich »Pro«, über die andere »Kontra«. In den folgenden drei oder vier Tagen der Auseinandersetzung mit diesem Thema trage ich die jeweiligen Überlegungen, die mir zu den unterschiedlichsten Zeiten in den Sinn kommen, mit kurzen Anmerkungen in die entsprechenden Spalten ein.

Sobald ich sämtliche Argumente fein säuberlich auf einen Blick vor mir liegen habe, versuche ich, ihre jeweilige Gewichtung einzuschätzen. Stoße ich auf zwei Argumente, die sich in beiden Spalten gegenüberstehen und gleich gewichtig zu sein scheinen, streiche ich beide Argumente aus meiner Liste. Ist ein Argument aus der Spalte »Pro« ebenso gewichtig wie zwei aus der anderen Spalte, streiche ich alle drei. Sind meiner Meinung nach zwei Argumente dafür genauso gewichtig wie drei Argumente dagegen, streiche ich alle fünf. Auf diese Weise komme ich letztlich an einen Punkt, an dem ich alle Argumente gegeneinander abgewogen habe. Wenn mir nach ein oder zwei Tagen weiteren Nachdenkens keine neuen wichtigen Argumente eingefallen sind, treffe ich meine Entscheidung.

Auch wenn man Argumente nicht so gut messen kann wie algebraische Mengen, denke ich doch, daß mir eine bessere Beurteilung möglich ist, wenn ich alle Argumente zusammen vor mir liegen habe und sie sowohl einzeln für sich als auch im Vergleich zu den anderen betrachten konnte. Die Gefahr, eine voreilige Ent-

scheidung zu treffen, ist wesentlich geringer, und ich habe aus dieser Art der Entscheidungsfindung, die man als moralische oder praktische Algebra bezeichnen könnte, bereits großen Nutzen gezogen.

Ich wünsche Ihnen aufrichtig, daß Sie die beste Entscheidung treffen mögen, und bleibe Ihnen, treuer Freund, in tiefer Zuneigung verbunden.

B. Franklin

Mit Hilfe einer Konsequenzentabelle kann Franklins Konzept der »moralischen oder praktischen Algebra« auf beliebig viele Alternativen angewendet werden. Auf den folgenden Seiten werden wir Ihnen zeigen, wie man schwierige Kompromisse schließt und dadurch ein komplexes Entscheidungsproblem einfacher gestalten kann, genauso wie es uns Franklin vorgemacht hat. Wir nennen diese Technik die »Austauschmethode«.

Was genau ist unter der Austauschmethode zu verstehen? Zur Erklärung müssen wir zunächst einen zwar offensichtlichen, aber grundsätzlichen Lehrsatz der Entscheidungsfindung festlegen: Sind alle möglichen Alternativen hinsichtlich eines bestimmten Ziels gleichwertig – die Kosten sind bei allen gleich – kann diese Zielsetzung bei der Bewertung der Alternativen ignoriert werden. Kostet der Flug von New York nach San Francisco bei allen Fluggesellschaften gleich viel, kann der Kostengesichtspunkt vernachlässigt werden. Ihre Entscheidung wird aufgrund der anderen Zielsetzungen getroffen.

Mit der Austauschmethode lassen sich die Konsequenzen der verschiedenen Alternativen so anpassen, daß sie bezogen auf eine bestimmte Zielsetzung gleichwertig sind. Die Zielsetzung kann somit gestrichen werden. Wie der Name schon sagt, erhöht sich durch den Austausch der Wert einer Alternative in bezug auf ein bestimmtes Ziel, während er sich in bezug auf ein anderes Ziel um dieselbe Größe verringert.

Im Endeffekt bedeutet dies nichts anderes als einen Tauschhandel – Sie müssen sich mit dem Wert eines Zieles, verglichen mit einem anderen, auseinandersetzen.

Beispiel:

Wenn zum Beispiel American Airlines $ 100 mehr für den Flug von New York nach San Francisco berechnet als Continental, könnten Sie 2 000 Vielflieger-Rabattpunkte, die sich auf Ihrem Konto bei American Airlines angesammelt haben, für einen Nachlaß von $ 100 eintauschen. In anderen Worten: Sie »zahlen« 2 000 Punkte für den niedrigeren Flugpreis. Nun sind die Kosten beider Fluggesellschaften gleich hoch, das heißt, die Kosten sind für die Entscheidung zwischen den beiden Gesellschaften irrelevant.

Die Ermittlung von Dominanzen ermöglicht Ihnen, Alternativen zu streichen. Die Austauschmethode ermöglicht Ihnen, Ziele zu streichen. Je mehr Ziele aus Ihrer Liste gestrichen werden, um so mehr Alternativen können Sie aus Gründen der Dominanz ebenfalls streichen, was wiederum Ihre Entscheidung einfacher macht.

Anwendungen der Austauschmethode

Wenden wir nun die Austauschmethode auf ein relativ einfaches Problem an, damit wir sehen, wie sie funktioniert. Stellen Sie sich vor, Sie führten eine Colafabrik in Brasilien, und mehrere Firmen hätten schon Interesse bekundet, Ihr Produkt als Franchise-Partner abzufüllen und zu vertreiben. Der Marktanteil Ihres Unternehmens läge derzeit bei 2 %, der Gewinn des gerade abgeschlossenen Geschäftsjahres beliefe sich auf $ 20 Millionen.

Für das kommende Jahr haben Sie sich zwei Ziele gesetzt: Gewinnsteigerung und Ausbau des Marktanteils. Sie gehen davon aus, daß sich Ihr Gewinn im Falle des Franchising aufgrund der damit verbundenen Anfangskosten auf etwa $ 10 Millionen verringert, sich Ihr Marktanteil jedoch auf 26 % erhöht. Verzichten Sie auf Franchising, könnte sich Ihr Gewinn auf $ 25 Millionen erhöhen, Ihr Marktanteil jedoch nur auf 21 %. Sie tragen diese Fakten in untenstehende Konsequenzentabelle ein.

Wie sieht in diesem Fall eine kluge Entscheidung aus? Wie aus der Tabelle ersichtlich, ist der springende Punkt, ob $ 15 Millionen Gewinnsteigerung ohne Franchising mehr oder weniger wert sind als eine Erhöhung des Marktanteils um 5 % aufgrund des Franchising. Zur Lösung dieser Frage wenden Sie nun die Austauschmethode nach einer sehr einfachen Methode an.

- Als erstes ermitteln Sie, welche Änderung notwendig ist, um eine Zielsetzung streichen zu können. Wenn Sie das Ziel, $ 15 Millionen mehr Gewinn durch Verzicht auf Franchising ignorieren könnten, hinge die Entscheidung nur noch vom Marktanteil ab.

- Als zweites finden Sie heraus, inwiefern ein anderes Ziel geändert werden muß, so daß die notwendige Änderung wieder ausgeglichen ist. Sie müssen festlegen, wie hoch der Marktanteil sein müßte, um den Gewinnverlust von $ 15 Millionen auszugleichen. Das Ergebnis einer sorgfältigen Analyse der langfristigen Vorteile einer Gewinnsteigerung lautet: Erhöhung des Marktanteils um 3 %.

Konsequenzentabelle der Cola-Firma		
	Alternativen	
Ziele	**Franchising**	**Kein Franchising**
Gewinn (in Millionen)	$ 10	$ 25
Marktanteil	26 %	21%

- Als drittes wenden Sie die Austauschmethode an. In der Konsequenzentabelle verringern Sie den Gewinn unter der Spalte »Kein Franchising« um $ 15 Millionen und erhöhen den Marktanteil um 3 % auf insgesamt 24 %. Untenstehende Tabelle enthält die umformulierten Konsequenzen (Gewinn: $ 10 Millionen, Markanteil: 24 %), deren Wert den ursprünglichen Konsequenzen entspricht (Gewinn: $ 25 Millionen, Markanteil: 21 %).

- Als viertes streichen Sie das nun irrelevant gewordene Ziel. Da sich die Gewinne bei beiden Alternativen nun entsprechen, d. h. äquivalent sind, kann der Gewinn aus Ihren Überlegungen gestrichen werden. Der entscheidende Faktor ist nun der Marktanteil.

- Als letztes streichen Sie die schwächere Alternative. Obwohl die neue und die ursprüngliche Entscheidungsfrage gleich sind, kann die Entscheidung nun wesentlich einfacher getroffen werden: Aufgrund des erhöhten Marktanteils spricht alles für Franchising.

Für die Cola-Fabrik war nur ein Austausch notwendig, um die bessere Alternative herauszufinden. Meistens sind jedoch mehrere, vielleicht sogar sehr viele »Tauschgeschäfte« erforderlich.

Das Schöne an dieser Methode ist, daß es keine Rolle spielt, wie viele Alternativen und Zielsetzungen abgewägt werden müssen, da Sie systematisch die Anzahl der Zielsetzungen, die Sie bedenken müssen, reduzieren können, bis die richtige Lösung klar und deutlich vor Ihnen liegt. Mit anderen Worten: Diese Methode läßt sich beliebig oft anwenden. Sie tauschen immer wieder Äquivalente aus (um Ziele zu streichen) und stellen Dominanzen fest (um Alternativen zu streichen), bis nur noch eine Möglichkeit übrigbleibt.

Äquivalententausch der Cola-Firma		
	Alternativen	
Ziele	Franchising	Kein Franchising
Gewinn (in Millionen)	$ 10	~~$ 25~~ $ 10
Marktanteil	26 %	~~21%~~ 24 %

Vereinfachung einer komplexen Entscheidung durch die Austauschmethode

Nachdem wir die einzelnen Schritte der Austauschmethode erläutert haben, wenden wir sie nun auf ein komplexeres Problem an. Alan Miller ist ein Computerspezialist, der vor drei Jahren ein Büro für technischen Support eröffnet hat. Im ersten Jahr arbeitete er von zu Hause aus, doch mit wachsender Auftragslage entschloß er sich, Räumlichkeiten im Pierpoint Gewerbepark für die Dauer von zwei Jahren anzumieten. Nun sind diese zwei Jahre fast vorüber, und er muß sich entscheiden, ob er den Mietvertrag verlängern oder umziehen soll.

Nach gründlichem Nachdenken über sein Geschäft und dessen Zukunftsaussichten setzt sich Alan fünf grundsätzliche Ziele für sein Büro: Kurze Pendelzeit, Nähe zu seinen Kunden, gute Büroorganisation und -ausstattung (Bürohilfe, Kopierer, Faxgerät, E-Mail-Anschluß), ausreichend Platz und niedrige Miete. Er besichtigt Dutzende möglicher Objekte, streicht diejenigen sofort aus seiner Liste, die für ihn überhaupt nicht in Frage kommen, und hat am Ende fünf geeignete Alternativen: Parkway, Baranov, Lombard, Montana und sein momentanes Bürogebäude in Pierpoint.

Nun erstellt er eine Konsequenzentabelle (siehe Seite 89), in die er die Konsequenzen jeder Alternative für jede Zielsetzung einträgt. Jede Zielsetzung wird in einer anderen Maßeinheit bewertet. Die Pendelzeit beschreibt er als die Durchschnittszeit in Minuten, die er während des Berufsverkehrs zu seinem Büro braucht. Die Kundennähe beschreibt er als Prozentsatz der Kunden, deren Büro während der Mittagszeit innerhalb einer Stunde erreichbar wäre. Zur Einstufung der verfügbaren Büroausstattung verwendet er ein einfaches Drei-Punkte-System: A bedeutet Vollservice, einschließlich Kopier- und Faxgerät, Telefondienst sowie Bürohilfe mit Abrechnung nach Aufwand; B bedeutet, daß lediglich Faxgerät und Telefondienst zur Verfügung stehen; C heißt, daß kein Büroservice angeboten wird. Die Bürogröße ist in Quadratmetern angegeben, als Kosten wird die Monatsmiete eingetragen.

Alans Konsequenzentabelle					
Ziele	Parkway	Lombard	Baranov	Montana	Pierpoint
Pendelzeit (in Minuten)	45	25	20	25	30
Kundennähe (in %)	50	80	70	85	75
Büroausstattung (Drei-Punkte-System)	A	B	C	A	C
Raumgröße (in m²)	75	65	45	90	65
Monatsmiete (in Dollar)	1 850	1 700	1 500	1 900	1 750

Um seine Entscheidung zu vereinfachen, versucht Alan einige Alternativen nach dem Prinzip der Dominanz oder praktischen Dominanz zu streichen. Die Beschreibungen in der Konsequenzentabelle helfen ihm dabei, eine Benotung zu erstellen.

Bei einem Blick auf die einzelnen Spalten wird Alan sofort klar, daß Lombard das jetzige Büro in Pierpoint dominiert, da es bei vier Zielsetzungen besser abschneidet, und nur das fünfte Ziel (die Raumgröße) identisch ist. Pierpoint hat sich damit für ihn erledigt. Als nächstes fällt ihm auf, daß Montana Parkway beinahe dominiert und nur bei den Kosten schlechter abschneidet. Kann er sich deshalb auch von Parkway verabschieden? Er wirft erneut einen Blick auf seine ursprüngliche Konsequenzentabelle und sieht, daß Montana für nur $ 50 Mehrkosten im Monat folgende Vorteile bietet: etwa zehn Quadratmeter mehr Bürofläche, wesentlich kürzere Anfahrtszeit und eine bessere Kundennähe. Aus Gründen der praktischen Dominanz streicht er Parkway aus seiner Liste.

Alans Benotung der Alternativen für jede Zielsetzung					
Ziele	**Parkway**	**Lombard**	**Baranov**	**Montana**	**Pierpoint**
Pendelzeit (in Minuten)	5	2 (Gleichstand)	1	2 (Gleichstand)	4
Kundennähe (in %)	5	2	4	1	3
Büroausstattung (Drei-Punkte-System)	1 (Gleichstand)	3	4 (Gleichstand)	1 (Gleichstand)	4 (Gleichstand)
Raumgröße (in m²)	2	3 (Gleichstand)	5	1	3 (Gleichstand)
Monatsmiete (in Dollar)	4	2	1	5	3

Alan hat seine Wahl nun auf drei Alternativen beschränkt – Lombard, Baranov und Montana – von denen keine eine andere dominiert. Er aktualisiert seine Konsequenzentabelle (siehe Aktualisierte Tabelle, auf Seite 120).

Zur weiteren Klärung muß Alan mehrere Äquivalente tauschen. Bei einem Blick auf seine Tabelle fällt ihm auf, daß die Pendelzeiten der drei übriggebliebenen Alternativen annähernd gleich sind. Erhöht er die 20minütige Anfahrtszeit nach Baranov nach dem Prinzip der Äquivalententauschmethode auf 25 Minuten, wären alle drei Pendelzeiten gleich lang, und diese Zielsetzung wäre kein Entscheidungskriterium mehr.

Alans Benotung der Alternativen für jede Zielsetzung						
	Aktualisierte Tabelle			Pendelzeit gestrichen		
Ziele	Lombard	Baranov	Montana	Lombard	Baranov	Montana
Pendelzeit (in Minuten)	25	20	25	~~25~~	~~20~~ 25	~~25~~
Kundennähe (in %)	80	70	85	80	~~70~~ 78	85
Büroausstattung (Drei-Punkte-System)	B	C	A	B	C	A
Raumgröße (in m²)	65	45	90	65	45	90
Monatsmiete (in Dollar)	1 700	1 500	1 900	1 700	1 500	1 900

Nun beschließt Alan, daß die Anhebung der Anfahrtszeit nach Baranov um fünf Minuten durch weitere 8 % Kundennähe, also von 70 auf 78 %, ausgeglichen werden kann. Er nimmt diesen Tausch vor, wodurch nun die Pendelzeit keine Rolle mehr in seinen Überlegungen spielt (siehe obige Tabelle »Pendelzeit gestrichen«). Alan prüft die Tabelle anschließend auf Dominanz, kann aber keine feststellen.

Als nächstes verwirft Alan die Zielsetzung bezüglich Büroausstattung, indem er zweimal einen Äquivalententausch mit den Monatsmieten vornimmt. Er verwendet die in Lombard gebotene Büroausstattung (B) als Standard, ändert diesen Aspekt in Baranov von C in B, erhöht dafür aber im Gegenzug die Monatsmiete in Baranov um $ 250.

Austausch mehrerer Äquivalente zur Auswahl eines Büroraums (Fortsetzung)				
	Büroausstattung und Baranov gestrichen			**Raumgröße gestrichen; Montana ausgewählt**	
Ziele	Lombard	Baranov	Montana	Lombard	Montana
Pendelzeit (in Minuten)	~~25~~	~~25~~	~~25~~	~~25~~	~~25~~
Kundennähe (in %)	80	78	85	80	85
Büroausstattung (Drei-Punkte-System)	B	~~C B~~	~~A B~~	B	B
Raumgröße (in m²)	65	45	90	~~65~~ 90	90
Monatsmiete (in Dollar)	1 700	~~1 500~~ 1 750	~~1 900~~ 1 800	~~1 700~~ 1 950	1 900

Außerdem wandelt er den Wert der Büroausstattung in Montana von A in B um, kürzt dafür aber im Gegenzug die Monatsmiete um $ 100 (siehe oben stehende Tabelle »Büroausstattung und Baranov gestrichen«).

Jedesmal, wenn Alan einen Tausch vornimmt, verändert er dadurch auch die Stellung der Alternativen zueinander. Mit dem gestrichenen Ziel Büroausstattung wird klar, daß Baranov nun von Lombard dominiert wird und deshalb ebenfalls gestrichen werden kann. Und genau hier liegt ein wichtiger Punkt innerhalb des gesamten Entscheidungsprozesses. Bei der Austauschmethode sollten Sie immer versuchen, Dominanzen zu erzeugen, wo vorher keine vorhanden waren, weil dann die jeweilige Alternative gestrichen werden kann. In Ihrem Entscheidungsprozeß werden Sie vermutlich ständig zwischen Ihren Spalten (Alternativen), Reihen (Ziele), der Frage nach der Dominanz und des Äquivalententausches hin und her wechseln.

Nun, da Baranov gestrichen wurde, bleiben nur noch Montana und Lombard übrig. Sie haben hinsichtlich Pendelzeiten und Büroausstattung die gleiche Wertung und müssen lediglich auf drei Zielsetzungen hin miteinander verglichen werden. Alan nimmt den Äquivalententausch von Bürogröße und Monatsmiete vor. Da er davon ausgeht, daß ihm ein Büro mit 45 Quadratmetern doch zu wenig Platz bietet, weist er diesem Objekt zusätzliche 20 Quadratmeter zu, erhöht im Gegenzug aber die Monatsmiete um $ 250. Somit hat sich die Frage nach der Bürogröße erledigt, und es stellt sich heraus, daß Montana die optimale Lösung ist, da es günstiger ist und bessere Kundennähe bietet. Nun dominiert Montana Lombard (siehe Tabelle »Raumgröße gestrichen, Montana ausgewählt«, Seite 121).

Alan unterzeichnet den Mietvertrag für das Büro in Montana in der Gewißheit, sich intensiv mit seiner Entscheidung auseinandergesetzt, über jede Alternative und jede Anforderung nachgedacht und eine kluge Wahl getroffen zu haben.

Praktische Tips für die Austauschmethode

Sobald Sie den Bogen erst einmal heraus haben, ist der Prozeß des Äquivalententauschs ein Kinderspiel. Die Schwierigkeit besteht lediglich darin, den relativen Wert der unterschiedlichen Konsequenzen – das Kernstück eines jeden Kompromisses – zu bestimmen. Die Austauschmethode ist jedoch so ausgelegt, daß Sie sich sukzessive auf jeden Punkt einzeln konzentrieren können. Natürlich können wir Ihnen keine Patentlösung anbieten, nach welchen Gesichtspunkten Sie den Tauschhandel vornehmen, denn jedesmal ist Ihre subjektive Beurteilung ausschlaggebend. Nachfolgend haben wir jedoch einige Tips aufgestellt, die Ihnen bei dieser zugegebenermaßen nicht einfachen Entscheidung helfen sollen.

Nehmen Sie sich zuerst die einfacheren Äquivalente vor

Manche Werte lassen sich viel einfacher bestimmen als andere. Bleiben wir doch bei unserem Beispiel über die Wahl der richtigen Fluggesellschaft. Es dürfte kein Problem für Sie sein, den Geldwert der Vielflieger-Rabattpunkte ziemlich genau zu ermitteln. Schließlich wissen Sie ja, wieviele Punkte für einen Freiflug nötig sind und was ein bestimmter Flug kostet. Der Flugpreise und die Rabattpunkte können demnach leicht als Äquivalente gesetzt werden. Wesentlich schwieriger ist es hingegen, Flugsicherheit und Abflugzeiten gleichzusetzen. In unserem Beispiel sollten deshalb zuerst die einfachen Äquivalente getauscht werden (Rabattpunkte und Flugpreis). Sie werden feststellen, daß Sie schon oft zu einer Entscheidung kommen (oder zumindest einige der Alternativen streichen können), nachdem Sie die einfacheren Äquivalente getauscht haben. So bleibt es Ihnen erspart, sich mit den schwierigeren abzumühen.

Konzentrieren Sie sich auf den Wert der Äquivalente, nicht auf die vermeintliche Wichtigkeit der Ziele

Es hat keinen Sinn zu behaupten, ein bestimmtes Ziel sei wichtiger als ein anderes, ohne die unterschiedlichen Konsequenzen zu berücksichtigen. Ist das Gehalt wichtiger als die Urlaubstage? Je nachdem. Ist das Gehalt bei allen angebotenen Stellen in etwa gleich hoch, die Anzahl der Urlaubstage jedoch sehr unterschiedlich, sind in diesem Fall die Urlaubstage eine gewichtigere Zielsetzung als das Gehalt.

Wenn Sie sich auf die vermeintliche Wichtigkeit eines bestimmten Ziels versteifen, versperren Sie sich damit oft den Weg zu einem klugen Kompromiß. Konzentrieren Sie sich bei der Austauschmethode also nicht auf die Wichtigkeit der Zielsetzungen, sondern auf den jeweiligen Wert.

Achten Sie bei der Austauschmethode auf Logik und Folgerichtigkeit

Auch wenn der jeweilige Wert Ihrer Gleichsetzung relativ ist, sollte diese doch folgerichtig sein. Sind Sie zum Beispiel bereit, A gegen B und B gegen C zu tauschen, müßten Sie auch einverstanden sein, A gegen C zu tauschen. Stellen wir uns doch einmal vor, Sie wären Leiter einer Umweltschutzorganisation, die sich zum einen für den Schutz der unberührten Natur und zum anderen für den Ausbau der Laichgründe von Lachsen einsetzen soll, wobei die Kosten so niedrig wie möglich zu halten sind. Eine Kosten-Nutzen-Analyse ergibt, daß sowohl ein Quadratkilometer unberührte Natur als auch zwei Quadratkilometer Laichgrund mit einem Wert von etwa $ 100 000 gleichzusetzen sind. Beim Äquivalententausch müssen Sie also darauf achten, daß ein Quadratkilometer Wildnis zwei Quadratkilometern Laichgrund entspricht. Überprüfen Sie ab und zu, ob Sie die Werte durchgängig beibehalten.

Untermauern Sie Ihren Austausch mit entsprechenden Informationen

Bevor man Konsequenzen gleichsetzen kann, muß man sie richtig beurteilt haben. Je mehr Fakten und Informationen Ihnen zur Verfügung stehen, um so leichter fällt die Beurteilung. In unserem Umweltschutzbeispiel könnten Sie einen Biologen fragen, wieviele Lachse einen neu angelegten Laichgrund von einem Quadratkilometer Größe bevölkern würden, aus wie vielen Eiern Jungfische schlüpfen, wieviele Fische später im Fluß überleben und auch Jahre später noch zum Laichen in diesen Laichgrund zurückkehren würden. Ob die Vergrößerung des Laichgrunds um einen Quadratkilometer zu einer Erhöhung des Fischbestands um 20 oder 2 000 Lachse führt, beeinflußt den relativen Wert, dem Sie diesem Grund beimessen, wohl erheblich.

Bei einigen Entscheidungen sind Sie die einzige Informationsquelle. Wenn Sie bei der Auswahl einer neuen Arbeitsstelle Gehalt mit Urlaubstagen vergleichen, können nur Sie entscheiden, was Ihnen zwei beziehungsweise vier Wochen Urlaub wert sind. Allerdings sollten Sie bei der Beurteilung eigener und fremder Informationen immer denselben Maßstab anlegen. Es spielt keine Rolle, wie subjektiv der Kompromiß erscheint, Sie sollten sich niemals von Ihrer Stimmung leiten lassen – bedenken Sie in aller Ruhe den Wert jeder Konsequenz für Sie persönlich.

Übung macht den Meister

Wie bei jedem neuen Ansatz für ein altbekanntes Problem braucht es auch bei der Austauschmethode eine gewisse Eingewöhnungszeit. Bei den ersten Malen werden Sie vermutlich mit der Methode im allgemeinen, aber auch mit der Zuweisung des relativen Wertes Schwierigkeiten haben. Glücklicherweise ist das Verfahren an sich ziemlich einfach und funktioniert immer auf dieselbe Weise. Sobald Sie den Bogen heraus haben, wird es für Sie zu einer Selbstverständlichkeit.

Die Entscheidung über geeignete Äquivalente bleibt jedoch immer schwierig und erfordert eine sorgfältige Beurteilung. Mit zunehmender Erfahrung wächst jedoch auch Ihr Verständnis dafür. Es wird Ihnen immer besser gelingen, sich dem tatsächlichen Wert anzunähern und ihn auf geeignete Weise auszudrücken. Sie werden erkennen, worauf es wirklich ankommt.

Der größte Vorteil der Austauschmethode liegt vielleicht darin, daß Sie sich rational mit dem Wert jedes Kompromisses auseinandersetzen und einen Maßstab entwickeln müssen. Im Endeffekt ist diese Vorgehensweise das Geheimnis, das hinter smarten Entscheidungen steht.

Anwendung: Umbauen oder Umziehen?

Drew und Darlene sind sich auch nach einem erneuten Blick auf
ihre Konsequenzentabelle immer noch unschlüssig, wie sie sich
entscheiden sollen. Deshalb beschließen sie, die Alternativen nach
der Zielsetzung zu benoten. Für jedes ihrer Hauptziele vergleichen
sie die Häuser im Hinblick auf die Unterziele. Hinsichtlich der Hausqualität steht das Ergebnis schnell fest: Auf Platz 1 steht Amherst,
auf Platz 2 Wade, gefolgt von Eaton, West Boulevard und als letztes School Street. Obwohl sämtliche Informationen über die jeweilige Hausqualität, die Darlene gesammelt hatte, als Grundlage
dienten, erfolgt die Benotung nicht nach einer »Standardformel«,
sondern aufgrund der subjektiven Beurteilung des Ehepaares.
Zufrieden und ermutigt durch ihren ersten Erfolgstreffer bei der
Benotung, befassen sie sich nun mit den anderen Zielsetzungen
und erstellen nach stundenlanger Diskussion die unten abgebildete Tabelle.

Darlene zieht die ersten Schlüsse: »Unsere Benotung macht eini-
ges ziemlich offensichtlich. Sie bestätigt zum Beispiel unsere frühe-
re Folgerung, daß wir Eaton streichen sollten – Wade ist in jeder
Hinsicht besser.« Es spielt keine Rolle, daß Eaton Wade in einigen
Unterzielen überlegen ist, da dies bei der Benotung bezüglich der
Hauptziele berücksichtigt wurde.

Drew ist ebenfalls zu einigen Schlüssen gekommen: »Ich glaube,
daß wir West Boulevard auch streichen können. Wade ist in fünf
Hauptzielen die bessere und nur bei den Kosten die etwas schlechtere Lösung. Schau dir außerdem einmal West Boulevard im Vergleich mit School Street an. In bezug auf die Lage sind sie gleich
gut: School Street ist in einer besseren Gegend, doch die Schulen
sind schlechter. West Boulevard schlägt School Street hinsichtlich
der Hausqualität und des Gartens, aber School Street ist etwas
günstiger.

Benotung der Alternativen hinsichtlich jedes Hauptzieles für das neue Haus der Mathers					
Ziele	Amherst	Eaton	School	Wade	West Boulev.
Gute Lage	5	4	2 (Gleichst.)	1	2 (Gleichst.)
Schulqualität	2	4	5	1	3
Gute Gegend	1	4	2	3	5
Hausqualität	1	3	5	2	4
Garten	1	3	5	2	4
Kosten	5	4	1	3	2

Alles in allem scheint die School Street in etwa gleichwertig mit West Boulevard zu sein, das heißt, wenn wir uns gegen West Boulevard entscheiden, ist damit auch die School Street erledigt. Einverstanden?«

»Ja, einverstanden! Dann also zur Kernfrage: Sollen wir nach Wade oder Amherst ziehen?«

»Papi, ich finde, wir sollten nach Wade ziehen.«

»Und warum?«

»Wenn wir die Punkte in der Tabelle zusammenzählen, kommt Wade auf 12 Punkte und Amherst auf 15. Je weniger Punkte, um so besser.«

Drew und Darlene grübeln nach. Kann man so einfach nur die Punkte addieren? Nein, lautet ihre einstimmige Antwort. Wade ist bei drei Zielsetzungen besser als Amherst und umgekehrt. Addiert man die Punkte, sagt dies nichts darüber aus, um wieviele Punkte und bei welcher Zielsetzung ein Haus besser ist als das andere. Beides ist jedoch ein wichtiges Kriterium für die Entscheidung der beiden.

127

Kompromisse

Um die Vor- und Nachteile von Wade und Amherst besser vergleichen zu können, sehen sich die Mathers erneut ihre Konsequenzentabelle (siehe ab Seite 99) an. Nach einer Weile meint Drew: »Jetzt habe ich mich schon stundenlang mit dieser Tabelle herumgeplagt und weiß immer noch nicht, was die bessere Lösung für uns ist. Mittlerweile ist mir jedoch klar geworden, daß ich nicht genau sagen kann, welche Kosten in beiden Fällen auf uns zukommen werden. Ich glaube, das werde ich jetzt in den nächsten Stunden genau ausrechnen.«

Drew macht sich also an die Berechnung der monatlichen Belastung eines Hauseigentümers – er vertieft sich in den Kostenaspekt der Konsequenzentabelle, d. h. die Hypothek, Instandhaltungskosten, Versicherung und Grundsteuer. Er reduziert die Kosten für Hypothekenzinsen und Grundsteuer um den Betrag, den die Mathers bei der Einkommensteuer sparen würden. Dann schätzt er den Vermögenswert des Hauses nach zehn Jahren, der sich aus dem Wertzuwachs und der Hypothekentilgung ergibt. Nach Abschluß seiner finanziellen Analyse teilt er Darlene das Ergebnis seiner Berechnungen mit: »Im Endeffekt läuft es darauf hinaus, daß Amherst uns monatlich $ 150 mehr kostet als Wade. Andererseits gewinnen wir aber durch diese Mehrausgaben. Der Vermögenswert des Hauses in Amherst ist höher als der von Wade – ich denke mal, so um die $ 24 000 in zehn Jahren. Wir sollten dies in unseren Überlegungen berücksichtigen. Irgendwie überraschen mich diese Zahlen. Ich hätte gedacht, daß Amherst viel teurer als Wade wäre, aber eigentlich ist das gar nicht so. Bei Amherst haben wir sozusagen einen Zwangssparplan.«

»Also tendierst du eher zu Amherst?«

»Nein, überhaupt nicht. Was ich damit sagen will ist, daß der Unterschied in Hinblick auf die monatliche Belastung gar nichts so groß ist. Wir müssen uns auch alle anderen Faktoren anschauen!«

Darlene antwortet: »Ich habe versucht, das Ganze einmal systematisch anzugehen. Für mich sieht es so aus, daß unsere Wahl auf folgendes hinausläuft: Wade ist hinsichtlich der Lage um einiges besser, etwas besser bei den Kosten und der Schulqualität, etwas schlechter bei der Gegend und Hausqualität und nicht ganz so gut beim Garten.«

»Schon, aber das sind immer noch Äpfel und Birnen – eine Beurteilung nach verschiedenen Kategorien! Wie können wir eine kürzere Fahrzeit mit besserer Hausqualität vergleichen?«

»Schau, für mich liegt die Antwort klar auf der Hand. Mir hat John bei der Entscheidung geholfen. Willst du meine Argumente hören oder möchtest du erst noch selbst darüber nachgrübeln? Ich möchte dich nicht beeinflussen.«

»Ich bin ganz Ohr. Inwiefern hat John dir geholfen? Ich vermute, er ist für Wade, weil dort viele Kinder wohnen.«

»Als ich so über die lange Pendelzeit zwischen Amherst und deinem Büro nachdachte, konnte ich mir bildlich vorstellen, wie frustiert du bist, weil du ständig im Stau stehst. Doch John sah das aus einen ganz anderen Blickwinkel. Er erklärte mir: »Wenn Papi jetzt länger unterwegs ist, kann er vor dem Abendessen gar nicht mehr mit mir spielen«. Das hat mich auf den wirklichen Nachteil einer längeren Pendelzeit gebracht. Im Moment bleiben dir am Feierabend etwa zwei Stunden, um mit John zu spielen, bevor er ins Bett muß. Das heißt, eine längere Fahrzeit geht zu Lasten der Zeit für John und das Baby. Im Ernst! Und deshalb denke ich, daß die anderen geringfügigen Nachteile von Wade durch die günstigere Lage aufgehoben werden.«

»Bin ich froh, daß du so darüber denkst! Ich wollte das Argument der längeren Pendelzeit nicht so sehr in den Vordergrund rücken, weil schließlich hauptsächlich ich davon betroffen bin, aber ich kann John nur zustimmen. Es würde mir wahnsinnig fehlen, wenn ich keine Zeit mehr hätte, nach der Arbeit mit ihm zu spielen.«

»Außerdem gibt es da noch einen anderen Grund, warum ich dich lieber früher zu Hause hätte. Du bist einfach besser gelaunt, wenn du nicht stundenlang im Stau gestanden bist.«

Nach diesem Gespräch rufen die Mathers Anne an und bitten sie, ein Angebot in Höhe von $ 190 000 für das Haus in Wade abzugeben. Es wird am nächsten Tag angenommen.

Die Lektion aus der Anwendung

Die Mathers haben ihre Informationen gut strukturiert und konnten so ihre Alternativen einfacher bewerten. Durch die Benotung hinsichtlich der Hauptziele stellte sich heraus, daß Eaton dominiert wurde und daß West Boulevard und School Street aus praktischen Gründen dominiert wurden. Also lief es auf eine Entscheidung zwischen Amherst und Wade hinaus. Wie so oft, wenn es um die endgültige Entscheidung geht, gab es einen Folgeaspekt – in diesem Fall die Kosten – der näher geklärt werden mußte, bevor sie zu einer Entscheidung bereit waren.

Was hätten wir den Mathers geraten, damit sie die beiden noch übriggebliebenen Häuser besser hätten bewerten können?

- Bei der Aufstellung ihrer ursprünglichen Ziele und Unterziele haben sich die Mathers nicht oft genug nach dem »Warum?« gefragt. Warum zum Beispiel der Wunsch nach einer kürzer Pendelzeit? Hätten sie sich diese Frage gestellt, wären sie vermutlich früher darauf gekommen, daß Drew mehr Zeit mit John verbringen und weniger gereizt nach Hause kommen würde.

- Mit Hilfe der Austauschmethode hätten die Mathers die Vor- und Nachteile der beiden übrigen Häuser besser miteinander vergleichen können und hätten schon bald festgestellt, daß die kluge Wahl Wade lautet. Außerdem hätten sie den wahren Hintergrund dieser Entscheidung schneller bemerkt.

Ungewißheiten

7

Unterscheiden Sie eine kluge Wahl von positiven Konsequenzen

In den vorherigen Kapiteln haben wir Ihnen ausführlich beschrieben, wie Sie eine kluge Wahl treffen können, wenn Sie sich vor der eigentlichen Entscheidung über die Konsequenzen jeder Alternative klar werden. Nun befassen wir uns mit Situationen, in denen Sie – unabhängig davon, wieviel Zeit und Aufwand Sie investieren – die jeweiligen Konsequenzen erst nach Ihrer Entscheidung zu spüren bekommen, da der Ausgang ungewiß ist. Sie können sich vielleicht vorstellen, was eintreten könnte, aber mit Bestimmtheit sagen können Sie es nicht.

Da das Leben voller Ungewißheiten steckt, sind auch viele Entscheidungen von vornherein durch kalkulierbare Risiken geprägt: Investitionen in Investmentfonds, Verabredungen mit mehr oder weniger Unbekannten, die Entscheidung, ein Kind zu bekommen, die Frage nach einer Gehaltsaufbesserung oder Beförderung, Selbständigkeit oder Vermarktung eines neuen Produkts.

Sie können diese Ungewißheiten leider nicht einfach verschwinden lassen, aber Sie können die Wahrscheinlichkeit erhöhen, trotz bestehender Ungewißheiten eine kluge Entscheidung zu treffen. Wie? Nun, zunächst müssen Sie akzeptieren, daß es Ungewißheiten gibt. Anschließend müssen Sie diese systematisch durchdenken und sich verdeutlichen, mit welcher Wahrscheinlichkeit die unterschiedlichen Ergebnisse eintreten können und was diese bewirken.

Sobald ein Unsicherheitsfaktor existiert, gibt es keine Garantie mehr dafür, daß eine kluge Wahl auch positive Konsequenzen nach sich zieht. Obwohl die meisten Menschen die eigenen Entscheidungen und auch die anderer danach beurteilen, ob sie positive Konsequenzen nach sich ziehen – wie sich die Dinge eben so entwickeln –, ist dies nicht richtig, wie die beiden folgenden Beispiele zeigen:

Eine gute Entscheidung mit negativen Konsequenzen

Lee Huang plant schon seit längerem einen Anbau an seinem Haus in North Carolina. Er wägt die Risiken und Vorteile eines Baubeginns im Dezember sorgfältig gegeneinander ab. Die Bausaison erstreckt sich aufgrund des normalerweise recht milden Winters und des geringen Schneefalls über das ganze Jahr, und die Wetterprognosen gehen von normalen Wetterbedingungen aus. Da die Wahrscheinlichkeit wetterbedingter Probleme am Bau äußerst gering ist, beschließt Lee, den Anbau durchführen zu lassen. Doch es stellt sich heraus, daß dieser Winter der härteste seit 40 Jahren ist. Die Bauphase verlängert sich deswegen um einen Monat, die Baukosten belaufen sich nun auf $ 6000 mehr als ursprünglich geplant. War seine Entscheidung also unklug? Nein! Sie war in Ordnung, nur die Konsequenzen waren negativ. Lee könnte jetzt sagen: »Wenn ich gewußt hätte, daß der Winter so streng wird, hätte ich mit dem Baubeginn bis zum Frühjahr gewartet.« Aber wie hätte er das wissen können?

Eine schlechte Entscheidung mit positiven Konsequenzen

Roberta Giles, unerfahren in Kapitalanlagen, folgt dem Rat eines Bekannten und investiert ohne jegliche Recherchen in den Bau eines großen Wohnhauses. In den ersten Jahren nach seiner Fertigstellung ist das Gebäude nur zu 75 % vermietet und erbringt keinen Gewinn. Als der Konkurs unvermeidlich scheint, zieht ein Großunternehmen unerwartet in ein nahegelegenes Bürogebäude. Schon kurz darauf ist das Wohnhaus komplett vermietet; es gibt sogar eine Warteliste für die Mietwohnungen. Die Mieteinnahmen steigen erheblich. Drei Jahre später verkauft Roberta ihre Wohnung zum vierfachen Preis ihrer Investition. War ihre Investition eine kluge Wahl? Nein. Ihre Entscheidung war unüberlegt, auch wenn sich die Konsequenzen im nachhinein als ausgezeichnet herausstellten. Könnten andere, auf dieselbe Weise getroffene Entscheidungen auch so ein gutes Ende haben? Sehr unwahrscheinlich.

Entscheidungen, bei denen der Ausgang ungewiß war, sollten nach der Qualität der Entscheidungsfindung und nicht nach der Qualität ihrer Konsequenzen beurteilt werden. Robert F. O'Keeffe, der ehemalige Vorstandsvorsitzende der INA (jetzt: CIGNA), einer der größten Sach- und Schadenversicherungsgesellschaften Amerikas, kennt diesen Unterschied aus eigener Erfahrung (wohl weil er ein leidenschaftlicher Pokerspieler ist). In einem Gespräch verdeutlichte er seine Ansicht:

»Wenn ich bei einem größeren Schadensfall eine außergerichtliche Einigung erzielen möchte, und die Gegenseite unterbreitet mir ein Angebot, das meiner Meinung nach viel zu hoch ist, gehe ich damit vor Gericht. In den meisten Fällen gewinne ich den Prozeß eindeutig, oder die Geschworenen sprechen dem Kläger weniger zu, als ich ihm aufgrund meiner Analyse zugedacht hätte oder als sein letztes Angebot lautete. Doch manchmal entscheiden die Geschworenen, dem Kläger mehr zuzusprechen, als ich beabsichtigte. Der Unterschied kann mehrere zehntausend oder gar hunderttausend Dollar ausmachen. War es nun im nachhinein eine falsche Entscheidung, das Angebot des Klägers abzulehnen? Nein. Ich mache mir in solchen Fällen immer klar, daß andere Geschworene diesen Fall auch zu meinen Gunsten hätten entscheiden können.«

O'Keeffes berufliche Karriere spricht für die Qualität seiner Entscheidungen, auch wenn er im Laufe seiner Berufstätigkeit mit einigen Überraschungen und Ärgernissen konfrontiert wurde. Das beste, was er – wie auch wir! – tun können, wenn wir vor einer wichtigen Entscheidung stehen, ist sicherzustellen, daß wir eine vernünftige Methode verwenden, um Ungewißheiten zu erkennen und gründlich zu überdenken. Wir können Ungewißheiten nicht einfach verschwinden lassen, sondern müssen ihnen in unserer Entscheidungsfindung den nötigen Platz einräumen.

134

Entscheidungen mit Unsicherheitsfaktoren durch Risikoprofile vereinfachen

Ungewißheiten erhöhen die Komplexität der Entscheidungsfindung. Eine einzige Entscheidung kann viele Ungewißheiten unterschiedlicher Tragweite enthalten, die alle miteinander verflochten sind und sich in schwer einschätzbarer Art und Weise auf die Konsequenzen auswirken. Um sinnvoll mit dieser Ungewißheit umgehen zu können, müssen Sie einen Weg finden, sie zu vereinfachen – sie in ihre Elemente aufzuspalten und diese einzeln zu bewerten. Dies erreichen Sie mit Hilfe eines Risikoprofils.

Ein Risikoprofil enthält die wesentlichen Informationen darüber, wie sich Ungewißheiten auf eine Alternative auswirken können. Es gibt Antwort auf die folgenden vier Schlüsselfragen:

- Was sind die wichtigsten Ungewißheiten?

- Was können diese Ungewißheiten bewirken?

- Wie hoch ist die Wahrscheinlichkeit, daß ein bestimmtes Ergebnis auch eintritt?

- Was sind die Konsequenzen dieser Ergebnisse?

Profi-Tip:

Ein Risikoprofil bietet Ihnen eine vernünftige Basis, um die Ungewißheiten, die jede Ihrer Alternativen beeinflussen, zu vergleichen. So können Sie sich auf die Faktoren konzentrieren, die ausschlaggebend für Ihre Wahl sein sollten, und Nebensächlichkeiten ignorieren.

Beispiel:

Joe Lazzarinos Beratungsunternehmen ist seit fünf Jahren hauptsächlich für kleine Betriebe tätig. Obwohl die Firma einen kleinen, aber konstanten Gewinn abwirft, fühlt sich Joe mit der Zeit unterfordert – er sehnt sich nach neuen und größeren Herausforderungen. Eines Tages erfährt er, daß eine Regierungsbehörde Angebote über einen langfristigen Vertrag größeren Umfangs einholt. Joe ist klar, daß ein solcher Vertrag seinen Gewinn erheblich steigern würde, doch die hohen Kosten der Angebotsabgabe könnten die Kapitalreserven seiner Firma erschöpfen. Außerdem ist ungewiß, für welches Angebot sich die Behörde letztlich entscheidet. Man könnte ihm einen Voll- oder einen Teilvertrag gewähren, sein Angebot aber auch ablehnen.

Für seine Alternative, ein Angebot zu unterbreiten, erstellt Joe ein Risikoprofil. Er beschreibt kurz mögliche Ergebnisse, die Wahrscheinlichkeit ihres Eintretens wie auch die damit verbundenen Konsequenzen und trägt dies in eine einfache Tabelle ein, siehe Seite 137. Als er sich nun mit diesem Risikoprofil auseinandersetzt, erkennt er deutlich, wie er sich entscheiden sollte. Die Zusage über einen Teil des Vertrags (Ergebnis B) oder über den gesamten Vertrag (Ergebnis C) ist wesentlich wahrscheinlicher als eine komplette Absage (Ergebnis A). Sowohl Ergebnis B als auch Ergebnis C würden die jetzige Geschäftslage seines Unternehmens entscheidend verbessern. Joe entscheidet sich also, ein Angebot zu unterbreiten.

Aufgrund seiner Erfahrungen und der begrenzten Anzahl an Alternativen und möglichen Resultaten fiel es Joe relativ leicht, das Risikoprofil zu erstellen. Andere Entscheidungen mit Ungewißheiten erfordern oft mehr Aufwand für die Erstellung eines Risikoprofils. Trotzdem gilt hier immer: Der erste und wichtigste Schritt ist die sorgfältige Erstellung eines aussagekräftigen Risikoprofils.

Joes Risikoprofil zur Unterbreitung eines Angebots

Ungewißheit: Reaktion der Regierung auf das Angebot

Ergebnis	Wahrscheinlichkeit	Konsequenzen
A: Kein Vertrag	am unwahrscheinlichsten	Schlecht. Muß Mitarbeiter entlassen, einen hohen Kredit aufnehmen und mich um kleinere Aufträge bemühen.
B: Teilvertrag	am wahrscheinlichsten	Ziemlich gut. Auftragslage gesichert. Werde einiges verdienen.
C: Vollvertrag	bedingt wahrscheinlich	Großartig. Nicht nur lukrativ, sondern auch anspruchsvoll. Verbessert unseren Ruf enorm.

So erstellen Sie ein Risikoprofil

Überlegen wir uns, wie ein komplexeres Risikoprofil aussehen könnte. Janet Ellingwood, Eigentümerin eines kleinen Versandhandels in Denver, plant ein Sommerfest für ihre 55 Mitarbeiter, die im letzten Jahr alle sehr hart gearbeitet haben. Mit diesem Fest möchte sie sich bei ihren Angestellten für deren Leistungen bedanken. Ihre Ziele für das Fest sind Spaß, Einbeziehung der Familienangehörigen und erschwingliche Ausgaben. Sie befragt ihre Mitarbeiter beiläufig nach deren Wünschen und findet heraus, daß zwei Alternativen bevorzugt werden: ein Picknick an einem ruhigen Ort in den Bergen mit Swimmingpool und einem Sportplatz oder ein Tanzabend in einem Hotel im Zentrum von Denver.

Ungewißheiten

Vergegenwärtigt sich Janet ihre Ziele noch einmal, scheint das Picknick die bessere Wahl zu sein: Jeder könnte die angebotenen Freizeitvergnügungen nutzen, hätte seinen Spaß daran, die Kinder der Angestellten wären mit einbezogen, und die Kosten wären nicht zu hoch. Doch der Erfolg eines Picknicks hängt, im Gegensatz zum Tanzabend, natürlich hauptsächlich vom Wetter ab.

Janet geht zwar davon aus, daß um diese Jahreszeit die Tage eher sonnig sind als verregnet, sie weiß aber auch, daß in Denver gelegentlich sommerliche Platzregen auftreten. Bei Regen würde sich das Picknick jedoch als Reinfall erweisen. Das Essen könnte zwar – gegen Aufpreis – auch in einem Zelt serviert werden, aber auf die meisten Aktivitäten müßte man verzichten. Viele Mitarbeiter würden dann gar nicht erst kommen oder zumindest früher gehen. Andererseits wäre Regen kein Grund, nicht zum Tanzabend zu erscheinen, und selbst wenn man den Innenhof des Hotels – ein schönes Ambiente für eine laue Sommernacht – nicht nutzen könnte, würde man den Abend in dem eleganten und weiträumigen Ballsaal durchaus genießen.

Schon durch diese kurze Auseinandersetzung mit den beiden Alternativen hat Janet die vier Fragen des Risikoprofils grob beantwortet. Sie hat den Unsicherheitsfaktor (nämlich das Wetter), die möglichen Ergebnisse (Regen oder Sonnenschein), die jeweilige Wahrscheinlichkeit (Regen ist eher unwahrscheinlich) und die Konsequenzen (Picknick wird ein Reinfall, wenn es regnet) erkannt. Manchmal reicht eine so kurze formlose Beschreibung durchaus für eine endgültige Entscheidung aus, doch Janet hat das Gefühl, daß ihre Informationen nicht ausreichen, um eine kluge Wahl zu treffen. Sie geht nun systematisch vor, um sämtliche Ungewißheiten, Ergebnisse, Wahrscheinlichkeiten und Konsequenzen ihrer Entscheidung zu klären.

Erkennen Sie die wesentlichen Ungewißheiten

Es gibt praktisch bei jeder Entscheidung Ungewißheiten, doch meistens beeinflussen sie die Konsequenzen nicht so stark, daß sie ins Gewicht fallen.

Profi-Tip:

Zur Auswahl von Ungewißheiten, die wichtig genug sind, um in das Risikoprofil aufgenommen zu werden, sind zwei Schritte erforderlich:

■ Listen Sie alle Ungewißheiten auf, die die Konsequenzen einer beliebigen Alternative erheblich beeinflussen könnten.

■ Betrachten Sie diese Ungewißheiten der Reihe nach und überlegen Sie, ob und in welchem Umfang deren unterschiedliche Ergebnisse Ihre Entscheidung beeinflussen. Gibt es mehrere mögliche Ungewißheiten, sollten Sie nur auf diejenigen eingehen, die wahrscheinlich den größten Einfluß ausüben.

In Janets Entscheidung gibt es außer dem Wetter noch weitere Ungewißheiten, wie zum Beispiel die Anzahl der zu erwartenden Gäste und die anfallenden Kosten. Was die Anzahl der Gäste betrifft, geht Janet davon aus, daß fast alle Angestellten zu beiden Veranstaltungen kommen würden, das heißt, selbst wenn sie die genaue Zahl der Gäste wüßte, hätte dies keinen Einfluß auf ihre Entscheidung.

Janet holt die notwendigen Informationen ein, um die Kosten für beide Veranstaltungen einschätzen zu können. Das Picknick würde etwa $ 6 000 kosten, der Tanzabend grob geschätzt um die $ 12 500. Genaue Zahlen konnten nicht aufgestellt werden, da die Höhe der Rechnung von der Anzahl der Gäste abhängt und davon, was und wieviel sie konsumieren und welche Unterhaltungsangebote sie nutzen. Doch diese möglichen Abweichungen sind für Janets Entscheidung irrelevant. Auch wenn hinsichtlich der Gästezahl und der Kosten gewisse Ungewißheiten bestehen, haben deren möglichen Ergebnisse keinen Einfluß auf die Konsequenzen und damit auch nicht auf Janets Entscheidung.

Somit bleibt als hauptsächliche Ungewißheit das Wetter. Es ist unwichtig, wie schön das Picknick gestaltet ist. Wenn es regnet, kommen viele Gäste nicht oder gehen frühzeitig. Das Picknick fiele ins Wasser.

Definieren Sie Ergebnisse

Die möglichen Ergebnisse sämtlicher Ungewißheiten müssen nun spezifiziert werden. Hierfür sind zwei Fragen zu klären:

- Wieviele mögliche Ergebnisse müssen definiert werden, damit sich der Grad der Ungewißheit ausdrücken läßt?

- Wie läßt sich das Ergebnis am besten definieren?

Die Anzahl der Ergebnisse, die Sie näher bestimmen müssen, hängt von der Art der Ungewißheit ab. Bei einigen Ungewißheiten gibt es zwangsläufig nur wenige mögliche Ergebnisse. Welcher der beiden Schachspieler wird die Partie gewinnen? Wird die jetzige Regierung abgewählt oder in ihrem Amt bestätigt? Bei anderen wiederum gibt es viele mögliche Ergebnisse. Wieviele Besucher gehen am nächsten Samstag zum Fußballspiel? Wieviel Gewinn oder Verlust werde ich erzielen, wenn ich diese Aktie kaufe?

Profi-Tip:

Gibt es viele mögliche Ergebnisse, sollten Sie diese vereinfachen, indem Sie sie nach Rang oder Kategorie einteilen. Die Kategorien können quantitativ ($ 10 000 bis $ 20 000,

$ 20000 bis $ 30000) oder beschreibend (hoch, mittel, niedrig; erfolgreich, erfolglos, neutral) sein. Manchmal ist es auch hilfreich, wenn man eine Betragsspanne durch einen Mittelwert ausdrückt – zum Beispiel $ 25000 anstatt $ 20000 bis $ 30000 –, damit Berechnungen und Vergleiche vereinfacht werden.

Da sich mit wachsender Zahl der Kategorien auch die Komplexität erhöht, sollten Sie grundsätzlich versuchen, die Gesamtheit möglicher Ergebnisse auf ein Minimum zu begrenzen, welches zwar ausreicht, um den Unsicherheitsfaktor zu beschreiben, aber nicht ins Unendliche ausufert. Stellen Sie zunächst eine begrenzte Anzahl möglicher Ergebnisse auf, und ergänzen Sie diese Liste nur, wenn es wirklich erforderlich ist. Möchten Sie zum Beispiel eine Prognose erstellen, wie ein neues Produkt auf dem Markt ankommt, sollten Sie mit nur zwei Kategorien beginnen: »Hohe Verkaufszahlen« und »Niedrige Verkaufszahlen«. Reichen diese Kategorien nicht aus, könnten Sie eine Kategorie »Mittlere Verkaufszahlen« hinzufügen, die jeweils einen Teil der beiden anderen Kategorien aufnimmt.

Unabhängig davon, wie viele mögliche Ergebnisse es geben mag, müssen sie drei weitere Kriterien erfüllen:

- Erstens, die Kategorien müssen sich eindeutig voneinander unterscheiden und dürfen sich nicht überlappen (das heißt, sie müssen sich gegenseitig ausschließen). »Vereinzelt Regenschauer« darf nicht in den beiden Kategorien »Regen« und »Sonne« auftauchen.

- Zweitens, die Ergebnisse müssen alle Möglichkeiten enthalten, wobei jede in die eine oder andere Kategorie aufgenommen wird (das heißt, die Kategorien decken gemeinsam alle Möglichkeiten ab). »Vereinzelt Regenschauer« muß also entweder in der Kategorie »Regen« oder »Sonne« enthalten sein.

- Drittens, die Ergebnisse müssen eindeutig definiert sein. Das heißt, wird die Ungewißheit aufgelöst, fällt das Ereignis zweifelsfrei in eine der definierten Kategorien. Gab es vereinzelt Regenschauer – war das Wetter dann regnerisch oder sonnig?

Stellen Sie die Wahrscheinlichkeit fest

Mit einer klaren und eindeutigen Definition sämtlicher möglicher Ergebnisse fällt es Ihnen leichter, die Wahrscheinlichkeit ihres Eintretens festzulegen. Trotzdem zählt das Feststellen der Wahrscheinlichkeit zu den wohl schwierigsten und nervenaufreibendsten Aufgaben bei der Entscheidungsfindung; besonders dann, wenn Sie über das jeweilige Thema nicht allzu gut Bescheid wissen oder unter Zeitdruck stehen. Die folgenden Empfehlungen können Ihnen jedoch dabei helfen, brauchbare und sinnvolle Prognosen aufzustellen:

- *Nutzen Sie Ihr Urteilsvermögen.* Oftmals können Sie aufgrund Ihres Urteilsvermögens und Ihrer Erfahrung selbst entscheiden, mit welcher Wahrscheinlichkeit ein bestimmtes Ergebnis eintreten wird. So machen es Glücksspieler, so machen es Gastgeber bei der Festlegung der Sitzordnung. Wir alle handeln nahezu unbewußt so im täglichen Leben: Wie wahrscheinlich ist es, daß ich diesen Freitag auf dem Heimweg im Stau stehe?

- *Beziehen Sie vorhandene Informationen ein.* In vielen Situationen haben Sie die Möglichkeit, die Wahrscheinlichkeit mit Hilfe entsprechender Informationen zu berechnen. Denken Sie über alle Ihnen zur Verfügung stehenden Informationsquellen nach und wählen Sie diejenige aus – Büchereien, das Internet, Statistiken, Forschungsergebnisse, Fachveröffentlichungen –, die Ihnen am besten weiterhilft. Janet zum Beispiel könnte sich Vorhersagen vom Wetteramt beschaffen, um besser beurteilen zu können, ob es an diesem Sommertag eher regnet oder die Sonne scheint.

- *Holen Sie neue Informationen ein.* Manchmal haben Sie das benötigte Informationsmaterial nicht zur Hand – Sie müssen es erst selbst zusammentragen. Ein Nahrungsmittelhersteller könnte beispielsweise herausfinden, wieviel Prozent aller Familien eine neue Kaffeemarke kaufen werden, indem er Marktforschung betreibt oder telefonische Umfragen durchführt.

- *Fragen Sie Experten.* In den meisten Fällen gibt es jemanden, der mehr über eine Ungewißheit weiß als Sie. Sprechen Sie mit Experten – Ärzten, Rechtsanwälten, Steuerberatern, Betriebswirtschaftlern – und bitten Sie sie um ihr Urteil. In Janets Fall wäre ein Meteorologe vor Ort der richtige Ansprechpartner.

- *Spalten Sie Ungewißheiten in ihre Einzelteile auf.* Manchmal ist es sehr nützlich, Ungewißheiten in Einzelteile aufzuspalten, um die Wahrscheinlichkeit ermitteln zu können, darüber nachzudenken und die Ergebnisse anschließend zu kombinieren. Ein Unternehmer weiß, daß die Rentabilität einer neuen Autowaschanlage in einem neuen Stadtteil von folgenden Kriterien abhängt: Wie hoch wird das Verkehrsaufkommen insgesamt sein? Welche weiteren Bauvorhaben (Einkaufszentrum, Bürogebäude) sind geplant? Nun kann er die voraussichtliche Kundenzahl pro Tag abschätzen, vorausgesetzt, das Einkaufszentrum beziehungsweise das Bürogebäude werden errichtet. Anschließend verknüpft er diese Ergebnisse mit der Wahrscheinlichkeit, die er für den Bau dieser Gebäude ermittelt hat.

Zur Beschreibung der Wahrscheinlichkeit denkt man meist zuerst an qualitative Begriffe. In Alltagssituationen beschreiben wir die Wahrscheinlichkeiten meist mit Begriffen wie »unwahrscheinlich«, »die Chancen stehen gleich gut«, »kaum machbar«, »ziemlich wahrscheinlich«, »höchstwahrscheinlich«, »so gut wie sicher« und so weiter. Wir verwenden diese Begriffe nicht nur der Einfachheit halber, sondern weil wir glauben, damit tatsächlich zu vermitteln, für wie wahrscheinlich oder unwahrscheinlich wir etwas halten.

Doch unter der Aussage »ziemlich wahrscheinlich« versteht längst nicht jeder das gleiche. Diese subjektiven Bezeichnungen mögen für persönliche Entscheidungen angemessen sein, solange man diese nicht vor anderen rechtfertigen muß, doch in den meisten Fällen sind sie zu ungenau.

Profi-Tip:

Aus diesem Grund sollten Sie die Wahrscheinlichkeit eines Ereignisses quantitativ ausdrücken, also entweder dezimal (z. B. 0,2) oder prozentual (z. B. 20 %). Wenn Sie mit Zahlen arbeiten, entstehen deutlich weniger Mißverständnisse, und die Entscheidungen lassen sich aufgrund genauerer Annahmen treffen.

Beispiel:

Fällt es Ihnen schwer, die Wahrscheinlichkeiten quantitativ auszudrücken, und kommt Ihnen Ihr Gegenüber in dieser Hinsicht auch nicht entgegen, tasten Sie sich langsam vor. Wenn Sie zum Beispiel eine Kellnerin in einem gut besuchten Restaurant ohne Reservierungsmöglichkeit fragen, wie hoch die Wahrscheinlichkeit ist, daß Sie an einem Donnerstag um 17.30 Uhr einen Tisch bekommen, könnte ihre Antwort lauten: »Ich weiß es nicht, vielleicht bekommen Sie einen Platz, vielleicht auch nicht.« (Wie ernüchternd!) Stellen Sie jedoch die Frage: »Ist die Wahrscheinlichkeit höher als 25 %?« erhalten Sie wohl in den meisten Fällen die klarere Aussage: »Die Wahrscheinlichkeit ist viel höher!« »Höher als 50 %?« »Ja.« »Um die

90 %?« »Nein, so hoch nicht.« Die Wahrscheinlichkeit wurde nun auf einen Wert zwischen 50 und 90 % eingeschätzt; mit weiteren Fragen können Sie vermutlich noch präzisere Angaben erhalten.

Eine Wahrscheinlichkeit muß nicht bis auf die letzte Stelle hinter dem Komma ausgerechnet werden. In den meisten Fällen genügt es, die Wahrscheinlichkeit für einen bestimmten Bereich festzustellen, um sich anschließend entscheiden zu können. Liegt die Wahrscheinlichkeit eines bestimmten Ergebnisses zwischen 30 und 50 %, sollten Sie von einer 40 %igen Wahrscheinlichkeit ausgehen, die anderen Alternativen damit vergleichen und anschließend wieder mit 30 beziehungsweise 50 % rechnen. In den meisten Fällen verändert dies nichts; Ihre Entscheidung bleibt dieselbe.

Unabhängig davon, wie eine Wahrscheinlichkeit ausgedrückt wird – die Gesamtsumme muß immer 100 % betragen (oder 1,0, falls Sie lieber mit Dezimalstellen arbeiten). Lauten die zwei Kategorien für das Wetter »Regen« oder »Sonnenschein«, und beträgt die Wahrscheinlichkeit, daß es regnet, 35 %, liegt die Wahrscheinlichkeit, daß die Sonne scheint, zwangsläufig bei 65 %. Bitte beachten Sie auch, daß sich Ihre Wahrscheinlichkeitsberechnung an die jeweiligen Umstände oder an neue Informationen anpassen muß. Im Verlauf Ihres Entscheidungsprozesses sollten Sie regelmäßig überprüfen, ob die von Ihnen errechneten Zahlen noch zutreffen und auf dem aktuellsten Stand sind.

Klären Sie die Konsequenzen

Unterschiedliche Ergebnisse führen zu unterschiedlichen Konsequenzen, die ebenso festgelegt werden müssen. Generell sollten Sie für die Definition der Konsequenzen den Weg einschlagen, den wir Ihnen bereits in Kapitel 5 gezeigt haben. Das heißt, Sie formulieren die Konsequenzen so präzise wie möglich, um sich gut gerüstet entscheiden zu können. Je nach Komplexität der Entscheidung sollten Sie die Konsequenzen gemäß den folgenden Empfehlungen schriftlich darlegen.

- *Allgemeine Beschreibung.* Eine umfangreiche schriftliche Schilderung mag in manchen Fällen ausreichen, auch wenn sie eigentlich am ungenauesten ist. Doch bedenken Sie bitte, daß Phrasen wie »unerheblich«, »okay« oder »Zeitverschwendung« zwar ausreichend für persönliche Entscheidungen sind, sich aber anderen schwer mitteilen lassen, da sie individuell ausgelegt werden können.

- *Eine qualitative Beschreibung im Hinblick auf Ihre Ziele.* Konsequenzen, die qualitativ ausgedrückt werden, enthalten mehr Informationen als einfache schriftliche Beschreibungen, da sie die Konsequenzen in ihre einzelnen Bestandteile aufteilen. Für ein Picknick im Freien würden die Konsequenzen von schönem Wetter für jedes Ziel Janets so lauten: (1) Viel Spaß, (2) alle Familienmitglieder könnten einbezogen werden und (3) niedrige Kosten.

- *Eine quantitative Beschreibung im Hinblick auf Ihre Ziele.* Auch wenn diese Vorgehensweise am zeitraubendsten ist, ist sie doch die präziseste! Denn Zahlen wie zum Beispiel die geschätzten Kosten in Dollar ist die offensichtlichste, am ehesten vergleichbare und am einfachsten zu nutzende Lösung. Werden die Kosten für einen Gebrauchtwagen mit »$ 5 000 ± 10 %« angegeben, ist dies wesentlich eindeutiger, als wenn man sie als »niedrig« bezeichnet.

Profi-Tip:

In jedem Fall sollten Sie aber daran denken, daß die Beschreibungen der Konsequenzen nur bis zu dem Punkt ausgearbeitet sein müssen, an dem Sie die Informationen erhalten haben, um eine kluge Entscheidung treffen zu können. Können Sie sich schon anhand einer schriftlichen Beschreibung eindeutig entscheiden, brauchen Sie Ihre Zeit natürlich nicht mit aufwendigen Berechnungen zu vergeuden.

Stellen Sie sich Risikoprofile als »Entscheidungsbäume« vor

In den meisten Fällen erreicht man mit dem Erstellen eines Risikoprofils, daß sich die richtige Entscheidung eindeutig herauskristallisiert. Leider trifft dies aber nicht immer zu. Bei einigen, vor allem bei den sehr komplexen Entscheidungen, ist eine weitere Analyse nötig. Für diese Fälle hat sich ein Entscheidungsbaum als sehr hilfreich erwiesen.

Ein Entscheidungsbaum ist eine grafische Darstellung, eine Abbildung der Kernpunkte einer Entscheidung, die alle Zusammenhänge zwischen Wahlmöglichkeiten und Ungewißheiten wiedergibt.

In gewisser Weise entspricht ein solcher Entscheidungsbaum einem Konstruktionsplan, der den Aufbau einer Entscheidung methodisch und objektiv darstellt. Ein Architekt würde wohl auch nie den Bau eines Gebäudes beginnen, ohne vorher einen Plan angefertigt zu haben. Ebenso ist ein Entscheider oft auf einen Entscheidungsbaum angewiesen, wenn er vor eine schwierige Wahl mit hohen Unsicherheitsfaktoren gestellt wird.

Der Kern von Janets Problem, wo sie ihr Sommerfest veranstalten soll, kann mit einem Entscheidungsbaum dargestellt werden, wie wir auf Seite 148 sehen. Der Baum beginnt mit der Frage nach der Entscheidung (Kästchen Nr. 1), wobei die ersten Verästelungen die verschiedenen Alternativen darstellen.

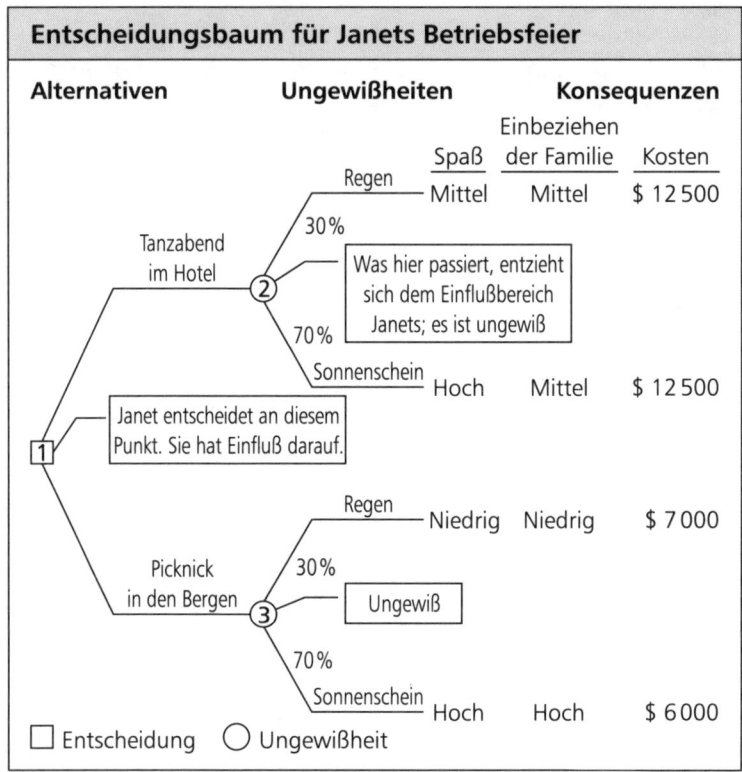

Entscheidungsbaum für Janets Betriebsfeier

Janet hat zwei Alternativen: den Tanzabend im Hotel und das Picknick in den Bergen, das heißt, es gibt zwei Hauptäste. Jeder Ast endet in einer Gabelung (Nr. 2 und 3 in einem Kreis) und steht für eine Ungewißheit. Jedes mögliche Ergebnis, das sich aus dieser Ungewißheit entwickeln kann – in diesem Fall Regen oder Sonnenschein – wird durch eine weitere Verästelung aus dieser Abzweigung dargestellt. Zu jeder Abzweigung wird die Wahrscheinlichkeit ihres Eintretens eingetragen. (Janet glaubt aufgrund der Aussagen eines Meteorologen, daß es mit einer Wahrscheinlichkeit von 30 % regnen wird.) Jede dieser Ergebnis-Abzweigungen führt wiederum zu anderen Konsequenzen, die rechts an den Baumspitzen zusammengefaßt werden.

Dieser einfache Entscheidungsbaum mit seinen vier möglichen Abzweigungen zeigt, wie Abbildungen die Zusammenhänge zwischen den Alternativen, Ungewißheiten und Konsequenzen deutlich machen können. Dadurch werden Risikoprofile faßbar. Da nun Janet ihre Möglichkeiten auf diese Weise dargestellt hat, kann sie zielgerichteter darüber nachdenken. Sie kommt zu dem Schluß, daß ein erfolgreiches Picknick ihren Zielen viel besser dienen würde als ein Tanzabend und beschließt, daß dies das 30 %ige Risiko eines Regenschauers wert ist. Sie entscheidet sich für das Picknick.

Profi-Tip:

Entscheidungsbäume sind sehr hilfreich, wenn man den Entscheidungsprozeß anderen nahebringen möchte. (Aus diesem Grund werden die Abzweigungen sorgfältig durchnumeriert und die Verästelungen beschriftet.) Wenn Sie es sich zur Gewohnheit machen, auch bei relativ einfachen Entscheidungen mit Unsicherheitsfaktoren einen Entscheidungsbaum zu skizzieren, verbessern Sie Ihre Entscheidungsfähigkeit in zweierlei Hinsicht:

Zum einen fördert ein Entscheidungsbaum logisches und konzentriertes Nachdenken über ein Problem – eine sehr nützliche Fähigkeit, die gepflegt werden sollte.

Zum anderen ist es wesentlich einfacher, komplexe Entscheidungsbäume zu skizzieren, wenn Sie bereits eine gewisse Übung darin haben.

Das nächste Beispiel zeigt einen umfangreicheren Entscheidungsbaum.

149

Anwendung: Außergerichtlicher Vergleich oder Prozeß?

Karen Plavonic kann schon seit Wochen nicht mehr gut schlafen. Sie hat ständig Magenschmerzen. Tag und Nacht quält sie sich mit der Frage, ob sie einen Vergleich über $ 300 000 Schadensersatz für ihre Verletzungen bei einem Autounfall annehmen soll oder nicht. Einerseits weiß sie, daß sie durchaus Chancen hat, erheblich mehr zugesprochen zu bekommen – etwa eine Million Dollar wären durchaus denkbar – wenn sie das Angebot ablehnt und vor Gericht geht. Andererseits könnte sie den Prozeß aber auch verlieren und würde dann überhaupt nichts bekommen. Dann würde sie sich natürlich wünschen, daß sie den Vergleich angenommen hätte (und sie weiß ganz genau, daß ihre Mutter sie ständig an diesen Fehler erinnern würde!).

Karen, 27 Jahre alt und alleinstehend, hat das Gefühl, daß sie an dem Autounfall, durch den sie leicht behindert und entstellt wurde und jetzt mit ständig wachsenden Arztrechnungen belastet ist, eine Teilschuld trägt. Sie möchte einerseits nicht für töricht gehalten werden, einen solchen Vergleich auszuschlagen, andererseits drängt sie ihr Anwalt Sam Barnes dazu, sich für den Prozeß zu entscheiden. Er rät ihr dringend, nicht nachzugeben und die andere Partei relativ ungeschoren davonkommen zu lassen. Karen jedoch fühlt sich nach wie vor mitschuldig an dem Unfall, obwohl ihre Schuld relativ gering und ihr Schaden erheblich ist – entstellende Narben im Gesicht, Beeinträchtigung der Beweglichkeit des Nackens und der linken Schulter wie auch Verdienstausfall. Sie hat Angst, vor Gericht zusammenzubrechen und den positiven Ausgang des Prozesses zu gefährden. All ihre Freunde, Verwandten, Bekannten und Arbeitskollegen geben ihr unterschiedliche Ratschläge. Sie weiß einfach nicht, wie sie sich entscheiden soll.

Karens Entscheidungsproblem

Karens beste Freundin Jane Stewart hat mit ihr die Folgen des Unfalls durchlitten und kann Karens Problem verstehen. Jane, die in der Unternehmensberatung tätig ist und Erfahrung mit Methoden zur Entscheidungsfindung hat, unterstützt sie dabei, ihre Lage systematisch zu überdenken und diesen emotional belastenden Zustand der Unschlüssigkeit zu beenden. Karen soll hinter ihrer Entscheidung stehen können, denn, so versucht Jane Karen zu ermutigen, »das Glück ist auf der Seite dessen, der die besseren Entscheidungen trifft«. Karen und Jane erarbeiten drei grundlegende Kriterien, von denen Karens Entscheidung abhängt:

1. Die Wahrscheinlichkeit, den Prozeß zu gewinnen, und anschließend die Chancen auf verschiedene Schmerzensgeldzahlungen.

2. Die Zeit und die psychische Belastung, wenn Karen einen Prozeß anstrengt oder den Vergleich annimmt; die Enttäuschung, wenn sie den Prozeß verliert bzw. die Freude, wenn sie gewinnt.

3. Karens Risikobereitschaft.

Karen und Jane finden außer der Möglichkeit, dem Vergleich über $ 300 000 zuzustimmen oder vor Gericht zu gehen, noch eine dritte Alternative: Warten, bis ein besseres Vergleichsangebot unterbreitet wird. Da Sam den gegnerischen Anwalt gut kennt, geht er nicht davon aus, daß dieser sein ursprüngliches Angebot erhöhen wird. Doch Karen und Jane beschließen, daß sich Karen für den Fall, daß sie den Vergleich annimmt, alle Möglichkeiten bis zur letzten Minute offen halten sollte.

Damit Karen ihr Risikoprofil für die Alternative, vor Gericht zu gehen, vervollständigen kann, holt sie sich von ihrem Anwalt Informationen ein, wie hoch die Wahrscheinlichkeit ist, den Prozeß zu gewinnen, und wie hoch das ihr zugesprochene Schmerzensgeld aller Wahrscheinlichkeit nach werden wird. Karen vereinbart einen Termin mit ihm, bei dem auch ihre Freundin Jane anwesend sein wird, die daraufhin einige Unterlagen vorbereitet.

Bei ihrem Treffen verteilt Jane eine Grafik (siehe unten), in der Karens Problem anhand eines Entscheidungsbaums dargestellt ist. Von links nach rechts gelesen steht das mit 1 gekennzeichnete Kästchen für Karens Hauptentscheidungen: vor Gericht gehen oder sich außergerichtlich einigen. Bei der Entscheidung für den Vergleich (dargestellt als Abzweigung nach unten) gibt es keine Unsicherheitsfaktoren. Bei der Entscheidung für das Gericht, der Abzweigung nach oben, gibt es zwei Ungewißheiten: Verliert oder gewinnt Karen den Prozeß (Gabelung 2), und falls sie gewinnt, wieviel Schmerzensgeld wird ihr dann zugesprochen (Gabelung 3)?

Die Zahlenbereiche ab Gabelung 3 von $ 200 000 bis $ 1 000 000 stehen für mögliche Gerichtsurteile, von denen Jane aus früheren Gesprächen zwischen Karen und Sam erfahren hat. Der Betrag $ 210 000 am Ende der Abzweigung »Vergleich« steht für den Betrag, der Karen nach Abzug der Anwaltskosten von 30 % übrigbliebe.

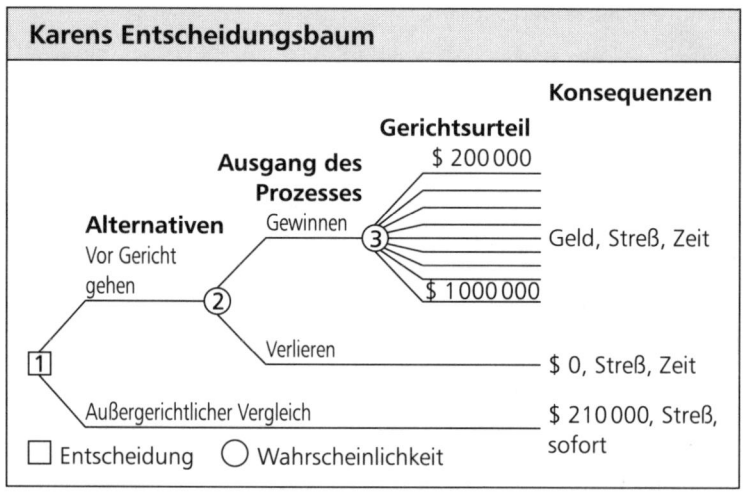

Karens Entscheidungsbaum

152

Neben der Möglichkeit, Schadensersatz zu erhalten, enthält der Entscheidungsbaum noch zwei weitere mögliche Konsequenzen: »Streß« bezeichnet die nicht in Geld ausdrückbaren Faktoren wie Schlaflosigkeit, Besorgnis und Bedauern, während »Zeit« bedeutet, daß das Ergebnis zusätzlichen Zeitaufwand erfordert.

Karens Chancen

Karen und Jane vertrauen nun auf Sams Fachkenntnis und möchten von ihm wissen, wie hoch die Wahrscheinlichkeit ist, daß Karen den Prozeß gewinnt. Sam erwidert aufgrund der Ergebnisse ähnlicher Fälle, der bisherigen Urteilssprüche des Richters sowie der Einschätzung seiner eigenen Fähigkeiten als Rechtsanwalt, die Chancen stünden ziemlich gut, den Prozeß zu gewinnen

Jane versucht die Wertung der Aussage »ziemlich gut« zu bestimmen und bittet Sam um eine genaue Prozentzahl. Sie fragt Sam: »Wie würden Sie die Aussage ›ziemlich gut‹ in Prozenten ausdrücken?«

»Ich denke nicht in diesen Kategorien«, lautet Sams Antwort. »Ich verstehe nicht, wie Sie darauf kommen, alles in Zahlen auszudrücken, vor allem wenn es um so etwas Subjektives wie den Ausgang eines Prozesses geht.«

Jane wendet sich an Karen. »Was hältst Du davon, Karen? Wie hoch ist deiner Meinung nach die Wahrscheinlichkeit, zu gewinnen?«

»Ich würde sagen, Sam rechnet mit einer 20 – 30 %igen Chance, den Prozeß zu gewinnen.«

Sam protestiert: »Das habe ich so nicht gesagt! Mit ›ziemlich gut‹ meine ich auf jeden Fall, daß sie höher liegt.«

»Um wieviel höher? Mehr als 50 : 50?«

»Auf jeden Fall mehr als 50 %.«

»Um wieviel höher?«

»Ich kann mich nicht auf eine exakte Zahl festlegen. 90 % ist vermutlich zu hoch gegriffen. Bei Aussagen von Sachverständigen kann man sich nie sicher sein. Ich glaube, die Wahrscheinlichkeit zu gewinnen liegt zwischen 60 und 80 %.«

»Glauben Sie, daß wir 70 % erwarten können, oder mehr, oder weniger?«

»Eine gute Schätzung, exakter können wir es nicht ausdrücken.«

»Gut, dann lassen Sie uns jetzt über die Ungewißheiten des Gerichtsurteils bei Gabelung 3 reden.«

Jane möchte von Sam alles über die möglichen Geldbeträge der Gerichtsurteile erfahren. Nach etwa einer Stunde Diskussion erstellt sie eine Tabelle, in der sie seine Beurteilung zusammenfaßt. Der mögliche Bereich von $ 800 000 (von $ 200 000 bis 1 000 000) ist in vier gleich große Teile aufgeteilt und klassifiziert: niedrig, mittel, hoch und sehr hoch. Der Mittelwert jedes Teilbereichs, der ebenfalls in der Tabelle enthalten ist, hilft die Tragweite der Unsicherheitsfaktoren zu verstehen.

Mögliche Geldbeträge, wenn Karen den Prozeß gewinnt			
Teilbereiche	**Ergebnis**	**Wahrscheinlichkeit**	**Mittelwert**
Von $ 200 000 bis $ 410 000	Niedrig	25 %	$ 300 000
Von $ 410 000 bis $ 550 000	Mittel	25 %	$ 470 000
Von $ 550 000 bis $ 700 000	Hoch	25 %	$ 610 000
Von $ 700 000 bis $ 1 000 000	Sehr hoch	25 %	$ 800 000
Der Betrag $ 300 000 steht zum Beispiel für den Bereich $ 200 000 bis $ 410 000			

Karens Konsequenzen

Die nächste Aufgabe besteht darin, die nicht in Geld ausdrückbaren Belastungen für Karen bei einem Prozeß zu errechnen: ihre Zeit, ihre Befürchtung, den Prozeß zu verlieren, ihre Schuldgefühle bezüglich ihrer Beteiligung am Unfall, die ihr bevorstehende Kritik von anderen (vor allem ihrer Mutter) wenn sie verliert und den sicheren Vergleich ausgeschlagen hat, und ihr eigenes Bedauern darüber.

Mit Hilfe der Austauschmethode (siehe Kapitel 6) weisen Karen und Jane nun diesen immateriellen Belastungen Geldwerte zu. Wie aus der Spalte »Ausgleich für Streß und Zeitaufwand« ersichtlich, in der die Konsequenzen für Karen zusammengefaßt werden, tragen sie die Beträge mit negativem Vorzeichen ein, um so zu berücksichtigen, was Karen als Ausgleich für den psychischen Streß und den Zeitaufwand »zu zahlen« hätte. Positive Beträge stehen für den entsprechenden Wert, falls ihr eine hohe Schmerzensgeldzahlung zugesprochen werden würde.

Nettoentsprechung der Konsequenzen für Karen in Dollar				
Ergebnis	Brutto-betrag	Abzüglich Anwalts-kosten (30 %)	Ausgleich für Streß und Zeit-aufwand	Entspre-chender Geldwert
GEWINNEN				
Niedrig	$ 300 000	- $ 90 000	- $ 25 000	$ 185 000
Mittel	$ 470 000	- $ 141 000	- $ 19 000	$ 310 000
Hoch	$ 610 000	- $ 183 000	- $ 12 000	$ 415 000
Sehr hoch	$ 800 000	- $ 240 000	$ 20 000	$ 580 000
VERLIEREN	0	0	- $ 30 000	- $ 30 000
VERGLEICH	$ 300 000	- $ 90 000	0	$ 210 000

155

Ungewißheiten

Die Summen unter der Spalte »Ausgleich für Streß und Zeitaufwand« variieren je nach Höhe des Urteilsspruchs und spiegeln so die unterschiedlichen Gefühle von Angst bis Erleichterung oder Bedauern bis Hochgefühl wider.

Nachdem sie diese Werte eingetragen haben, addieren (beziehungsweise subtrahieren) Karen und Jane diese zur jeweils zugesprochenen Summe, um die Gesamtsumme jedes möglichen Ergebnisses berechnen zu können. Demzufolge stehen die Zahlen in der Spalte »Entsprechender Geldwert« für den Nettowert des jeweiligen Urteils, wobei die Anwaltsgebühren (30 %) und die Ausgleichssummen bereits berücksichtigt wurden. Jane trägt nun sowohl die Nettowerte als auch die Wahrscheinlichkeit in Karens Entscheidungsbaum ein. Sie faßt sie auch in einem Risikoprofil zusammen (siehe Seite 157). Dabei stehen die 17,5 % für die 70 %ige Gewinnchance, multipliziert mit 25 % für jeden möglichen Urteilsspruch.

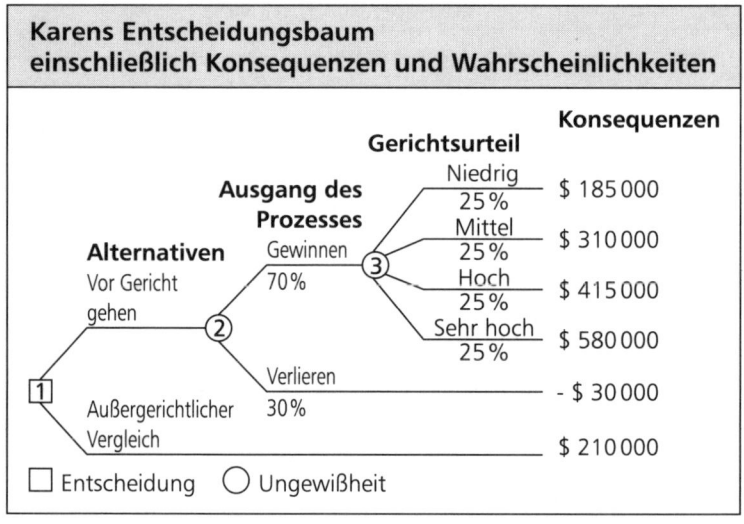

Karens Entscheidungsbaum einschließlich Konsequenzen und Wahrscheinlichkeiten

156

Karens Risikoprofil für die Entscheidung, vor Gericht zu gehen

Ungewißheit: Ausgang des Prozesses und Gerichtsurteil

Ausgang	Wahrscheinlichkeit	Konsequenzen (Entsprechender Geldwert)
GEWINNEN	30 %	- $ 30 000
VERLIEREN		
Niedriges Schmerzensgeld	17,5 %	$ 185 000
Mittleres Schmerzensgeld	17,5 %	$ 310 000
Hohes Schmerzensgeld	17,5 %	$ 415 000
Sehr hohes Schmerzensgeld	17,5 %	$ 580 000
	100 %	

Karen seufzt: »Du hast klar umrissen, worum es in meiner Entscheidung geht, Jane, aber ich bin mir immer noch unschlüssig. Soll ich die $ 300 000 annehmen, oder soll ich meine Chance vor Gericht nutzen?«

Janes Antwort lautet: »Das hängt davon ab, wie risikobereit du bist. Dieser Punkt ist das letzte Teil des Puzzles.«

(Fortsetzung folgt in Kapitel 8).

Die Lektion aus der Anwendung

Karen hat jetzt zwei ausgezeichnete Risikoprofile zu ihren beiden Alternativen (Gericht oder außergerichtlicher Vergleich) zur Verfügung, die sie größtenteils Janes Vorgehen und Sams Fachkenntnissen verdankt. Ihr Fall verdeutlicht die vier Hauptpunkte, die Sie beachten sollten, wenn Sie Risikoprofile erstellen und anschließend miteinander vergleichen:

Ungewißheiten

1. Bemühen Sie sich, Zahlen zu verwenden, um die Wahrscheinlichkeit verschiedener Ergebnisse auszudrücken. Viele Menschen flüchten sich in vage qualitative Umschreibungen der Wahrscheinlichkeit, um sich nicht allzu sehr festzulegen, verantwortlich zu sein oder im nachhinein kritisiert zu werden. Sie müssen mit Nachdruck dazu gebracht werden, konkrete Zahlen zu nennen. Wie Karens Beispiel zeigt, lohnt sich die Mühe, da Zahlen präziser sind und sinnvoller ausgewertet werden können.

2. Klären Sie die Konsequenzen ab, indem Sie sich eindeutig festlegen. Karen konnte wesentlich besser einschätzen, was ein Sieg vor Gericht für sie bedeuten würde, nachdem sie die große Spanne zwischen $ 200 000 und $ 1 000 000 in vier kleinere, gleich große Spannen aufgeteilt und jeweils den Mittelwert berechnet hatte.

3. Legen Sie mit der Austauschmethode einen Geldwert für alle immateriellen Kriterien fest. Durch diese Vorgehensweise konnte Karen mögliche Konsequenzen ihrer Entscheidung besser nachvollziehen, da ersichtlich war, wieviel ihr diese Punkte in Geld ausgedrückt bedeuten. Anschließend konnte sie diesen Wert mit jedem möglichen Urteilsspruch kombinieren, ihre Anwaltskosten subtrahieren und hatte als Ergebnis einen einzigen Wert in Dollar je Konsequenz, auf den sie ihre Entscheidung stützen konnte.

4. Nehmen Sie sich ausreichend Zeit, um über alle Ungewißheiten nachzudenken, die eine Entscheidung beeinflussen könnten. Das Erstellen von Risikoprofilen ist nicht sehr zeitraubend oder aufwendig, auch sind dafür keine besonderen Kenntnisse erforderlich. Was Sie jedoch brauchen, ist die ernsthafte Bereitschaft, die wesentlichen Unsicherheitsfaktoren, ihren Ausgang, ihre Wahrscheinlichkeit und ihre Konsequenzen herauszufinden.

Risikobereitschaft

8

Risikoprofile erstellen

Die Risikobereitschaft jedes Einzelnen ist so individuell wie seine Persönlichkeit. Manche Menschen vermeiden Risiken um jeden Preis – sie legen zum Beispiel ihre gesamten Ersparnisse für das Rentenalter in Bundesschatzbriefen an. Andere wiederum lassen sich gerne auf Risiken ein – sie investieren ihr gesamtes Geld in Risikoanlagen, Kleinaktien oder Wertpapieren. Die meisten von uns liegen wohl irgendwo zwischen diesen beiden Extremen. Wir gehen zwar ein gewisses Risiko ein, denn nur wer wagt, gewinnt, doch es soll nicht so hoch sein, daß wir nachts nicht mehr ruhig schlafen können.

Es stellt sich nun die Frage, wie Sie Ihre persönliche Risikobereitschaft bei der Entscheidungsfindung angemessen berücksichtigen können. Im letzten Kapitel haben wir gelernt, daß die Entscheidung zwischen Alternativen mit einem Unsicherheitsfaktor darauf hinausläuft, anhand der Risikoprofile der unterschiedlichen Alternativen die beste auszuwählen. Haben Sie erst einmal alle Risikoprofile erstellt, fällt der Vergleich leichter, und die schlechten Entscheidungsmöglichkeiten können gestrichen werden.

Doch angenommen, Sie haben bereits alle bisher angebotenen Hilfsmittel ausgeschöpft und können sich trotzdem noch immer nicht entscheiden: Dann sind Sie an einem Punkt angelangt, an dem Sie sich nicht nur auf die Risikoprofile konzentrieren, sondern auch prüfen sollten, wie hoch Ihre persönliche Risikobereitschaft ist.

Betrachten wir folgendes Beispiel: Vor Jahren verlor Robert Goldman, heute 68 Jahre alt, das Sehvermögen auf dem linken Auge. In den letzten Jahren verschlechterte sich das Sehvermögen seines rechten Auges wegen grauen Stars erheblich. Trotz Brille ist es so schlecht, daß er alles nur noch verschwommen wahrnehmen kann.

Als Robert vor kurzem seine Augen erneut untersuchen ließ, eröffnete ihm sein Augenarzt die Möglichkeit einer Augenoperation. In seinem speziellen Fall stünden die Chancen einer erfolgreichen Operation bei 90 %, wobei »erfolgreich« bedeuten würde, daß er mit Brille alles wieder klar und deutlich erkennen könnte. Die Gefahr für ein Mißlingen der Operation schätzte der Arzt auf 10 %, die Folge wäre ein noch schlechteres Sehvermögen als jetzt, und er könnte trotz Brille nach wie vor nur verschwommen sehen.

Robert skizziert einen Entscheidungsbaum und trägt die beiden Alternativen (Operation oder keine Operation) sowie die möglichen Ergebnisse (erfolgreich oder erfolglos) ein.

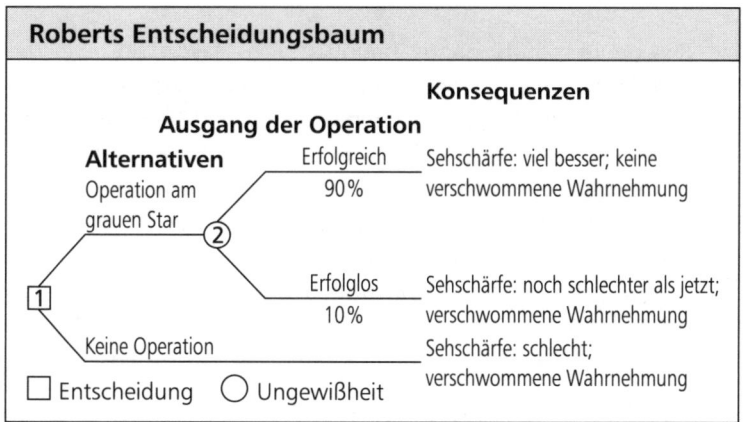

Roberts Entscheidungsbaum

Konsequenzen

Ausgang der Operation

Alternativen — Erfolgreich — Sehschärfe: viel besser; keine
Operation am — 90% — verschwommene Wahrnehmung
grauen Star ②

① — Erfolglos — Sehschärfe: noch schlechter als jetzt;
10% — verschwommene Wahrnehmung
Keine Operation — Sehschärfe: schlecht;
verschwommene Wahrnehmung

☐ Entscheidung   ◯ Ungewißheit

Die Konsequenzen jedes Ergebnisses werden hinsichtlich der zwei grundlegenden Ziele beschrieben: Sehschärfe und Deutlichkeit der Wahrnehmung. Die Risikoprofile seiner Alternativen gehen aus dem Entscheidungsbaum eindeutig hervor, doch Robert fällt die Entscheidung trotzdem sehr schwer. Natürlich wäre er glücklich, wieder ein fast normales Sehvermögen zu haben – und die Chancen stehen wirklich sehr gut. Sollte die Operation jedoch mißlingen, wäre Roberts Sehvermögen noch schlechter als es jetzt ist. Er könnte überhaupt nicht mehr Auto fahren, müßte einige seiner täglichen sportlichen Aktivitäten aufgeben und könnte seiner Leseleidenschaft nur noch mit teuren Vergrößerungsgeräten oder anderen Hilfsmitteln nachgehen.

Wie würden Sie entscheiden? Die kluge Entscheidung des einen muß nicht unbedingt auch für einen anderen Menschen akzeptabel sein. Sie entscheiden sich vielleicht gegen eine Operation, Ihr Nachbar jedoch dafür. Die Entscheidung hängt allein von der Risikobereitschaft des Einzelnen ab.

Schätzen Sie Ihre Risikobereitschaft richtig ein

Die Risikobereitschaft hängt hauptsächlich davon ab, welches Gewicht Sie den Nachteilen – den negativen Konsequenzen jeder Entscheidung – im Vergleich zu den Vorteilen verleihen. Wenn Sie, wie die meisten Menschen, eher risikoscheu sind, haben die negativen Konsequenzen bei Ihren Überlegungen mehr Gewicht als die positiven. Und je belastender dieses Gewicht für Sie ist, desto risikoscheuer sind Sie. Ihre persönliche Risikobereitschaft kann im Entscheidungsprozeß nur dann angemessen berücksichtigt werden, wenn Sie sich klarmachen, für wie erstrebenswert Sie die einzelnen Konsequenzen im Verhältnis zueinander einstufen.

Beispiel:

Zur Verdeutlichung stellen wir uns einmal zwei Menschen vor, der eine durchschnittlich risikobereit, der andere extrem risikoscheu. Beide stehen vor folgender einfacher, aber riskanter Entscheidung: Es bietet sich die Gelegenheit, $ 10 000 zu gewinnen oder aber $ 5 000 zu verlieren. Die Chancen stehen gleich, denn die Entscheidung wird durch das Werfen einer Münze getroffen. Bei Zahl gewinnen sie $ 10 000, bei Kopf verlieren sie $ 5 000.

Wie sollen Sie sich entscheiden? Sie müssen sowohl abwägen, wie wahrscheinlich ein positiver oder negativer Ausgang ist, als auch ein Maß dafür setzen, wie erstrebenswert die jeweilige Konsequenz für Sie ist. Da in diesem Beispiel die Wahrscheinlichkeit beider Fälle gleich hoch ist, sollte die Entscheidung danach getroffen werden, wie erstrebenswert ein positiver Ausgang im Vergleich zum negativen ist.

Der extrem risikoscheue Mensch macht sich über die Konsequenz eines negativen Ausgangs große Sorgen und befürchtet, daß er sich das Geld entweder leihen oder auf wichtige Anschaffungen verzichten müßte, um die $ 5 000 zahlen zu können. Für ihn steht fest, daß der unerwartete Geldsegen von $ 10 000 den ebenso wahrscheinlichen Verlust von $ 5 000 nicht ausgleicht. Der durchschnittlich risikobereite Mensch verliert natürlich ebenso ungern $ 5 000, denn er müßte vielleicht die lange geplante Modernisierung seiner Eigentumswohnung verschieben. Andererseits spekuliert er auf den unerwarteten Geldsegen von $ 10 000, der immerhin innerhalb des Möglichen liegt, da dies die Modernisierungsarbeiten einen großen Schritt voranbringen würde. Die Konsequenz eines positiven Ausgangs ist erstrebenswert genug, um das Risiko einzugehen.

Dieser Gedankengang gilt für alle Risikoprofile, und nicht nur für dieses einfache Beispiel mit zwei Ergebnissen und Konsequenzen, für die ein einziges Ziel gesetzt ist: Geld. Das Grundprinzip lautet: Je erstrebenswerter die positiven Konsequenzen innerhalb eines Risikoprofils im Vergleich zu den negativen bewertet werden, um so größer ist die Bereitschaft, die dazu erforderlichen Risiken einzugehen.

Dies reicht jedoch noch nicht völlig aus, um eine kluge Entscheidung treffen zu können. Es ist auch erforderlich, die erstrebenswerten möglichen Konsequenzen nach der Wahrscheinlichkeit ihres Eintreffens zu bestimmen. Würde sich in obigem Beispiel die Wahrscheinlichkeit zu gewinnen auf 90 % erhöhen, wäre vermutlich auch der risikoscheue Mensch versucht, das Risiko zu wagen. Im Vergleich zum positiven Ausgang ist der negative natürlich nach wie vor unerwünscht, doch gleicht die höhere Wahrscheinlichkeit auf Erfolg die Differenz aus, um die ein negativer Ausgang unerwünschter ist. Dies gilt zumindest für die meisten von uns.

Beziehen Sie Ihre Risikobereitschaft in den Entscheidungsprozeß mit ein

Profi-Tip:

Richten Sie sich nach drei einfachen Regeln, um Ihre Risikobereitschaft beim Vergleich von Risikoprofilen mit einzubeziehen:

- Erstens, überlegen Sie gründlich, wie erstrebenswert Ihnen die Konsequenzen der jeweiligen Alternativen erscheinen.

- Zweitens, wägen Sie die Wahrscheinlichkeit der Konsequenzen dagegen ab, wie erstrebenswert sie sind.

- Drittens, wählen Sie die beste Alternative aus.

Mit Hilfe dieser drei Punkte kann Robert Goldman nun seine endgültige Entscheidung für oder gegen eine Augenoperation treffen.

1. Überlegen Sie gründlich, wie erstrebenswert die Konsequenzen sind

Robert glaubt, daß die Wiederherstellung seiner Sehschärfe für ihn einen großen Unterschied zum jetzigen Zustand ausmachen würde. Er könnte nachts wieder Auto fahren, und außerdem fielen ihm zwei seiner Lieblingsbeschäftigungen, Tennisspielen und Verreisen, leichter. Und obwohl ein weiteres Nachlassen seines Sehvermögens zweifellos schlecht wäre, kommt er zu dem Schluß, daß er auch damit würde leben können, da er sich bereits in der Vergangenheit immer wieder mit nachlassendem Sehvermögen hatte arrangieren müssen. Im Hinblick darauf, wie erstrebenswert die jeweiligen Konsequenzen sind, trifft er folgende Entscheidung: Die negativen Konsequenzen eines verschlechterten Sehvermögens belasten ihn im Vergleich zu den positiven Konsequenzen eines verbesserten Sehvermögens nur noch geringfügig.

2. Wägen Sie die Wahrscheinlichkeit der Konsequenzen dagegen ab, wie erstrebenswert sie sind

Läge die Wahrscheinlichkeit einer erfolgreichen Operation lediglich bei 50:50, würde Robert sich ihr sicherlich nicht unterziehen. Doch die Wahrscheinlichkeit beider Ergebnisse ist unterschiedlich hoch. Aufgrund der Tatsache, daß die Chance auf Erfolg neunmal höher liegt als die Wahrscheinlichkeit eines Mißlingens, kommt Robert zu dem Schluß, daß die Belastung durch seine Angst vor dem unerwünschten Ergebnis durch die Wahrscheinlichkeit des erwünschten Ergebnisses mehr als ausgeglichen wird.

3. Vergleichen und wählen Sie

Als Robert nun das Risikoprofil der Operation mit der Alternative »keine Operation« vergleicht, wird offensichtlich, wie er sich entscheiden wird: Er läßt sich einen Operationstermin geben.

Bewerten Sie den Grad Ihrer Risikobereitschaft mit einem Punktsystem

Nehmen wir an, Sie haben Risikoprofile erstellt und eingehend darüber nachgedacht, wie wünschenswert die Konsequenzen und wie wahrscheinlich die Ergebnisse sind; dennoch können Sie sich noch immer nicht entscheiden. An diesem Punkt müssen Sie präzisieren, wie wünschenswert die Konsequenzen im Verhältnis zueinander sind. Gehen wir dazu von einer qualitativen Untersuchung, wie der von Robert Goldman, zu einer quantitativen Untersuchung über.

Profi-Tip:

Sie bestimmen, wie wünschenswert die jeweilige Konsequenz ist, wägen sie gegen ihre Wahrscheinlichkeit ab, führen einen Vergleich durch und treffen Ihre Wahl. Dabei vergeben Sie Wunschpunkte, um ein Maß dafür zu schaffen, wie erwünscht jede Konsequenz und jede Alternative ist.

Gehen wir diese Methode Schritt für Schritt durch.

1. Weisen Sie allen Konsequenzen eine Bewertung zu, je nachdem, wie wünschenswert sie für Sie sind

Zuerst vergleichen Sie die Konsequenzen miteinander und erstellen eine Rangliste, angefangen bei der besten bis hin zur schlechtesten Konsequenz. Die beste Konsequenz erhält 100 Wunschpunkte, die schlechteste 0. Dann weisen Sie den restlichen Konsequenzen eine Bewertung zwischen 0 und 100 zu, damit Sie sie in Beziehung zueinander setzen können. Sind Sie zum Beispiel der Ansicht, daß eine bestimmte Konsequenz genau in der Mitte zwischen der am meisten erwünschten und der am wenigsten erwünschten liegt, weisen Sie ihr 50 Wunschpunkte zu. Überprüfen Sie, ob Sie bei der Punktevergabe folgerichtig vorgegangen sind, und nehmen Sie so viele Änderungen wie nötig vor, damit die Bewertung auch tatsächlich Ihre Einstellung zur jeweiligen Konsequenz widerspiegelt.

2. Berechnen Sie, inwieweit jede Konsequenz dazu beiträgt, daß die zugehörige Alternative wünschenswert ist

Weniger wahrscheinliche Ergebnisse sollten auch einen geringeren Einfluß darauf haben, wie wünschenswert eine Alternative ist, als ein wahrscheinlicheres Ergebnis. Aus diesem Grund müssen Sie die Wahrscheinlichkeit jedes Ergebnisses feststellen. Zur Festlegung des Beitrags, den eine Konsequenz dazu leistet, wie wünschenswert eine Alternative ist, gehen Sie folgendermaßen vor: Multiplizieren Sie die Wahrscheinlichkeit des zugehörigen Ergebnisses mit der Wunschpunktzahl, die Sie im ersten Schritt zugewiesen haben. Liegt bei Ihrer besten Konsequenz (100 Wunschpunkte) die Wahrscheinlichkeit des Eintretens bei 30 % (0,3), beträgt ihr Beitrag 30 (100 x 0,3 = 30). Gibt es bei einer Alternative keinerlei Zweifel über ihren Ausgang, beträgt die Wahrscheinlichkeit des Ergebnisses 1,0. Der Beitrag der Konsequenz dazu, wie wünschenswert diese Alternative ist, entspricht der oben vergebenen Wunschpunktzahl, nämlich 100.

3. Berechnen Sie die Gesamtwunschpunktzahl einer Alternative

Dazu addieren Sie den Beitrag jeder einzelnen Konsequenz zu der jeweiligen Alternative. (Bitte beachten Sie, daß die Gesamtwunschpunktzahl einer Alternative dem Durchschnitt der Wunschpunkte der Konsequenzen nach Abwägung der Wahrscheinlichkeit der zugehörigen Ergebnisse entspricht.)

4. Vergleichen Sie die Gesamtwunschpunkte aller Alternativen und treffen Sie Ihre Wahl

Sie haben sich nun eine zahlenmäßig vergleichbare Grundlage geschaffen, mit der Sie eine Entscheidung treffen können. Vergleichen Sie die Gesamtwunschpunkte aller Alternativen und wählen Sie die Alternative mit der höchsten Punktzahl aus.

Die Wunschpunkte helfen, schwierige Entscheidungen zu treffen

Für die meisten Entscheidungen wird es wahrscheinlich nicht notwendig werden, den Konsequenzen und Alternativen eine Wunschpunktzahl zuzuweisen. Allerdings hat diese Vorgehensweise unschätzbare Vorteile, wenn es um sehr wichtige und komplexe Entscheidungen geht, die unser ganzes Leben betreffen.

Dies wollen wir Ihnen am Beispiel von Marisa Reyes verdeutlichen. Sie hat gerade ihr Betriebswirtschaftsstudium abgeschlossen und muß sich nun innerhalb weniger Tage zwischen zwei interessanten Stellenangeboten entscheiden, die jeweils einen erheblichen Unsicherheitsfaktor enthalten. Eine Stelle wurde ihr von einem weltweit tätigen Wirtschaftsprüfungsunternehmen angeboten, bei dem Marisa vor Beginn ihres Studiums gearbeitet hat, die andere von einem internationalen Beratungsunternehmen.

Die Aufstiegschancen und Verdienstmöglichkeiten sind bei beiden Unternehmen in etwa gleich gut. Marisas Entscheidung hängt deshalb davon ab, wo und wie sie von den Unternehmen eingesetzt wird. Marisa hat für ihren neuen Arbeitsplatz eine Reihe unterschiedlicher Ziele aufgestellt: hoher Lebensstandard einschließlich kultureller und gesellschaftlicher Angebote, hohe Wohnqualität und interessante Freizeitmöglichkeiten, eine anspruchsvolle Tätigkeit mit hoher Eigenverantwortung und die Möglichkeit, sich sozial zu engagieren.

Es ist jedoch unsicher, in welcher Stadt ihr zukünftiger Arbeitsplatz liegen wird. Da sie die Stelle erst in einem halben Jahr antreten wird, haben sich beide Unternehmen diesbezüglich noch nicht festgelegt. Jedes Unternehmen hat sich jedoch auf je zwei mögliche Städte beschränkt. Das Beratungsunternehmen würde sie zunächst entweder nach London – ihrer Traumstadt – oder nach Buenos Aires versetzen. Das Wirtschaftsprüfungsunternehmen hatte sie entweder für New York oder Santiago vorgesehen. Jede Alternative führt demnach zu einer Ungewißheit mit jeweils zwei möglichen Ergebnissen.

Marisa setzt sich mit jedem Stellenangebot ausführlich auseinander und erstellt anhand der in Kapitel 7 beschriebenen Methoden die nachfolgend dargestellten Risikoprofile. In einem Gespräch mit dem Personalleiter jedes Unternehmens klärt sie ab, wie hoch die Wahrscheinlichkeit des jeweiligen Arbeitsplatzes ist.

Der Vergleich beider Risikoprofile bringt Marisa nicht zu einer Entscheidung, da die qualitativen Beschreibungen ihr nicht genug Informationen liefern.

Risikoprofile für Marisas Entscheidung				
Alternative: Wirtschaftsprüfungsunternehmen Ungewißheit: Stadt				
		Konsequenzen		
Ergebnis	**Wahrschein-lichkeit**	**Lebens-standard**	**Tätigkeit**	**soziales Engagement**
New York	90 %	sehr hoch	sehr interessant	mittelmäßig
Santiago	10 %	niedrig	mittelmäßig	ausgezeichnet
	100 %			
Alternative: Beratungsunternehmen Ungewißheit: Stadt				
		Konsequenzen		
Ergebnis	**Wahrschein-lichkeit**	**Lebens-standard**	**Tätigkeit**	**soziales Engagement**
Buenos Aires	75 %	gut	gut	sehr gut
London	25 %	ausgez.	ausgez.	gut
	100 %			

Risikobereitschaft

Aus diesem Grund entschließt sie sich zu einem quantitativen Vergleich ihrer Alternativen. Bevor sie die entsprechenden Wunschpunkte vergibt, ordnet sie klugerweise die vier möglichen Konsequenzen in einer Reihenfolge von der besten bis zur schlechtesten an. Entsprechend ihrem größten Wunsch vergibt Marisa den mit London verbundenen Konsequenzen 100, den mit Santiago verbundenen 0 Wunschpunkte, da London an erster und Santiago an letzter Stelle steht. Den mit Buenos Aires verbundenen Konsequenzen weist sie 50 Wunschpunkte zu, da dieser Arbeitsplatz für sie genau in der Mitte ihrer Bewertungsskala zwischen London und Santiago steht. Die mit New York verbundenen Konsequenzen bewertet sie mit 80 Wunschpunkten, da sie für Marisa zu 60 % wünschenswert erscheinen (80 Wunschpunkte entsprechen 60 % auf der Skala zwischen 50 und 100).

Reihenfolge und Bewertung der Konsequenzen von Marisas Entscheidung						
		Konsequenzen				
Alternative	Alternative	Lebens-standard	Tätig-keit	soziales Engage-ment	Platz	Wunsch Punkte
Beratungs-unternehmen	London	ausge-zeichnet	ausge-zeichnet	gut	1	100
Wirtschafts-prüfungs-unternehmen	New York	sehr gut	ausge-zeichnet	mittel-mäßig	2	80
Beratungs-unternehmen	Buenos Aires	gut	gut	sehr gut	3	50
Wirtschafts-prüfungs-unternehmen	Santiago	schlecht	mittel-mäßig	ausge-zeichnet	4	0

Ermittlung der Gesamtwunschpunktzahl aus Marisas Risikoprofilen

Wirtschaftsprüfungsunternehmen

Ergebnis	Wahrscheinlichkeit	Wunschpunkte	Anteil an der Gesamtwunschpunktzahl
New York	90 %	80	72
Santiago	10 %	0	0
	100 %		
Gesamtpunktzahl der Alternative:		72	

Beratungsunternehmen

Ergebnis	Wahrscheinlichkeit	Wunschpunkte	Anteil an der Gesamtwunschpunktzahl
Buenos Aires	75 %	50	37,5
London	25 %	100	25,0
	100 %		
Gesamtpunktzahl der Alternative:		62,5	

Marisa berechnet nun die Gesamtwunschpunktzahl für jede Alternative. Als erstes multipliziert sie die Wunschpunktzahl der einzelnen Konsequenzen mit der Wahrscheinlichkeit des Ergebnisses, woraus sich der jeweilige Anteil an der Gesamtwunschpunktzahl für die entsprechende Alternative ergibt. Anschließend addiert sie die Anteile von New York (72) und Santiago (0), und kommt so zur Gesamtwunschpunktzahl von 72 für das Wirtschaftsprüfungsunternehmen. Ebenso verfährt sie bei dem Beratungsunternehmen und kommt hier auf eine Gesamtwunschpunktzahl von 62,5 (Anteile von Buenos Aires: 37,5 und London 25,0). Aufgrund dieser Berechnungen und ihrer gründlichen Überlegungen trifft Marisa nun ihre Wahl. Sie entscheidet sich für das Angebot des Wirtschaftsprüfungsunternehmen und beginnt ein halbes Jahr später ihre Arbeit in New York.

Ein abgekürztes Verfahren der Wunschpunktevergabe: die Wunschkurve

Marisa hatte nur vier Konsequenzen zu erwägen, weswegen die Vergabe der Wunschpunkte eine recht einfache Sache für sie war. Bei einer großen Anzahl möglicher Konsequenzen kann sich die Wunschpunktevergabe zu einem schwierigen und zeitraubenden Vorgang entwickeln. Für diesen Fall können wir Ihnen jedoch ein abgekürztes Verfahren anbieten: Zeichnen Sie eine Wunschkurve, die grafisch wiedergibt, wie erwünscht eine Alternative für Sie ist. Tragen Sie zunächst die Wunschpunkte, die sie einigen (normalerweise fünf) für Sie wichtigen Konsequenzen zugewiesen haben, in ein Diagramm ein, und verbinden diese dann zu einer Kurve. Mit Hilfe dieser Wunschkurve können Sie die Wunschpunkte aller möglichen Konsequenzen feststellen.

Allerdings gibt es bei dieser Vorgehensweise eine Beschränkung: Sie können nur damit arbeiten, wenn sich alle Konsequenzen mit einer einzigen Zahlenvariablen ausdrücken lassen, wie zum Beispiel Geldbeträge, Hektar, Jahre oder die Anzahl geretteter Menschenleben. Diese Wunschkurven sind dann sehr hilfreich, wenn Sie den möglichen Verlust oder Gewinn einer Investition in einem Geldbetrag, die potentielle Umweltbelastung eines bestimmten Projektes in Quadratkilometern, oder die möglichen Folgen einer Herzoperation in längerer Lebenserwartung ausdrücken möchten.

Diese Wunschkurven können sich als so praktisch erweisen, daß sich der Aufwand lohnt, Konsequenzen, die mit verschiedenen Begriffen beschrieben werden, mit Hilfe der Austauschmethode in einen gemeinsamen numerischen Nenner umzuwandeln. (Denken Sie zum Beispiel an Karen, das Unfallopfer, die in Kapitel 7 den zusätzlichen Zeitaufwand und die psychische Belastung eines Prozesses in einen Geldbetrag umgerechnet hat und damit ihre Konsequenzen mit nur einer Variablen, nämlich Dollar, ausdrücken konnte.)

Ein Beispiel für eine Investition

Damit Sie nachvollziehen können, wie eine Wunschkurve funktioniert, stellen wir Ihnen nun Jim Nance vor, der vor folgender Entscheidung steht. Jim ist in seiner Familie für sämtliche Investitionen zuständig und verfolgt zwei Ziele: Vermögenszuwachs und Kapitalerhaltung. Über eine Investmentgruppe bietet sich ihm nun die Möglichkeit, ein Jahr lang $ 10 000 in ein Risikogeschäft außerhalb des Wertpapiermarktes anzulegen und auf diese Weise entweder 87,5 % Gewinn oder 37,5 % Verlust zu machen. Sein angelegtes Kapital könnte sich demnach innerhalb eines Jahres von $ 10 000 auf $ 18 750 erhöhen oder auf $ 6 250 schrumpfen. Bevor Jim von dieser Möglichkeit erfahren hatte, war sein Plan eigentlich gewesen, diese Summe für ein Depositenzertifikat (CD) mit 6 % Zinsen auszugeben, das er nach einem Jahr für sichere $ 10 600 abstoßen könnte.

Natürlich weiß Jim, daß eine Auszahlung von $ 18 750 oder $ 6 250 nach einem Jahr nur die beiden Extreme darstellt, und daß dazwischen noch eine Vielzahl anderer Geldsummen mit jeweils unterschiedlicher Wahrscheinlichkeit möglich ist. Mit Hilfe eines einfachen Computerprogramms und öffentlich zugänglicher Daten erstellen Jim und andere Mitglieder der Investmentgruppe ein Risikoprofil für diese Investition, das eine Vielzahl möglicher Auszahlungssummen (die in diesem Fall sowohl die Ergebnisse als auch die Konsequenzen beschreiben) einschließlich der jeweiligen Wahrscheinlichkeit enthält. Dieses Risikoprofil ist in den ersten beiden Spalten der Tabelle auf Seite 174 dargestellt. Bei der Untersuchung des Risikoprofils stellt Jim fest, daß er bei den ersten drei Einträgen in seiner Liste Geld verlieren würde, wodurch die Gesamtwahrscheinlichkeit eines Verlusts bei 21 % (2 + 6 + 13) liegt. Bei den letzten sieben Einträgen ist der zu erwartende Gewinn größer als der des Depositenzertifikats, das heißt, die Wahrscheinlichkeit, daß ein höherer Gewinn als mit dem CD erzielt wird, liegt bei 64 % (18 + 17 + 11 + 9 + 4 + 3 +2).

Risikoprofil für Nances mögliche Investitionen		
Wahrscheinlichkeit	Ergebnis und Konsequenz: Auszahlungssumme	Anteil an der durchschnittlichen Gesamtauszahlungssumme
2 %	$ 6 250	$ 125,00
6 %	$ 7 500	$ 450,00
13 %	$ 8 750	$ 1 137,50
15 %	$ 10 000	$ 1 500,00
18 %	$ 11 250	$ 2 025,00
17 %	$ 12 500	$ 2 125,00
11 %	$ 13 750	$ 1 512,50
9 %	$ 15 000	$ 1 350,00
4 %	$ 6 250	$ 650,00
3 %	$ 17 500	$ 525,00
2 %	$ 18 750	$ 375,00
100 %	Durchschnittliche Auszahlungssumme:	$ 11 775,00

Das Risikoprofil für diese Entscheidung ist klar und eindeutig (wie es bei Zahlen meistens der Fall ist), die Entscheidung selbst jedoch nicht. Soll Jim sich am Risikogeschäft beteiligen oder sich lieber für die sichere Form des CD entscheiden?

Zur Beantwortung dieser Frage würden die meisten Finanzberater zunächst die durchschnittliche Auszahlungssumme des Risikogeschäfts berechnen.

Dazu multipliziert man ganz einfach jede Auszahlungssumme mit der entsprechenden Wahrscheinlichkeit, wie in der letzten Spalte der Tabelle geschehen, und addiert diese Summen anschließend, um die durchschnittliche Auszahlungssumme zu erhalten. In Jims Fall beträgt diese $ 11 775. Da die Differenz zum Gewinn aus dem CD lediglich $ 1 125 beträgt, würden die meisten Finanzberater Jim wohl zum Kauf des CD raten. Immerhin sind sichere 6 % Zinsen im Vergleich zu dem hohen Risiko der anderen Investition ein sehr gutes Geschäft.

Eines wird bei dieser Methode jedoch überhaupt nicht berücksichtigt: Die Risikobereitschaft von Jim und seiner Familie. Es ist durchaus möglich, daß die Aussicht auf einen so hohen Gewinn Jim das Risiko wert ist. Und dies selbst dann, wenn Jim, wie die meisten Menschen, eher risikoscheu ist und der Verlust einer bestimmten Summe ein härterer Schlag für seine Familie wäre, als der Gewinn der gleichen Summe Vorteile brächte.

Hier kommt die Wunschkurve zum Einsatz. Folgendes ist zu tun:

- Erstellen Sie eine Wunschkurve (auch Nutzenmöglichkeitskurve genannt), die jeder Auszahlungssumme eine Wunschpunktzahl zuweist, die Ihren subjektiven Wunsch nach Geld widerspiegelt.

- Berechnen Sie mit Hilfe der Wunschpunktzahl der Auszahlungssumme und der zugehörigen Wahrscheinlichkeit die Gesamtwunschpunktzahl für die jeweilige Alternative.

- Entscheiden Sie sich für eine Alternative, indem Sie deren Gesamtwunschpunkte miteinander vergleichen.

Wir zeigen Ihnen die genaue Funktionsweise an Jim Nances Investitionsbeispiel.

Erstellen Sie eine Wunschkurve

Da Jim mit Zahlen arbeitet, können die Konsequenzen ganz einfach nach Rangfolge geordnet werden. Geht es um Geld, ist eine höhere Summe immer besser: die Auszahlungssumme von $ 18750 erhält 100 Punkte, 0 Punkte werden der niedrigsten Summe von $ 6250 zugewiesen.

Da es zu umständlich wäre, bei so vielen möglichen Konsequenzen allen die angemessenen Wunschpunkte zuzuweisen, erstellt Jim eine Wunschkurve.

Er zeichnet eine ganz einfache Graphik, wobei auf der Horizontalachse alle möglichen Auszahlungssummen (die Konsequenzen), auf der Vertikalachse die Wunschpunkte eingetragen werden, die bezeichnen, wie erwünscht welche Summe ist.

Er beginnt mit den beiden Extremen: A steht für 0 Wunschpunkte, die der Summe von $ 6250 zugewiesen wurden und B für steht für 100 Wunschpunkte, die der Summe von $ 18750 zugewiesen wurden. Diese Wunschpunkte legen den Anfangs- bzw. Endpunkt der Kurve fest. Anschließend legt er den Mittelpunkt dieser Kurve fest, der einer Wunschpunktzahl von 50 entspricht. Da die Kapitalerhaltung auch eines der Hauptziele ist, entscheidet er sich für die Wunschpunktzahl 50 als Mittelwert bei $ 9000 (C), da sich die Spannen zwischen $ 6250 bis $ 9000 und $ 9000 bis $ 18750 hinsichtlich dessen, was er für wünschenswert hält, entsprechen.

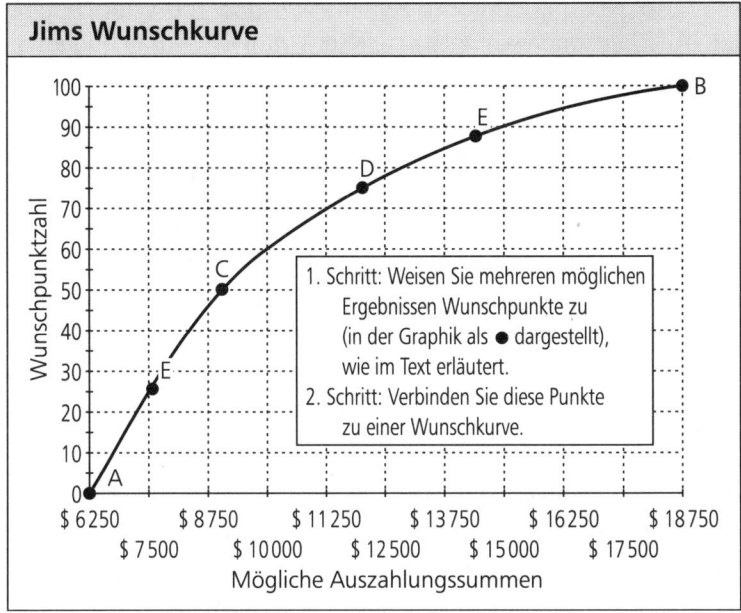

Jims Wunschkurve

1. Schritt: Weisen Sie mehreren möglichen Ergebnissen Wunschpunkte zu (in der Graphik als ● dargestellt), wie im Text erläutert.
2. Schritt: Verbinden Sie diese Punkte zu einer Wunschkurve.

In ähnlicher Weise teilt Jim die Betragsspannen über und unter $ 9 000 in gleich wünschenswerte Bereiche ein, um Auszahlungssummen festzusetzen, die mit 25 und 75 Wunschpunkten gekennzeichnet werden können. Der Summe von $ 12 000 weist er 75 Wunschpunkte (D) zu, da er dies für einen wünschenswerten Mittelwert zwischen $ 9 000 und $ 18 750 hält. Der Summe von $ 7 500 weist er 25 Wunschpunkte (E) zu, da er dies für einen wünschenswerten Mittelwert zwischen $ 6 250 und $ 10 000 hält.

Normalerweise genügen fünf Punkte, um eine leicht auswertbare Kurve zu erstellen. Werden weitere Kurvenpunkte benötigt, können die Bereiche in neue, gleich wünschenswerte Spannen aufgeteilt werden. Jim ergänzt seine Kurve um einen weiteren Punkt F, den er als erwünschten Mittelwert bei $ 14 500 zwischen den Punkten D und B festlegt. Die Wunschpunktzahl beträgt 87,5,

177

liegt also genau in der Mitte zwischen 75 und 100 Wunschpunkten. Anschließend verbindet er alle sechs Kurvenpunkte und erhält die auf Seite 177 abgebildete Wunschkurve.

Die Kurve umfaßt nun alle möglichen Auszahlungssummen von $ 6250 bis $ 18750, wobei für jede Summe eine Wunschpunktzahl für das jeweilige Ergebnis zugewiesen ist. Es läßt sich zum Beispiel auch ganz einfach ablesen, daß der Depositenzertifikatskauf mit der Auszahlungssumme von $ 10600 die Wunschpunktzahl 65 aufweist. Bevor Jim seine Kurve nun tatsächlich anwendet, will er vernünftigerweise einige Zusammenhänge überprüfen und gegebenenfalls Anpassungen vornehmen. Aus der Kurve wird ersichtlich, daß für Jim jede Steigerung der Betragsspannen von $ 6250 auf $ 7500, von $ 7500 auf $ 9000, von $ 9000 auf $ 12000 und von $ 12000 auf $ 18750, die jeweils um 25 Punkte wünschenswerter sind, gleichwertig ist. Jim stellt sich die Frage, ob diese Steigerungsraten seine Einstellung zum Risiko und zum erwünschten Ergebnis widerspiegeln, und kann dies für sich bejahen.

Verwenden Sie die Wunschkurve als Entscheidungshilfe

Jim ist jetzt bereit, die angebotene Investition unter Berücksichtigung seiner Risikobereitschaft zu bewerten. Zuerst entnimmt er der Kurve die Wunschpunktzahlen, die den 11 Auszahlungssummen entsprechen, und trägt sie in sein unten abgebildetes Risikoprofil ein. Danach multipliziert er die jeweilige Wahrscheinlichkeit mit der gerade eingetragenen Wunschpunktzahl (siehe letzte Spalte in der auf Seite 179 abgebildeten Tabelle). Zum Schluß addiert er die Werte, die sich aus dieser Multiplikation ergeben haben, und erhält damit die Gesamtwunschpunktzahl für die Investition.

Die Gesamtwunschpunktzahl beträgt 68,35. Dieser Wert übersteigt die ermittelte Wunschpunktzahl für das Depositenzertifikat, und Jim sollte sich für das Risikogeschäft entscheiden.

Vertiefen Sie Ihr Verständnis, indem Sie die Wunschpunkte wieder in Geld umrechnen

Durch die Rückumrechnung der Wunschpunkte in Geld gewinnen Sie neue Einsichten und eröffnen sich einen weiteren Weg, riskante Entscheidungen mit einer einzigen Zielsetzung zu treffen.

Berechnung der Gesamtwunschpunktzahl für Jims mögliche Investitionen

Konsequenz: Auszahlungssumme nach einem Jahr	Wahrscheinlichkeit	Wunschpunktzahl	Beitrag zur Gesamtwunschpunktzahl
$ 6 250	0,02	0	0
$ 7 500	0,06	25	1,50
$ 8 750	0,13	46	5,98
$ 10 000	0,15	60	9,00
$ 11 250	0,18	70	12,60
$ 12 500	0,17	78	13,26
$ 13 750	0,11	84	9,24
$ 15 000	0,09	90	8,10
$ 16 250	0,04	94	3,76
$ 17 500	0,03	97	2,91
$ 18 750	0,02	100	2,00
	1,00	Gesamtwunschpunktzahl:	68,35

Nehmen wir noch einmal Jims Risikoprofil als Beispiel:

- Die Gesamtwunschpunktzahl von 68,35 entspricht bei Jim einer erwünschten Auszahlungssumme von $ 11 000, das heißt, für Jim entspricht der Wert seiner Investition $ 11 000.

- Dieser konkrete Geldbetrag zeigt Jim sofort, um wieviel das Risikogeschäft für ihn persönlich mehr wert ist: es sind genau $ 400 mehr als das Depositenzertifikat mit einem Wert von $ 10 600.

- Die Werte, die dem Risikoprofil zugewiesen werden, können für die Entscheidung verwendet werden. Ein weniger risikobereites Mitglied von Jims Investmentgruppe hätte das Risikogeschäft vielleicht mit einen Wert von $ 10 000 beziffert und würde sich demnach für das Depositenzertifikat entscheiden.

- Ein sehr risikofreudiger Mensch hätte das Risikogeschäft vermutlich mit einen Wert von $ 11 775, dem Durchschnittsbetrag, beziffert (siehe Tabelle auf Seite 174). Jims Wertung ist niedriger, da er eher risikoscheu ist. Die Differenz zwischen dem Durchschnittsbetrag und Jims persönlicher Wertung, hier $ 775, ist seine Risikoangleichung für das Risikoprofil.

- Bei einem gegebenen Risikoprofil ist die Risikoangleichung der Indikator Ihrer persönlichen Risikobereitschaft. Je höher die Risikoangleichung, um so risikoscheuer sind Sie und umgekehrt.

In manchen Fällen geraten Sie eventuell in Versuchung, einem Risikoprofil gleich einen Wert zuzuweisen, ohne sich vorher peinlich genau über Ihre Wünsche klarzuwerden. Sie könnten eine Risikoangleichung auch nach Gefühl vornehmen, diesen Wert vom Durchschnittsgeldbetrag abziehen, und schon hätten Sie Ihren persönlichen Wert für das Risikoprofil ermittelt. Dies scheint auf den ersten Blick viel einfacher und direkter, doch ist dafür ein unglaublich gutes Gespür erforderlich, will man es richtig machen. Für ein wirklich brauchbares Zahlenergebnis müßten Sie sämtliche Auszahlungssummen im Kopf haben und wissen, wie erwünscht und wahrscheinlich jede einzelne ist. So viele Zahlen verwirren leicht.

Profi-Tip:

Mit Hilfe der Wunschkurve läßt sich diese komplexe Methode in überschaubare Einzelteile zerlegen, mit denen Sie sich Schritt für Schritt beschäftigen können. Zuerst überlegen Sie sich, was Sie sich wünschen, berücksichtigen dann die Wahrscheinlichkeit und können anschließend einen angemessenen Wert berechnen.

Interpretation der Wunschkurve

Jims Kurve hilft ihm nicht nur dabei, eine ganz bestimmte Entscheidung zu treffen, sondern verdeutlicht ihm auch sehr gut, wie er generell mit finanziellen Entscheidungen umgeht. Ihm wird zum Beispiel bewußt, daß das Vermeiden des größtmöglichen Verlustes (von $ 10 000 auf $ 6 250) mit einer Wunschpunktzahl von 60 für ihn wichtiger ist als der größtmögliche Gewinn (von $ 10 000 auf $ 18 750), der mit 40 Wunschpunkten bewertet wurde. Bei Jims Entscheidungen hat das Vermeiden von Verlusten deutlich größeres Gewicht als das Erzielen von Gewinnen, das heißt, er ist eher risikoscheu.

Profi-Tip:

Die Form Ihrer persönlichen Wunschkurve gibt Aufschluß darüber, wie es um Ihre Risikobereitschaft bestellt ist, was die Abbildung auf Seite 182 gut veranschaulicht. Eine konvexe Kurve läßt auf eine risikoscheue Persönlichkeit schließen; je stärker die Kurve gebogen ist, um so risikoscheuer ist der Betreffende. Eine geradliniger verlaufende Kurve bedeutet, daß der Betreffende einem Risiko eher neutral gegenübersteht und eine konkave Kurve läßt den Rückschluß auf eine ausgeprägte Risikobereitschaft zu.

Hüten Sie sich vor diesen Fallen

Wir haben Ihnen nun einige zuverlässige logische Methoden vorgestellt, mit denen Sie Ihre Risikobereitschaft bei der Entscheidungsfindung berücksichtigen können. Sie sollen sich davor schützen, in alte Gewohnheiten zu verfallen oder über ganz übliche Fallstricke zu stolpern. Achten Sie auf folgendes:

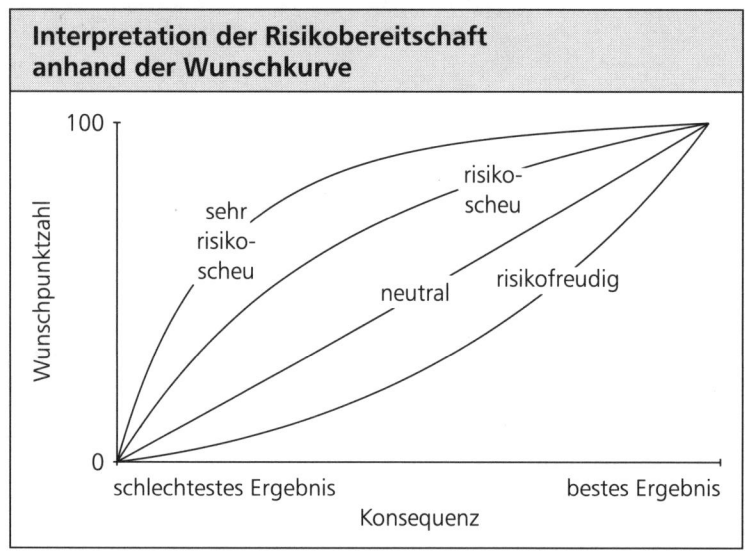

Interpretation der Risikobereitschaft anhand der Wunschkurve

Konzentrieren Sie sich nicht zu sehr auf das Negative

Manche Menschen schenken den negativen Folgen ihrer Entscheidung unverhältnismäßig viel Aufmerksamkeit, weil sie unangenehme Konsequenzen (und das damit verbundene Bedauern) unbedingt vermeiden möchten. Sie konzentrieren sich darauf, jegliche Schwierigkeiten zu vermeiden, selbst wenn diese wahrscheinlich überhaupt nicht eintreten. Häufig überwiegen aber die möglichen Vorteile die Risiken bei weitem. Die Lektion: Erwägen Sie alle Konsequenzen – nicht nur die nachteiligen!

Verfälschen Sie keinesfalls die Wahrscheinlichkeit und damit das Risiko

Manche Menschen stellen ihre Risikobereitschaft niedriger dar, bewußt oder unbewußt, indem sie, nur um ganz sicher zu gehen, das Eintreffen von Ergebnissen mit negativen Konsequenzen wahrscheinlicher und das Eintreffen von Ergebnissen mit positiven Konsequenzen unwahrscheinlicher darstellen. Das Risikoprofil wird durch diese pessimistische Grundhaltung verfälscht, und die getroffene Entscheidung ist vermutlich übervorsichtig. Die Lektion: Beurteilen Sie die Wahrscheinlichkeit nach deren eigenen Maßstäben und gehen Sie erst später gesondert auf Ihre Risikobereitschaft ein.

Setzen Sie sich mit Ungewißheiten auseinander

Manche Menschen treffen ihre Entscheidungen nur auf der Grundlage dessen, was ihnen am wahrscheinlichsten erscheint, und versuchen, komplexe Zusammenhänge dadurch aus der Welt zu schaffen, daß sie Ungewißheiten einfach ignorieren. Ohne sich mit einem Risikoprofil abzumühen, gehen sie einfach davon aus, daß die wahrscheinlichste Ereigniskette auch eintritt, und treffen unter dieser Voraussetzung beharrlich ihre Wahl. Geschieht dann etwas anderes als erwartet, haben sie eben Glück oder Pech gehabt. Das Problem ist, daß etwas anderes geschehen kann und wahrscheinlich auch wird. Bei einer erfolgreichen Entscheidungsfindung werden alle Möglichkeiten realistischer eingeschätzt. Die Lektion: Spielt Ungewißheit eine große Rolle, erstellen Sie für jede Alternative ein Risikoprofil, in dem der Kernpunkt der Ungewißheit berücksichtigt ist.

Vermeiden Sie übertriebenen Optimismus

Manche Menschen gehen nur davon aus, daß die wahrscheinlichste Ereigniskette eintrifft, andere hingegen sind auch noch davon überzeugt, daß die bestmögliche Ereigniskette eintrifft. Sie betrachten anstehende Entscheidungen durch eine rosarote Brille. Wunschdenken mag ein Charakterzug sein – wir alle haben Freunde und Verwandte, die unverbesserliche Optimisten sind – doch oft kommt Optimismus durch einen Mangel an gründlichem Nachdenken über sämtliche Eventualitäten zustande. So wird zum Beispiel ein Übergabetermin für ein bestimmtes Projekt festgelegt, ohne auch nur daran zu denken, was alles dazwischenkommen könnte. Die Lektion: Überlegen Sie gründlich und realistisch, was durchführbar ist und was dazwischenkommen könnte.

Gehen Sie riskanten Entscheidungen nicht aus dem Weg, nur weil sie komplex sind

Angesichts der Komplexität bestimmter Entscheidungen verfallen manche Menschen entweder in Nichtstun, lassen die Dinge wie sie sind, fällen eine Entscheidung nach dem Zufallsprinzip oder überlassen die Entscheidung anderen. Solche »Entscheidungen« berücksichtigen nur in den seltensten Fällen das eigene Ziel. Die Lektion: Verzweifeln Sie nicht. Auch Sie werden mit komplexen Entscheidungen zurechtkommen und eine kluge Wahl treffen können.

Vergewissern Sie sich, daß Ihre Mitarbeiter die Risikobereitschaft Ihres Unternehmens bei ihren Entscheidungen berücksichtigen

Regierungsbehörden, Unternehmen, Stadtverwaltungen, Familien usw. haben alle ein festes Maß an Risikobereitschaft. Ohne Anleitung und entsprechende Vorkehrungen kann es passieren, daß Mitarbeiter eines Unternehmens Entscheidungen treffen, die das Unternehmen einem zu großen Risiko aussetzen, oder daß günstige Gelegenheiten nicht wahrgenommen werden, weil die Verantwortlichen zu zurückhaltend handeln. Die Lektion: Vorgesetzte eines Unternehmens sollten ihre Untergebenen in drei Schritten anleiten, wie Risiken erfolgreich bewältigt werden. Erstens, zeigen

Sie anhand einer Kurve die Risikobereitschaft Ihres Unternehmens auf. Zweitens, vermitteln Sie die angemessene Risikobereitschaft, indem Sie Richtlinien für den Umgang mit in Ihrer Branche üblichen riskanten Entscheidungen erstellen. Drittens, überprüfen Sie, ob Leistungsprämien und ähnliches auf die Risikostrategie Ihres Unternehmens abgestimmt sind.

Eröffnen Sie neue Möglichkeiten durch Risikomanagement

Bei beruflichen und privaten Entscheidungen – besonders wenn dabei Geld eine große Rolle spielt – sind Sie möglicherweise mit solch hohen Risiken konfrontiert, daß Sie sich in Ihrer Haut nicht mehr wohl fühlen. Ist dies der Fall, gibt es Mittel und Wege, mit diesem Risiko so umzugehen, daß es für Sie akzeptabel ist.

Harry Heal, Inhaber eines kleinen Betriebs, von dem er recht gut leben kann, ist in einer riskanten Branche tätig und in einer schwierigen Situation. Er bohrt in der Nähe von Zanesville, Ohio, nach Erdgasquellen. Mit jeder Bohrung ist für ihn ein erhebliches Risiko verbunden: Stößt er nicht auf Erdgas, macht er einen Verlust von $ 125 000 für die Bohrkosten. Außerdem kann der Preis für Erdgas in einem halben Jahr um ganze 300 % schwanken.

Für den Umgang mit diesem Risiko hat sich Harry glücklicherweise einige Techniken aus der Finanzwelt aneignen können. Vielleicht sind auch Ihnen diese Techniken so hilfreich, daß Sie sie in Ihr persönliches Repertoire des Risikomanagements aufnehmen.

Teilen Sie das Risiko mit mehreren Personen

Birgt eine gute Gelegenheit ein zu hohes Risiko, sollten Sie es mit anderen teilen. In Harrys Fall zeigt das Risikoprofil für das Bohren nach Erdgas erhebliche Risiken: Die Wahrscheinlichkeit, nicht auf

Gas zu stoßen, beträgt 10 %, die Wahrscheinlichkeit, keine völlige Kostendeckung zu erzielen, liegt bei 30 %, die Wahrscheinlichkeit eines geringen Verlusts beträgt 20 %. In 10 % der Bohrungen ist der Zeitaufwand abgedeckt. Gewinn erzielt er in nur 30 % aller Fälle – auch wenn dieser durchaus sehr hoch sein kann.

Da sein Eigenkapital weniger als $ 750 000 beträgt, geht Harry das Risiko, $ 125 000 zu verlieren, nicht ein, wenn die Wahrscheinlichkeit, diese Summe oder den größten Teil davon zu verlieren, bei 40 % liegt. Deshalb teilt er das Risiko auf eine Gruppe von Investoren auf, die am Verlust und am Gewinn beteiligt sind. Harry selbst investiert $ 25 000, eine Summe, deren Verlust er verschmerzen kann, und hält so einen Anteil von 20 % an der jeweiligen Erdgasquelle.

Beschaffen Sie sich Informationen, die das Risiko schmälern

Versuchen Sie das Risiko zu schmälern, indem Sie sich Informationen beschaffen, die Ungewißheiten aus der Welt räumen können.

Um sein Risiko möglichst gering zu halten, sucht Harry Bohrplätze, die ein überdurchschnittlich gutes Risikoprofil aufweisen. Er hat es sich zur Gewohnheit gemacht, geologische Studien und Berichte über Erdgasquellen in der näheren Umgebung zu lesen. Ist er sich dennoch unsicher, gibt er eine seismologische Prüfung für etwa $ 12 000 in Auftrag, die einige der Ungewißheiten klären kann, wie zum Beispiel die Frage, ob und wieviel Erdgas vorhanden ist.

Schützen Sie sich vor dem Risiko

Stellen Fluktuationen der Markpreise oder Kurse (Kreditzinsen, Wechselkurse und ähnliches) ein beunruhigendes Risiko für Sie dar, sollten Sie sich davor schützen.

Die Schwankungen der Erdgaspreise wirken sich stark auf das monatliche Einkommen von Harry aus. Folgen mehrere Monate mit einem niedrigen Erdgaspreis direkt hintereinander, bekommt er dies deutlich zu spüren. Durch den Ankauf von Verträgen auf der Warenbörse, mit denen zukünftige Mindestpreise festgelegt werden, kann er mit dem Risiko leben. Alternativ kann er mit den Energieversorgungsunternehmen, die Erdgas von ihm kaufen, Verträge mit jährlicher Preisbindung abschließen. Harry verkauft normalerweise die Hälfte des Erdgases zu einem Festpreis und nimmt bei der anderen Hälfte die Marktschwankungen in Kauf.

Versichern Sie sich gegen das Risiko

Besteht ein Risiko aus einer zwar erheblichen, aber dennoch seltenen Gefahr, können Sie versuchen, sich dagegen zu versichern. Achten Sie jedoch darauf, nicht für jede Kleinigkeit eine unnötige Versicherung abzuschließen.

Harry müßte für Sach- oder Personenschäden durch eine Gasexplosion oder einen anderen Unfall in erheblicher Höhe haften. Auch wenn die Wahrscheinlichkeit einer solchen Katastrophe äußerst gering ist, könnte ihn ein größerer Unfall in den Bankrott treiben. Harry begegnet diesem Risiko mit einer entsprechenden Versicherung. Auf der anderen Seite hat er für seinen $ 18 000 teuren Kleinlastwagen nur die Haftpflichtversicherung abgeschlossen. Da er sich den Verlust des Wagens leisten kann, lohnt sich in seinen Augen eine Vollkasko- oder Diebstahlversicherung nicht.

Anwendung: Außergerichtlicher Vergleich oder Prozeß?

Karen und ihre Beraterin Jane haben den ausschlaggebenden Punkt in Karens Entscheidung herausgestellt: Karen braucht Geld, und diese Tatsache bestimmt ihre Risikobereitschaft. Aufgrund der

Risikobereitschaft

Annahme, daß Karen, die ohne das Geld aus dem Vergleich völlig verschuldet wäre, über ein Vermögen von mindestens $ 210 000 (Vergleichssumme abzüglich der Anwaltskosten) verfügen könnte, fragt Jane nach, wie Karen das Geld verwenden würde. Inwiefern würde es ihr Leben verändern? Karen hat die Antwort bereits parat.

»Darüber habe ich schon viel nachgedacht. Als erstes würde ich meine Schulden zurückzahlen: $ 50 000 aus meiner Studienzeit, $ 25 000 Arzt- und Behandlungskosten, die meine Krankenversicherung nicht übernommen hatte, und $ 8 000 Steuerschulden. Anschließend würde ich mich einer Schönheitsoperation unterziehen, damit die Narben im Gesicht nicht mehr so deutlich zu sehen sind, und von dem restlichen Geld würde ich mir einen Gebrauchtwagen kaufen und mir eine schönere Wohnung mieten, die natürlich auch etwas teurer wäre.«

»Was ist mit deiner Arbeit? Wieviel verdienst du eigentlich?«

»Wie Du weißt, habe ich keinerlei Aufstiegsmöglichkeiten. Ich bin auch nicht gerne im Vertrieb tätig und verdiene nur etwa $ 25 000 im Jahr. Am liebsten würde ich noch eine Ausbildung machen, damit ich anschließend eine bessere Stelle finden kann. Für die Schönheitsoperation müßte ich ja sowieso einige Zeit mit dem Arbeiten aufhören.«

Jane faßt zusammen: »Wenn du vor Gericht gehst und verlierst – was zwar nicht sehr wahrscheinlich, aber immerhin möglich ist – würde sich dein Leben ziemlich nachteilig verändern. Du hättest hohe Schulden, könntest dir nichts von dem leisten, was dich glücklicher machen würde, du müßtest deine jetzige Stelle und auch deine Wohnung behalten.«

Karen fällt ihr ins Wort: »Ganz zu schweigen davon, wie sehr ich mich erniedrigt fühlen würde, wenn ich den Prozeß verliere und mich immer darüber ärgern würde, daß ich die sicheren $ 210 000 ausgeschlagen habe. Im Moment sieht es zwar auch nicht gerade rosig aus, aber wenn ich den Prozeß verliere, wäre alles noch viel schlimmer.«

»Wer redet denn davon, daß wir den Prozeß verlieren?« blafft Sam dazwischen.

Jane fährt unbeirrt fort: »Sagen wir einmal, du gewinnst und hast anschließend viel mehr Geld. Was würdest du dann damit machen? Wie würde es dein Leben verändern? Wieviel glücklicher wärst du dann?«

»Ich würde genau das machen, was ich dir vorhin schon gesagt habe. Außer, daß ich mir dann eine Eigentums- und keine Mietwohnung suchen und mir einen Neuwagen leisten würde. Außerdem würde ich mir etwas zum Anziehen kaufen und Urlaubsreisen machen, zum Beispiel nach Europa. Und ich würde nicht nur eine Ausbildung machen, sondern studieren. Aber darauf lege ich nicht so viel Wert wie auf das, was ich mir für die $ 210 000 leisten würde.«

»Wieviel Geld mehr würde dich denn genauso glücklich machen wie die ersten $ 210 000?«

»Das müßte schon fast eine Million sein! Mindestens $ 800 000.«

Sam kann sich nicht mehr zurückhalten: »Das kann doch wohl nicht Ihr Ernst sein, Karen! Sie können doch nicht einfach $ 200 000 mit weiteren $ 800 000 gleichsetzen!«

»Doch, das ist mein voller Ernst! Ohne die $ 210 000 bin ich finanziell am Ende. Mit mehr Geld wäre ich reicher, aber ein schuldenfreier Neuanfang ist mir viel wichtiger.«

Es hat mir wirklich sehr geholfen«, wendet sich Karen an Jane, »daß du mich gezwungen hast, mir zu überlegen, wie risikobereit ich eigentlich bin und mit welchen Wahrscheinlichkeiten ich rechnen muß. Mir ist jetzt nicht nur klar, daß ich die $ 210 000 annehmen sollte, sondern ich bin mir absolut sicher, daß diese Entscheidung richtig ist. Wenn ich nur daran denke, was ich mit dem Geld alles anfangen kann und wie sich das auf meinen Seelenfrieden auswirkt, weiß ich, daß die Möglichkeit, im Prozeß mehr zu bekommen, es nicht wert ist, alles aufs Spiel zu setzen.«

Kurz bevor Sam das Gericht betrat, um den Vergleich anzunehmen, erhöhte die Gegenseite ihr Angebot auf $ 325 000. Sam nahm im Namen von Karen an, obwohl er ganz anderer Auffassung darüber war, was sie tun sollte.

Die Lektion aus der Anwendung

Die kluge Entscheidung wurde für Karen erst ersichtlich, nachdem sie ihre Risikobereitschaft hinterfragt hatte. Als sie sich aber gründlich damit befaßt hatte, wie wünschenswert ihr die möglichen Konsequenzen im Vergleich zueinander eigentlich wirklich waren, konnte sie ihre Entscheidung treffen, ohne weitere Untersuchungen anzustellen. Dies gilt für die meisten Entscheidungen, die einen Unsicherheitsfaktor enthalten. Die smarte Wahl stellt sich dann heraus, wenn wir die qualitative Bedeutung der Konsequenzen gründlich überdenken.

Hätte sich Karen trotz der qualitativen Auseinandersetzung mit den Risiken und Vorteilen nicht entscheiden können, hätte sie das Wunschpunktsystem anwenden können, das wir Ihnen in diesem Kapitel vorgestellt haben. Sie hätte allen möglichen Konsequenzen Wunschpunkte vergeben, daraus die Gesamtwunschpunktzahl des Prozesses bzw. des außergerichtlichen Vergleichs berechnet, und ihre Entscheidung anhand dieser Wunschpunkte getroffen.

Profi-Tip

Lassen Sie sich, wenn möglich, von anderen beraten und informieren, doch lassen Sie niemals zu, daß andere für Sie eine Entscheidung treffen.

Verknüpfte Entscheidungen

9

Verknüpfte Entscheidungen sind komplex

Viele wichtige Entscheidungen stellen Sie vor die Aufgabe, in der Gegenwart zwischen Alternativen zu wählen, die großen Einfluß auf Entscheidungen in der Zukunft haben werden. Die Wahl Ihres Hauptfaches an der Universität könnte beispielsweise Ihre späteren Karrieremöglichkeiten stark beeinflussen. Solche Entscheidungen nennt man verknüpfte Entscheidungen, d. h., um die klügste Entscheidung zum jetzigen Zeitpunkt treffen zu können, müssen Sie sich darüber klarwerden, welche Entscheidungsfragen sich in der Zukunft für Sie stellen könnten.

Selbstverständlich wirken sich all Ihre Entscheidungen auf Ihre Zukunft aus. Karens Entscheidung, die wir am Ende des letzten Kapitels erfahren haben, den Vergleich in ihrem Gerichtsverfahren anzunehmen, wird sich mit Sicherheit auf ihr weiteres Leben und zukünftige Optionen auswirken. Dabei wird es sich jedoch um völlig neue Entscheidungssituationen handeln. Wir möchten hier Entscheidungen betrachten, die zwangsläufig mit einer oder mehreren zukünftigen Entscheidungen zusammenhängen. Ein Arzt, zum Beispiel, der einen schwerkranken neuen Patienten behandelt, muß sich darüber im klaren sein, wie er auf eventuell auftretende Komplikationen reagieren kann, und inwieweit die aktuelle Therapie zukünftige alternative Therapiemöglichkeiten berücksichtigt oder ausschließt.

Bei verknüpften Entscheidungen wird mit der heute gewählten Alternative die Alternative von morgen geschaffen und bereits schon Einfluß darauf genommen, wie wünschenswert diese zukünftigen Alternativen sein werden. Zwischen verknüpften Entscheidungen können Jahre liegen, wie es bei der Wahl des Hauptfaches an der Universität und den sich später bietenden Berufschancen der Fall ist. Sie können jedoch auch nur Minuten voneinander entfernt sein, wie es bei einer Entscheidungskette der Fall ist, z. B. bei der Wahl des schnellsten Weges zur Arbeit während der Hauptverkehrszeit. Auf jeden Fall jedoch tragen verknüpfte Entscheidungen zu einer höheren Komplexität des Entscheidungsprozesses bei.

Beispiel:

Stellen Sie sich vor, Sie sind Marketingleiter eines Getränkeherstellers und haben die Aufgabe, einen neuen, mit Vitaminen angereicherten Fruchtsaft auf den Markt zu bringen. Ihnen ist klar, daß der Erfolg des neuen Getränks vom Marketingkonzept anhängt – das Zusammenspiel von Name, Preis, Verpackung, Werbung usw., womit sich das Produkt auf dem Markt seinen Platz erobern soll. Mit dem Marketingkonzept erschaffen Sie die Vorstellung, die sich der Verbraucher von dem Getränk machen wird, und deshalb beeinflussen Sie mit dem Konzept schon jetzt in erheblichem Maß, wer in welchen Mengen dieses Getränk kaufen wird.

Ihr ursprüngliches Marketingkonzept war, das Getränk als Durstlöscher für junge Leute einzuführen. Eine Marktforschungsstudie bestätigte, daß dies ein durchführbares Konzept sei – die Erfolgsaussichten bei der Zielgruppe seien gut. Die Studie erbrachte jedoch gleichzeitig, daß ein anderes, noch nicht vollständig ausgereiftes Konzept noch erfolgreicher sein könnte. Für dieses Marketingkonzept müßte das Produkt leicht abgeändert werden und als neuer Energy Drink für sportliche Erwachsene zwischen 25 und 55 Jahren vermarktet werden. Welches Konzept – Durstlöscher oder Energy Drink – soll nun gewählt werden? Der Unsicherheitsfaktor der Verbraucherakzeptanz ist in beiden Fällen vorhanden. Der Energy Drink könnte womöglich weit höhere Gewinne erbringen als der Durstlöscher, doch falls er sich als Ladenhüter erweisen würde, wären auch die Verluste wesentlich höher.

Bei der Bewertung, welches Marketingkonzept verfolgt werden soll, müssen Sie mögliche zukünftige Entscheidungen mit berücksichtigen. Haben Sie bereits einen Plan, falls sich die ersten Verkaufszahlen als herbe Enttäuschung erweisen? Starten

Sie eine neue Werbekampagne? Können Sie Geldmittel zur Verkaufsförderung im Einzelhandel bieten? Es wäre wahrscheinlich möglich, das Getränk als Energy Drink für die ältere Zielgruppe neu einzuführen, falls es sich als Durstlöscher schlecht verkauft. Falls jedoch der Energy Drink keine Verbraucherakzeptanz findet, ist es sehr unwahrscheinlich, daß er als Durstlöscher von der jüngeren Zielgruppe noch gekauft wird, selbst wenn Sie ihn anders vermarkten und verpacken. Die Wahl Ihres Konzepts ist also mit diesen zukünftigen Entscheidungen verknüpft.

Sie könnten natürlich noch eine weitere Marktforschungsstudie über den Energy Drink in Auftrag geben, bevor Sie sich endgültig für ein Konzept entscheiden. Sie erhielten zusätzliche Informationen, und der Unsicherheitsfaktor über die Verbraucherakzeptanz könnte sicher reduziert werden. Andererseits würde dies auch sehr viel Geld kosten und die Einführung des neuen Getränks verzögern, so daß die Gefahr besteht, daß in der Zwischenzeit ähnliche Produkte von anderen Anbietern auf den Markt gebracht werden. Wäre es das wert?

Die geschilderte Situation enthält alle Elemente verknüpfter Entscheidungen:

- Es muß jetzt eine grundsätzliche Entscheidung getroffen werden (Konzept).

- Wie erstrebenswert die jeweiligen Alternativen der grundsätzlichen Entscheidung sind, hängt von Unsicherheitsfaktoren ab (Verbraucherakzeptanz).

- Das Verhältnis, inwieweit die jeweilige Alternative erstrebenswert ist, wird von einer zukünftig zu treffenden Entscheidung mit beeinflußt (wie kann eine erfolglose Produkteinführung ins Gegenteil verwandelt werden), die sich stellt, wenn die Ungewißheit der ursprünglichen Entscheidung geklärt ist (Informationen über erste Verkaufszahlen liegen vor).

- Es besteht die Möglichkeit, Informationen zu sammeln (Marktforschung), bevor man die grundsätzliche Entscheidung treffen muß. Die Informationen könnten die Ungewißheit verringern und sich – hoffentlich – positiv auf die zukünftigen Entscheidungen auswirken. Allerdings hat dies seinen Preis (Zeit und Geld).

- Das typische Muster einer Entscheidungsfindung ist eine Entscheidungs- und Auswertungsabfolge, die sich beliebig fortsetzen läßt: Man trifft eine Entscheidung, danach wertet man die Ergebnisse aus; man trifft die nächste Entscheidung, wertet die nächsten Ergebnisse aus, und so weiter.

Treffen Sie kluge verknüpfte Entscheidungen durch Vorausplanung

Will man bei verknüpften Entscheidungen eine kluge Wahl treffen, muß man ihre Beziehungen zueinander verstehen. Entscheidungen, die mit einer grundsätzlichen Entscheidung verknüpft sind, können zwei Formen annehmen:

- Informationsentscheidungen werden üblicherweise vor der grundsätzlichen Entscheidung getroffen. Ihre Verknüpfung besteht darin, daß die Informationen, die Sie erhalten, helfen, bei der grundsätzlichen Entscheidung eine klügere Wahl zu treffen.

- Zukünftige Entscheidungen werden gefällt, nachdem sich die Konsequenzen einer grundsätzlichen Entscheidung bereits gezeigt haben. Ihre Verknüpfung besteht darin, daß die Alternativen, die in Zukunft zur Verfügung stehen, von der jetzigen Entscheidung abhängen.

Stellt man diese Beziehungen als eine Abfolge von Entscheidungen und Auswertungen dar (siehe Abbildung auf Seite 198 und 199), wird sowohl die Reihenfolge als auch die Einflußnahme der Entscheidungen aufeinander deutlich. Vorausplanung ist der Kernpunkt, wenn verknüpfte Entscheidungen klug getroffen werden sollen.

Profi-Tip:

Menschen, die verknüpfte Entscheidungen erfolgreich treffen, planen wie Schachspieler immer einige Entscheidungen voraus, bevor sie die aktuelle Entscheidung fällen. Nachdem die grundsätzliche Entscheidung getroffen wurde (ein Zug des Schachspielers) und sich die weitere Entwicklung zeigt (der Zug des Gegners, wodurch die momentane Ungewißheit gelöst wird), plant der Entscheidungsträger wieder einige Schritte voraus, bevor er die nächste Entscheidung trifft. Durch die schrittweise Fortführung dieses Musters bewegt man sich durch die Entscheidungskette auf das endgültige Ziel zu.

Sechs Schritte, um verknüpfte Entscheidungen zu zerlegen

Bei verknüpften Entscheidungen werden Sie oftmals mit unzähligen möglichen Kombinationen von Alternativen und Ergebnissen konfrontiert, die Sie unmöglich alle auf einmal berücksichtigen können. Der Kniff ist deshalb, die Gesamtsituation zu erfassen und sich anschließend nur auf die wichtigsten Gesichtspunkte zu konzentrieren.

Vereinfachen Sie Ihre Entscheidungssituation soweit, daß lediglich die wichtigen Grundbestandteile erhalten bleiben. So können Sie Ihre Situation vernünftig und effektiv überdenken. Folgende sechs Schritte werden Ihnen dabei als Leitfaden dienen:

Schritt 1: Verstehen Sie das grundsätzliche Entscheidungsproblem

Beginnen Sie mit den ersten drei Kernelementen unseres allgemeinen Ansatzes: Definieren Sie das Problem, spezifizieren Sie die Ziele und schaffen Sie Alternativen. Finden Sie danach die Ungewißheiten heraus, die sich auf die Konsequenzen der Alternativen auswirken. Ungewißheiten sind der springende Punkt bei verknüpften Entscheidungen. Ohne sie gäbe es keinen Grund, Entscheidungen und Auswertungen zu verknüpfen, da es zwischen den verschiedenen Entscheidungen nichts auszuwerten gäbe.

Stellen Sie eine Liste der Ungewißheiten zusammen. Danach kürzen Sie diese Liste, indem Sie nur die Ungewißheiten auswählen, die sich am stärksten auf die Konsequenzen auswirken. Diese Ungewißheiten sind die Anwärter für die Erstellung eines Risikoprofils, falls ein solches zu einem späteren Zeitpunkt erforderlich werden sollte. Für die weniger folgenschweren Ungewißheiten sollte eine realistische Einschätzung der Ergebnisse ausreichen. Es ist nicht erforderlich, jeden Unsicherheitsfaktor detailliert zu durchleuchten.

Bei unserem Marketingbeispiel ist die hervorstechende Ungewißheit, wie gut sich das Getränk verkaufen lassen wird. Im Vergleich dazu ist die Ungewißheit über die Herstellungskosten untergeordnet.

Schritt 2: Finden Sie Wege, entscheidende Unsicherheitsfaktoren zu reduzieren

Sammelt man vor der Entscheidung Informationen, geht man den Auswertungsschritt innerhalb der Entscheidungs-Auswertungs-Abfolge proaktiv an. Sie verschieben die anstehende grundsätzliche Entscheidung ganz bewußt, um Informationen zu sammeln, die zukünftige Ungewißheiten reduzieren oder gar lösen, und verbessern dadurch die Grundsatzentscheidung.

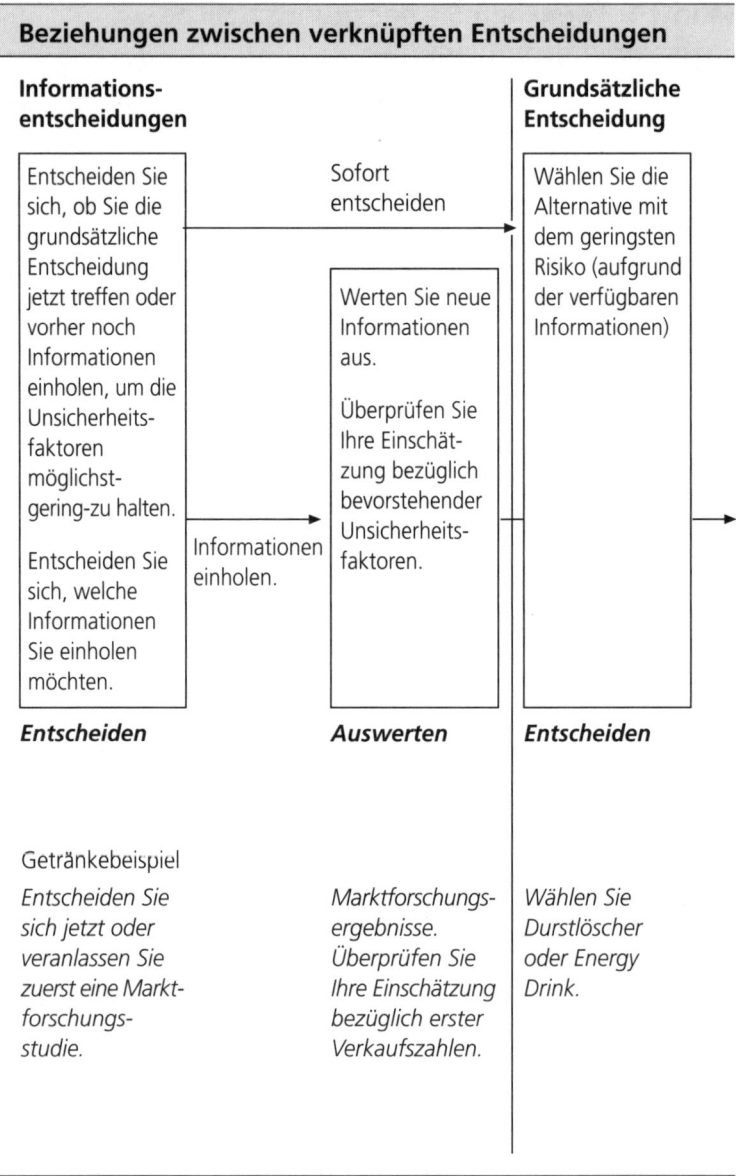

Beziehungen zwischen verknüpften Entscheidungen

Informations-entscheidungen

Grundsätzliche Entscheidung

Entscheiden Sie sich, ob Sie die grundsätzliche Entscheidung jetzt treffen oder vorher noch Informationen einholen, um die Unsicherheits-faktoren möglichst-gering-zu halten.

Sofort entscheiden

Wählen Sie die Alternative mit dem geringsten Risiko (aufgrund der verfügbaren Informationen)

Werten Sie neue Informationen aus.

Überprüfen Sie Ihre Einschät-zung bezüglich bevorstehender Unsicherheits-faktoren.

Entscheiden Sie sich, welche Informationen Sie einholen möchten.

Informationen einholen.

Entscheiden

Auswerten

Entscheiden

Getränkebeispiel

Entscheiden Sie sich jetzt oder veranlassen Sie zuerst eine Markt-forschungs-studie.

Marktforschungs-ergebnisse. Überprüfen Sie Ihre Einschätzung bezüglich erster Verkaufszahlen.

Wählen Sie Durstlöscher oder Energy Drink.

Zukünftige Entscheidungen

Werten Sie die Unsicherheitsfaktoren aus.

Überprüfen Sie Ihre Einschätzung bezüglich zukünftiger Unsicherheitsfaktoren.

Treffen Sie weitere Entscheidungen (unter Berücksichtigung dessen, was Sie bisher ausgewertet haben).

Werten Sie die Ergebnisse der zukünftigen Unsicherheitsfaktoren aus.

Auswerten

Entscheiden

Auswerten

Werten Sie die ersten Verkaufszahlen des gewählten Konzepts aus. Überprüfen Sie Ihre Einschätzung bezüglich zukünftiger Verkaufszahlen.

Ändern Sie die Marketingstrategie und/oder steigern Sie die Produktionskapazität und/oder stellen Sie die Produktion ein.

Werten Sie die zukünftigen Verkaufszahlen aus.

Bei der Strategieplanung zur Informationssammlung müssen Sie entscheiden, welche Informationen wichtig sind und wie sie gesammelt werden können:

- Schreiben Sie für jede entscheidende Ungewißheit auf, welche Informationen Ihnen hierbei dienlich wären, und machen Sie sich klar, inwiefern Sie Ihre Entscheidung aus anderer Sicht betrachten könnten, falls Ihnen die Informationen zur Verfügung stünden.

- Überlegen Sie sich, wie Sie die wichtigen Informationen erhalten können.

Nachdem Sie nun entschieden haben, welche Informationen wie gesammelt werden können, ist die nächste Überlegung hinsichtlich dieser Informationen, ob es sich wirklich lohnt, sie vor Ihrer Grundsatzentscheidung zu sammeln. Dazu kommen wir in Schritt 5.

Schritt 3: Erkennen Sie, welche zukünftigen Entscheidungen mit der Grundsatzentscheidung verknüpft sind

Um wichtige zukünftige Entscheidungen erkennen zu können, müssen Sie sich fragen, welche Alternativen Ihrer Grundsatzentscheidung welche Folgeentscheidungen nach sich ziehen. Bei verknüpften Entscheidungen sollten Sie alle zukünftigen Entscheidungen, die Sie sich vorstellen können, aufschreiben und Ihre Auflistung anschließend auf diejenigen kürzen, die Ihnen am wichtigsten erscheinen.

Wie weit sollten Sie vorausplanen, wenn Sie über mögliche zukünftige Entscheidungen nachdenken? Nicht allzu weit. Setzen Sie sich eine überschaubare Grenze, an der die zukünftigen Entscheidungen an die Konsequenzen Ihrer Grundsatzentscheidung anknüpfen. In den meisten Fällen wird es genügen, Ihre Grundsatzentscheidung und höchstens zwei Folgeentscheidungen zu berücksichtigen. Machen Sie es nicht zu kompliziert.

Schritt 4: Machen Sie sich die Beziehungen zwischen verknüpften Entscheidungen klar

Sie können einen Entscheidungsbaum zeichnen, der die Verknüpfungen zwischen Entscheidungen und auswertbaren Informationen deutlich macht. Der Baum sollte die Grundsatzentscheidung zusammen mit wichtigen Informationsentscheidungen und zukünftigen Entscheidungen enthalten. Zum Entwurf eines Entscheidungsbaumes können wir Ihnen folgende Empfehlungen geben:

- Achten Sie auf die zeitliche Reihenfolge: Was geschieht wann? Zu welchem Zeitpunkt sind Schlüsselinformationen verfügbar? Wann können Entscheidungen getroffen werden? Ordnen Sie die Antworten in einer Tabelle an, auf einer Zeitachse oder in einer Abbildung, wie auf Seite 198 und 199 dargestellt, um die Abfolge von Informationen, Ereignissen und Entscheidungen besser verstehen zu können. Die Vorausplanung der zeitlichen und logischen Reihenfolge von Entscheidungen und Informationssammlung sind die Kernpunkte, um verknüpfte Entscheidungen erfolgreich zu treffen.

- Konzentrieren Sie sich auf den Kern des Entscheidungsproblems: Entwerfen Sie den Entscheidungsbaum anhand Ihrer Aufzeichnungen. Beginnen Sie auf der linken Seite mit Informationsentscheidungen (falls vorhanden) und deren Ergebnissen; formulieren Sie Ihre Grundsatzentscheidung in der Mitte und tragen Sie anschließend auf der rechten Seite des Baumes zukünftige Entscheidungen und damit verbundene Ungewißheiten ein. Halten Sie den Baum möglichst einfach, damit er verständlich bleibt. Weitere Details, wie z. B. zusätzliche mögliche Ergebnisse von Ungewißheiten und weitere Alternativen, können Sie auch später noch – bei Bedarf – einbringen.

- Beschreiben Sie die Konsequenzen an den Endpunkten: Die Endpunkte des Baumes stellen die Konsequenzen dar, die

201

aus einer bestimmten Abfolge von Alternativen und Ergebnissen entstehen. In den Kapiteln 5 und 7 finden Sie Vorschläge, wie Sie die Konsequenzen jeder Abfolge in bezug auf Ihre grundsätzlichen Zielvorstellungen und unter Berücksichtigung von zukünftigen oder schon geschehenen Ereignissen beschreiben können.

Schritt 5: Entscheiden Sie, wie Sie hinsichtlich Ihrer Grundsatzentscheidung vorgehen sollten

Versetzen Sie sich gedanklich in die Zukunft und arbeiten Sie sich dann zurück zum gegenwärtigen Problem, um Ihre Grundsatzentscheidungen zu »lösen«. Nehmen Sie Ihren Entscheidungsbaum zu Hilfe. Beginnen Sie am rechten Ende des Baumes und arbeiten Sie sich zurück zum Ausgangspunkt. Überlegen Sie an jedem Entscheidungspunkt gründlich, welche Wahl Sie treffen würden, wenn bzw. falls Sie jemals an diesen Punkt gelangen. Streichen Sie die Äste Ihrer Skizze durch, die für nicht gewählte Alternativen stehen. Arbeiten Sie sich soweit zurück, bis Sie an den Alternativen zu Ihrer Grundsatzentscheidung angekommen sind. Sie haben nun bereits einen Plan für sämtliche Alternativen entworfen und können sie daher viel einfacher bewerten.

Profi-Tip:

Falls Sie im Verlauf dieser Vorausplanung an einen Punkt gelangen, an dem Ihnen eine Entscheidung schwerfällt, gehen Sie am besten nach den Methoden vor, die wir in den Kapiteln 6 bis 8 zur Definition von Kompromissen, Ungewißheiten und Risikobereitschaft in Zahlenwerten beschrieben haben. Aber denken Sie daran: Beschränken Sie sich dabei nur auf das Notwendige. Drücken Sie immer nur jeweils ein Element in Zahlen aus, und prüfen Sie danach jedesmal, ob die Entscheidung dadurch nicht schon auf der Hand liegt.

Ihre Grundsatzentscheidung schließt auch die Entscheidung darüber ein, ob und welche Informationen erforderlich sind. Dazu nehmen Sie die Liste zur Hand, die Sie in Schritt 2 erstellt haben. Danach schätzen Sie ab, wieviel die Beschaffung jeder Information kostet und wieviel Nutzen sie bringt. Die Kosten schließen sowohl Geld als auch Mühe, Zeit, Unbequemlichkeit und Verzögerungen ein.

Der Nutzen der zusätzlichen Informationen wird nur dann ersichtlich, wenn Sie sich klarmachen, wie Sie sich ohne die Zusatzinformation entscheiden würden. Neue Informationen sind nur dann wertvoll, wenn sich die Entscheidung dadurch ändern könnte. Falls Ihre Grundsatzentscheidung ungeachtet der neuen Informationen dieselbe bliebe, lohnt es sich nicht, diese Informationen einzuholen.

Profi-Tip:

Führen Sie einen schnellen und effektiven Test durch, um Alternativen zur Informationsbeschaffung auszusortieren: Fragen Sie sich, was es Ihnen wert wäre, die Ungewißheit vollständig zu klären. Kostet eine Alternative zur Informationsbeschaffung mehr, können Sie sie bedenkenlos streichen.

Schritt 6: Betrachten Sie spätere Entscheidungen als neue Entscheidungsprobleme

Die Zeit arbeitet für Sie. Nachdem Sie für Ihre Grundsatzentscheidung eine Alternative gewählt haben (den Durstlöscher) und neue Informationen auswerten konnten (das Produkt läßt sich nicht gut verkaufen), stehen Sie vor der Frage, wie es nun weitergehen soll. Unabhängig davon, wie gut Sie sich vorbereitet haben, sollten Sie die Situation noch einmal überdenken, wenn Sie tatsächlich vor einer Folgeentscheidung stehen. Die Umstände und Ihr Standpunkt haben sich eventuell geändert, und da inzwischen einige Zeit vergangen ist, können Sie von Ihrem jetzigen Standpunkt weiter vorausschauen als vorher.

Nutzen Sie neu gewonnene Einsichten zum besseren Verständnis des neuen Entscheidungsproblems und zur besseren Vorausplanung. Was einmal als zukünftige Entscheidung betrachtet wurde, ist jetzt eine neue Grundsatzentscheidung.

Mit flexibler Planung halten Sie sich alle Möglichkeiten offen

Sind die Ungewißheiten sehr hoch und die momentanen Umstände wechselhaft, können zukünftige Entscheidungen selten zuverlässig geplant werden. Notärzte, Feuerwehrmänner, Nachrichtenreporter und Unternehmensmanager zählen zu der Personengruppe, die sich oft in kurzlebigen, ständig wechselnden Situationen wiederfindet. Hier empfiehlt es sich, eine flexible Planung vorzunehmen, die es Ihnen ermöglicht, das beste aus den sich ergebenden Umständen zu machen. Flexible Planungen halten Ihnen viele Möglichkeiten offen.

Verschiedene Formen flexibler Planung sind:

- Allwetterpläne: Wie Allwetterreifen sind auch Allwetterpläne für beinahe jede Situation geeignet, jedoch selten die Optimallösung für eine ganz bestimmte Situation. Sie stellen eine Kompromißstrategie dar. In äußerst wechselhaften Situationen mit hohem Risiko des völligen Mißerfolgs ist ein derartiger Plan oft der sicherste.

- Kurzzeitpläne: Mit dieser Strategie treffen Sie bereits am Anfang die bestmögliche Wahl, die Sie im späteren Verlauf sehr häufig erneut bewerten und dann in Frage stellen. Unternehmensmanager bedienen sich dieser Planung, indem sie einen Ein-Jahres-Plan aufstellen, der unter Berücksichtigung der zwischenzeitlichen Unternehmensentwicklung vierteljährlich überprüft wird.

- Optionsverbesserer: In manchen Fällen ist der beste Plan der, mit dem die Auswahl an zukünftigen Alternativen vergrößert wird. Hat ein Computerhersteller zum Beispiel nur einen einzigen Chipzulieferer, wird er vielleicht erwägen, die Anzahl seiner Zulieferer zu erhöhen. Er könnte um die 90 % der Chips von seiner ersten Quelle beziehen und jeweils 5 % von neuen Zulieferern. Gibt es später einmal Probleme in der Lieferkette seines ersten Zulieferers, könnten schnell Alternativen geschaffen werden. Der Einkauf bei drei Zulieferern kostet den Hersteller zwar etwas mehr, doch langfristig gesehen könnte dies einmal die Rettung seines Geschäftes bedeuten.

- Auf alles vorbereitet sein: Diese Art von Hintergrundplänen hilft Ihnen dabei, auf alle möglichen Eventualitäten vorbereitet zu sein. Die meisten Menschen haben zum Beispiel Pflaster und die wichtigsten Medikamente für den Notfall in ihrem Arzneischränkchen, oder eine Flasche Wein oder eine Tasse Kaffee parat, falls Freunde vorbeischauen. Denken Sie daran, daß der Erfolg sich oft von selbst einstellt, wenn man gut vorbereitet eine günstige Gelegenheit ergreifen kann.

Anwendung: Sollte Dan den Arbeitsplatz wechseln?

Dan Morgan muß sich schnell entscheiden. Sein derzeitiger Arbeitsplatz wird immer unsicherer, doch das verlockende neue Stellenangebot birgt Fallstricke.

Dan, 52, und seine Frau Doris, 45, haben zwei Kinder: die sechzehnjährige Sarah und den dreizehnjährigen Nick. Die Familie wohnt in einem gemütlichen Haus in Arlington bei Boston. Doris ist Grundschullehrerin und arbeitet in einer nahegelegenen Stadt. Sie empfindet die Arbeit mit den Grundschülern als sehr anstrengend und fühlt sich mit ihrem Jahresgehalt von $ 42 000 unterbezahlt.

Dan ist Computerspezialist, jedoch leider kein Ingenieur oder Informatiker, und verkauft Software für die Firma Omega. Früher war die Firma sehr erfolgreich, doch mittlerweile sind schwere Zeiten angebrochen. Während der letzten drei Jahre sind schon einige Vertriebsmitarbeiter entlassen worden und Dan glaubt, daß es nur noch eine Frage der Zeit ist, bis auch ihm gekündigt oder nahegelegt wird, frühzeitig in den Ruhestand zu treten.

Dans Jahresgehalt beläuft sich auf $ 50 000, zuzüglich Provisionen und Prämien, die von $ 40 000 in den letzten Jahren auf momentan $ 15 000 zurückgegangen sind. Dennoch fühlen sich die Morgans mit dem zusätzlichen Gehalt von Doris in finanzieller Hinsicht sicher. Aber was wäre, wenn Dan gekündigt wird? Eine vergleichbare Arbeitsstelle wäre in seinem Alter schwer zu finden.

Eine neue Möglichkeit kommt ins Spiel: Dan hat schon häufig mit Bill Brown zusammengearbeitet, Teilhaber eines aufstrebenden Computer-Netzwerkunternehmens, DotCom Communications in Amherst (Massachusetts), dessen Sitz ungefähr 150 Kilometer entfernt ist. Brown hat Dan eine Stelle im Software- und Systemvertrieb angeboten. Sein Jahresgehalt beliefe sich auf $ 60 000, zuzüglich Provisionen zwischen $ 10 000 und $ 40 000 pro Jahr. DotCom expandiert, und Dan ist der Meinung, daß seine Zukunft relativ gesichert wäre, wenn er das Angebot annehmen würde. Da DotCom sehr kurzfristig einen neuen Mitarbeiter einstellen muß, hat Dan nur eine Woche Zeit, allerhöchstens drei, um sich zu entscheiden, ob er das Angebot annimmt.

Dan und Doris treffen alle schwerwiegenden Entscheidungen, die die Familie betreffen, gemeinsam, und diese Entscheidung ist zweifellos schwerwiegend. Sie machen sich also an die Arbeit.

Ziele

Dan und Doris stellen eine Zieleliste zusammen, die alle erdenklichen Punkte umfaßt, die für das Glück der Familie wichtig sind:

- Qualität von Dans Arbeit

- Qualität von Doris' Arbeit

- Dans Bezahlung

- Doris' Bezahlung

- Wohnqualität für die Familie

- Kulturelles Angebot, Infrastruktur und Einkaufsmöglichkeiten

- Qualität von Sarahs Ausbildung

- Qualität von Nicks Ausbildung

- Sozialkontakte und Freizeitangebot für Sarah

- Sozialkontakte und Freizeitangebot für Nick

Alternativen

Den Morgans ist klar, daß es zwei grundsätzliche Alternativen gibt: Sie können bleiben, das heißt, Dan verzichtet auf das Angebot von DotCom und hofft, seine jetzige Arbeitsstelle bei Omega zu behalten; oder sie können sich verändern, das heißt, Dan nimmt das Angebot von DotCom an, und die Familie hofft, daß dies sich für alle als positiv erweisen wird.

Die Familie spaltet sich in verschiedene Lager auf: Sarah und Nick sind unbedingt dafür, in Arlington zu bleiben, obwohl ihnen klar ist, daß auch sie schwer davon betroffen wären, falls ihr Vater seine Stelle verlieren sollte. Sie müßten sich vielleicht einen Nebenjob suchen, um die Familie zu unterstützen; die Pläne für die Sommerferien sähen ganz anders aus und, der wichtigste Gesichtspunkt, die Auswahl an Universitäten wäre sehr begrenzt. Doris ist unschlüssig. Sie würde ihrer Arbeitsstelle zwar sehr gerne den Rücken kehren, doch war Arlington viele Jahre lang ihr Zu-hause, und sowohl ihre als auch Dans Eltern wohnen in der Nähe. Dan möchte eigentlich ganz gerne umziehen. Für ihn ist es die Möglichkeit, sich neuen Herausforderungen zu stellen und nach den Arbeitsplatzsorgen der letzten Zeit einen Neuanfang zu wagen.

Unsicherheitsfaktoren

Dan und Doris stehen beide ratlos vor den vielen Unsicherheitsfak-toren, mit denen sie sich auseinandersetzen müssen.

- Wie sicher ist Dans derzeitiger Arbeitsplatz? Werden seine Provisionen wieder steigen, gleichbleiben oder weiter sin-ken? Wird er entlassen oder in den Ruhestand versetzt wer-den? Falls ja, wann?

- Wird Dan viel auf Reisen gehen müssen, wenn er das Ange-bot annimmt? Wird er dem gewachsen sein? Wie verläßlich sind die Angaben über die Provisionen? Dan versteht sich gut mit Brown, doch er wird auch mit Browns Partner Jack Carney arbeiten müssen, der einen launischen und un-freundlichen Eindruck macht. Werden sie miteinander aus-kommen?

- Wird Doris eine befriedigende Arbeitsstelle in oder um Am-herst finden, falls die Familie umzieht?

- Sarah, der die Vorstellung umzuziehen gar nicht behagt, will Arlington nicht verlassen. Wie wird sie sich einleben? Wird die Schule in Amherst ebensogut wie ihre jetzige sein? Sarah nimmt Cellostunden und macht außergewöhnliche Fortschritte. Wird sie weiterhin einen so guten Unterricht er-halten können?

- Wie wird sich Nick einleben? Er hat sich in seiner Schule auf die Fächer Wissenschaft und Computerprogramme spezialisiert, und sein Herz hängt an der Fußballmannschaft seiner Schule, in der er natürlich mitspielt. Werden in der neuen Schule ebenso gute Wissenschaftsfächer und Sportangebote verfügbar sein wie in Arlington?

Informationsentscheidungen

Doris schlägt eine kreative Alternative vor, um aus dieser Sackgasse herauszufinden: Ausprobieren. Um diese Alternative ergreifen zu können, erkundigt sich Dan nach der Möglichkeit, bei Omega ohne Bezahlung freigestellt zu werden und für eine begrenzte Zeit bei DotCom zu arbeiten. So könnte er sich einige wichtige Informationen beschaffen, müßte aber andererseits auch zusätzliche Unsicherheitsfaktoren in Kauf nehmen.

Omega wäre bereit, Dan sechs Monate freizustellen und ihn wahrscheinlich danach wieder einzustellen. Aber nur, falls der Vertrag mit einem ihrer Hauptkunden, dem Verteidigungsministerium (DOD), im August erneuert werden würde. Für den Fall, daß Dan bei Omega bliebe und Omega den Vertrag bekäme, wäre Dans Arbeitsplatz garantiert für mindestens drei Jahre gesichert. DotCom wiederum ließe sich nach einigem Zögern auf einen zeitlich begrenzten Vertrag ein, würde Dan aber nicht garantieren, daß er nach der sechsmonatigen Probezeit auch angestellt würde. Er könnte sich natürlich intern bewerben, aber DotCom behielte sich das Recht vor, auch andere Bewerber in Betracht zu ziehen.

Die Familie Morgan muß sich innerhalb einer Woche entscheiden, ob sie sich auf das Wagnis einlassen möchte: sechs Monate Freistellung ohne jegliche Garantie. Die Familie hat sich überlegt, wie sie die nächsten Monate leben würde, nähme Dan die Arbeit bei DotCom entweder gleich fest oder vorübergehend an. Sie würden alle bis zum Ende des Schuljahres im Juni in Arlington bleiben. Die Anfahrtszeit zur Arbeit betrüge zwei Stunden, deshalb würde sich

Verknüpfte Entscheidungen

Dan ein Apartment in der Nähe von DotCom nehmen. Ein oder zwei Tage pro Woche könnte er per Modem und Fax von zu Hause aus arbeiten, er wäre also nur drei oder vier Tage in der Woche von zu Hause weg.

In den nächsten Schulferien könnte Doris sich um mögliche Arbeitsplätze in Amherst und Umgebung kümmern. Falls sich Dan für das Ausprobieren entscheidet, würden sie sich im Sommer ein Haus mieten. So hätten sie alle die Gelegenheit herauszufinden, was ein Umzug mit sich bringen würde. Falls Sarah nach dem Sommer immer noch darauf bestünde, in Arlington zu bleiben, könnte sie während des Schuljahres bei einer guten Freundin wohnen, bis sie mit der Schule fertig ist. Während des Sommers würden ihre Eltern versuchen, ihr das neue Zuhause mit Reitstunden schmackhaft zu machen. Falls die Familie im kommenden September umziehen sollte, müßte Nick mit ihnen gehen, ob er nun wollte oder nicht. Auch wenn die Fußballmannschaft in Amherst nicht ganz so gut sein sollte wie die in Arlington, könnte er auf jeden Fall spielen.

Zeitplan

Entscheidet sich die Familie nun entweder für die Veränderung oder das Ausprobieren, wird sie bis August auf alle Fälle etwas über Dans neue Arbeit, die Arbeitsmöglichkeiten für Doris und die Reaktionen der Kinder wissen. Sie werden außerdem wissen, ob das Verteidigungsministerium seinen Vertrag mit Omega verlängert hat.

Ende August wird Dan mit diesen zusätzlichen Informationen vor der nächsten Entscheidungsrunde stehen. Falls er bei Omega geblieben ist und der DOD-Vertrag nicht zustande kam, wird er arbeitslos; er könnte sich dann erkundigen, ob DotCom noch immer eine Stelle anbietet. Falls er zu DotCom gewechselt hat und seine Familie oder er glauben, dies wäre eine Fehlentscheidung gewesen, und der DOD-Vertrag wurde erneuert, könnte er Omega fragen, ob sie ihn wieder einstellen. So kann er sich je nach Entwicklung der Umstände entweder dazu entscheiden, zu Omega zurückzukehren oder bei DotCom zu bleiben.

Anfang September steht auf jeden Fall fest, ob und wo Dan Arbeit hat. Falls er im September keine der beiden Arbeitsstellen hat, wird er sich um einen anderen Arbeitsplatz bemühen müssen. Allerdings wird das Angebot an Arbeitsplätzen für ihn nicht sonderlich vielversprechend sein, da jüngere Mitbewerber zu niedrigerem Gehalt wahrscheinlich bevorzugt werden.

Dan und Doris fassen die Abfolge von Entscheidungen und Auswertungen, die während der nächsten neun Monate erfolgen müssen, in dem auf Seite 212 und 213 abgebildeten Zeitplan zusammen.

Entscheidungsbaum

Zur weiteren Entscheidungshilfe erstellt Dan einen Entscheidungsbaum – siehe Seite 214 – der die Abfolge der zu treffenden Entscheidungen und der auszuwertenden Informationen von jetzt bis Ende September zeigt. Er kennzeichnet jede Entscheidung mit einem Kästchen, jeden Unsicherheitsfaktor mit einem Kreis und jede Konsequenz mit einem Buchstaben.

Dan und Doris nehmen den Entscheidungsbaum genau unter die Lupe. Bei ihrer ersten Entscheidung (Entscheidung 1) stehen drei Alternativen zur Auswahl: Bei Omega bleiben, zu DotCom wechseln oder Ausprobieren (ein vorübergehender Wechsel zu DotCom aufgrund der sechsmonatigen Freistellung von Omega). Bleibt Dan, weiß er Mitte August, ob der Vertrag mit dem Ministerium erneuert wurde (Unsicherheitsfaktor 4). Wenn ja, bleibt er bei Omega (Entscheidung 8). Wenn nicht, verliert er seine Stelle bei Omega und muß prüfen, ob die Stelle bei DotCom noch frei ist (Entscheidung 9) und würde dies Anfang September erfahren (Unsicherheitsfaktor 16). Wenn ja, würde er die Stelle annehmen. Die Konsequenz dieses Weges ist mit B gekennzeichnet. Falls keine

Verknüpfte Entscheidungen

Der Zeitplan für die Entscheidung der Familie Morgan

Februar	Februar bis Juni	Juli bis August	August
Entscheiden	*Auswerten*	*Auswerten*	*Auswerten*
Bei Omega bleiben			DOD-Vertrag?
Ausprobieren	Wie ist die Arbeit bei DotCom: Dienstreisen? Carney? Angebot an Lehrerstellen? Andere Lehrberufe?	Lebensstandard? Wohnqualität, Infrastruktur? Eingewöhnung von Sarah Eingewöhnung von Nick	
Zu DotCom wechseln	Wie ist die Arbeit bei DotCom: Dienstreisen? Carney? Angebot an Lehrerstellen? Andere Lehrberufe	Lebensstandard? Wohnqualität, Infrastruktur? Eingewöhnung von Sarah Eingewöhnung von Nick	

Anfang September	September	Nach September
Entscheiden	*Auswerten*	*Entscheiden und Auswerten*
Falls »kein« DOD, bei DotCom versuchen	Reaktion von DotCom	
Falls »ja« bei DOD, DotCom oder Omega	Reaktionen von DotCom und Omega	Falls »nein« bei Omega und DotCom, neuen Arbeitsplatz suchen
DOD-Vertrag?		
DotCom oder Omega	Reaktionen von DotCom und Omega	DotCom, neuen Arbeitsplatz suchen
DOD-Vertrag?		

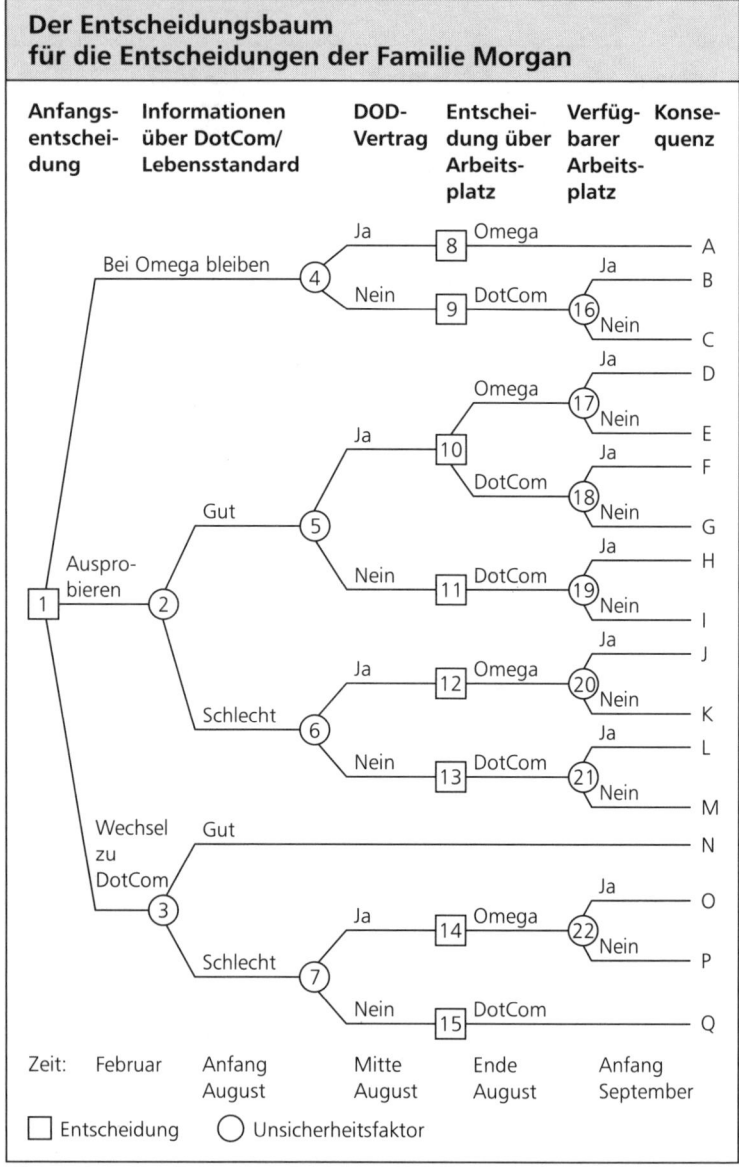

**Der Entscheidungsbaum
für die Entscheidungen der Familie Morgan**

Anfangs-entscheidung / Informationen über DotCom/Lebensstandard / DOD-Vertrag / Entscheidung über Arbeitsplatz / Verfügbarer Arbeitsplatz / Konsequenz

Bei Omega bleiben — Ja — 8 Omega — A
Nein — 9 DotCom — 16 — Ja — B / Nein — C
Gut — 5 — Ja — 10 — Omega — 17 — Ja — D / Nein — E
DotCom — 18 — Ja — F / Nein — G
Nein — 11 DotCom — 19 — Ja — H / Nein — I
Schlecht — 6 — Ja — 12 Omega — 20 — Ja — J / Nein — K
Nein — 13 DotCom — 21 — Ja — L / Nein — M
Wechsel zu DotCom — 3 — Gut — N
Schlecht — 7 — Ja — 14 Omega — 22 — Ja — O / Nein — P
Nein — 15 DotCom — Q

Zeit: Februar / Anfang August / Mitte August / Ende August / Anfang September

☐ Entscheidung ◯ Unsicherheitsfaktor

214

Stelle frei wäre, träte Konsequenz C ein, das hieße, an diesem Punkt wäre er vermutlich in großen Schwierigkeiten und müßte sich nach einer anderen Arbeit umsehen, was sich als schwierig erweisen könnte. Wählt Dan die Alternative »Wechseln« bei Entscheidung 1, weiß er Anfang August, ob die Arbeit bei DotCom ihm und das Leben in Amherst seiner Familie gefallen (Unsicherheitsfaktor 3). Erweist sich die Situation als schlecht und Omega erhält den DOD-Vertrag (Unsicherheitsfaktor 7), könnte sich Dan bezüglich seines vorherigen Arbeitsplatzes wieder an Omega wenden (Entscheidung 14). Falls der Vertrag nicht zustande kommt, arbeitet Dan gemäß Konsequenz Q weiter bei DotCom, sieht sich aber ab diesem Zeitpunkt nach einer neuen Stelle um.

Selbst die komplexen Gegebenheiten der Alternative »Ausprobieren« können mit Hilfe des Entscheidungsbaumes übersichtlich dargestellt werden.

Nachdem sie alle Wege innerhalb des Entscheidungsbaumes durchdiskutiert haben, legen Dan und Doris eine wohlverdiente Kaffeepause ein. »Also, Liebling«, fragt Dan, »was sollen wir tun?«

»Der Baum war sehr hilfreich«, antwortet Doris. »Man erkennt auf einen Blick unser Entscheidungsproblem, was wir wissen und was nicht, wann wir mehr Informationen erhalten, und was wir dann als nächstes tun können. Meine berufliche Laufbahn und wie sich die Kinder einleben, ist jedoch überhaupt nicht berücksichtigt.«

»Das ist natürlich sehr wichtig, aber ich habe diese Punkte unter dem einen großen Unsicherheitsfaktor: ›Was ist gut oder schlecht für die Familie als Ganzes?‹ zusammengefaßt, sonst wird der Baum zu umfangreich, um damit arbeiten zu können.«

»Wo genau werden dann meine Anliegen und die der Kinder in unserem Baum berücksichtigt?«, fragt Doris.

»Deine und meine Anliegen und die Auswirkungen unserer Entscheidung auf die ganze Familie werden in den Konsequenzen A bis Q am Ende des Entscheidungsbaumes in Betracht gezogen«, erklärt Dan. »Jede dieser Konsequenzen faßt zusammen, wie gut das Endergebnis des entsprechenden Weges innerhalb des Baumes für uns ist.«

»Ich verstehe. Konsequenz A ist für die Familie großartig, B ist ganz gut und M ist schlecht. Aber einige sind wesentlich unsicherer als andere, schau dir nur einmal Konsequenz E an. Wir probieren es aus, mit DotCom geht alles sehr gut, der DOD-Vertrag kommt zustande, und du wendest dich an Omega, aber sie haben die Stelle schon an einen anderen vergeben. Bei Konsequenz E würdest du versuchen, mit DotCom einen langfristigen Arbeitsvertrag abzuschließen. Aber was, wenn sie das nicht tun?«

»Das ist ihr Druckmittel, um mich dazu zu bringen, ihr Angebot gleich anzunehmen.«

»Und es kann ja auch sein, daß du mit ihnen zufrieden bist, sie aber nicht mit dir«, zieht Doris ihn auf.

Dan lächelt. »Ja, wahrscheinlich. Nun gut, auch mit Konsequenz E wird es irgendwie weitergehen. Wir können den Baum von dieser Stelle aus immer noch erweitern, ihn zur Seite ausdehnen und uns weitere Möglichkeiten ausdenken. Auf alle Fälle ist es jetzt wichtig, die Konsequenzen A bis Q danach zu bewerten, wie erstrebenswert sie für uns als Familie sind. Ich glaube, das ist nicht schwer.«

»Falls wir bleiben, wäre C das Schlimmste, was uns passieren könnte.«

»Und falls wir umziehen, könnten wir bei Konsequenzen P und Q enden, was auch nicht gut wäre. Aber diese sind trotzdem nicht so schlimm wie C, denn selbst wenn wir es alle furchtbar fänden, hätte ich wenigstens Arbeit bei DotCom. Ich glaube, wir müssen uns vor allem über zwei Dinge klar werden: Erstens, mit welcher Wahrscheinlichkeit treten die Ungewißheiten ein? Und zweitens, wie erstrebenswert sind die verschiedenen Konsequenzen im Verhältnis zueinander?«

»Einverstanden«, sagt Doris.

»Falls uns unser Baum nicht ausreicht, um uns zu entscheiden, werden wir uns ein Zahlensystem ausdenken müssen, damit wir einen echten Vergleich anstellen können. Allerdings sollten wir uns dabei auf die Faktoren beschränken, die für die Entscheidung relevant sind. Meiner Meinung nach gibt es in unserer Situation zwei Hauptungewißheiten. Ich habe ziemlich lange darüber nachgedacht, wie wir sie als Wahrscheinlichkeiten ausdrücken können. Bist du bereit?«

Doris nickt und Dan fährt fort: »Erstens, wie stehen die Chancen, daß Omega den DOD-Vertrag erhält? Zuerst dachte ich, daß die Chancen fünfzig zu fünfzig stehen, aber die meisten meiner Kollegen halten das für sehr optimistisch. Deshalb rechne ich jetzt mit nur 30 %.«

»Das ist beunruhigend. Ich dachte eher an 80 oder 90 %. Ich finde, das macht unsere Gage schon wesentlich deutlicher.«

»Ja«, stimmt Dan zu, »das habe ich mir schon gedacht. Und die Wahrscheinlichkeit meines zweiten Unsicherheitsfaktors ist womöglich ausschlaggebend.«

»Daß dir bei der Alternative »Ausprobieren« gefällt, was du vorfindest, und du DotCom um einen dauerhaften Arbeitsvertrag bittest?«

»Ganz genau. Ich würde sagen, es gibt eine 25 %ige Chance, daß sie mich ablehnen. Vielleicht finden sie jemanden, der besser oder billiger ist, oder ich erfülle ihre Erwartungen nicht. Vielleicht verstehe ich mich auch mit Carney nicht und er stimmt gegen mich. Ja, 25 % klingt realistisch.«

»Das genügt mir,« sagt Doris. »Ich weiß jetzt, was ich will und schreibe meine Entscheidung auf.«

»Ich glaube, ich weiß es auch: Wir entscheiden uns dazu, das Angebot von DotCom gleich anzunehmen. Hast du dir das gleiche aufgeschrieben?«

»Ja, sicher. Aber laß uns bitte folgendermaßen vorgehen: Wir erzählen den Kindern und unseren Familien, wie wir uns entschieden haben, aber DotCom und Omega lassen wir noch ein paar Tage warten. Mal sehen, ob wir die nächsten Nächte gut schlafen können. Wenn wir doch noch Zweifel bekommen, müssen wir, so unrecht mir das wäre, noch einige weitere Faktoren in Zahlen ausdrücken.«

Die Lektion aus der Anwendung

Dan und Doris sind ihr verknüpftes Entscheidungsproblem gemäß den sechs Schritten, die wir in diesem Kapitel dargelegt haben, angegangen. Sehen wir uns die Methode noch einmal in der Praxis an.

- *Schritt 1: Verstehen Sie das grundsätzliche Entscheidungsproblem:* Die Grundsatzentscheidung der Morgans war, ob Dan bei Omega bleiben oder zu DotCom wechseln sollte. Im Verlauf der Diskussionen listeten Doris und Dan die Ziele aller Familienmitglieder sowie etwa ein Dutzend Unsicherheitsfaktoren auf. Anschließend kürzten sie die Unsicherheitsfaktoren auf nur noch vier, um sich auf ihr Problem konzentrieren zu können und es übersichtlicher zu halten.

- *Schritt 2: Finden Sie Wege, entscheidende Unsicherheitsfaktoren zu reduzieren:* Dan und Doris schufen die Alternative »Ausprobieren«, um Informationen zu den gegebenen Unsicherheitsfaktoren zu sammeln. Mit einer zeitlich begrenzten Anstellung bei DotCom und dem vorübergehenden Umzug nach Amherst den Sommer über hätte die Familie alle für sie wichtigen Informationen erhalten. Die Ausprobieren-Alternative erforderte viel Einfallsreichtum und Verhandlungsgeschick, damit Omega und DotCom sie akzeptieren konnten. Die Morgans haben sich nur auf die Ausprobieren-Alternative konzentriert, obwohl es noch mehrere andere gegeben hätte. Dan hätte auch für DotCom arbeiten können, ohne den Sommer über nach Amherst zu ziehen; die Familie hätte für den Sommer nach Amherst ziehen können, während Dan weiter für Omega gearbeitet hätte. Dan hätte sich auch nach einem anderen Arbeitsplatz in der Nähe von Boston umsehen können, während er weiter bei Omega arbeitete, aber er entschied sich dafür, es einfach zu halten und diese Alternative nicht in Betracht zu ziehen.

■ *Schritt 3: Erkennen Sie, welche zukünftige Entscheidungen mit der Grundsatzentscheidung verknüpft sind:* Zusätzlich zur Grundsatzentscheidung über den aktuellen Arbeitsplatz haben die Morgans auch zukünftige Entscheidungen über einen eventuellen nochmaligen Wechsel der Arbeitsstelle einbezogen, je nachdem, ob sich die anfängliche Entscheidung als gut erwiesen hätte oder der Arbeitsplatz noch verfügbar gewesen wäre. Da diese Information Ende des Sommers erhältlich wäre, wählten sie den September als Zeitgrenze.

■ *Schritt 4: Machen Sie sich die Beziehung zwischen verknüpften Entscheidungen klar:* Damit die zeitliche Abfolge des Problems deutlich wird, entwarfen die Morgans einen Zeitplan, den Dan als Basis für seinen Entscheidungsbaum verwendete. Im Verlauf der Ausprobieren-Alternative hätte Dan bestimmt über ein Dutzend Auswertungsergebnisse für jedes Familienmitglied einfügen können. Da er jedoch den Entscheidungsbaum möglichst einfach halten wollte, begnügte er sich mit nur zwei Abzweigungen, die jeweils ein gutes bzw. schlechtes Ergebnis für die Familie darstellten. Im Baum der Morgans zweigt von jedem Entscheidungspunkt von 8 bis 15 nur ein Weg ab, mit Ausnahme des Punktes 10, an dem die Entscheidung zwischen Omega und DotCom nicht eindeutig war. Mit dem Ausschluß von offensichtlich schlechten Alternativen wird verhindert, daß der Baum unnötig kompliziert wird. Die Diskussion darüber, wie gut oder schlecht einige der Konsequenzen wären, war völlig ausreichend. Sie hatten zum Beispiel große Angst davor, mit Konsequenz C ihres Entscheidungsbaumes konfrontiert zu werden, da die Aussichten für Dan, in Zukunft einen Arbeitsplatz zu finden, relativ trostlos erschienen.

- *Schritt 5: Entscheiden Sie, wie Sie hinsichtlich Ihrer Grundsatzentscheidung vorgehen sollten:* Die Entscheidung über ihre Grundsatzentscheidung wurde den Morgans dadurch einfacher gemacht, daß sie sich zuerst gedanklich in die Zukunft versetzt und sich von dort aus zum gegenwärtigen Problem zurückgearbeitet haben. Die Morgans waren mit vielen Ungewißheiten konfrontiert, doch es genügte, zwei davon in Prozentwerten auszudrücken, damit Dan und Doris ihre Grundsatzentscheidung treffen konnten: die Wahrscheinlichkeit, daß der DOD-Vertrag geschlossen würde und die Wahrscheinlichkeit, daß Dan bei DotCom übernommen würde, falls er die Ausprobieren-Alternative wählte. Ihre Einschätzung der Wahrscheinlichkeit dieser beiden Punkte reichte ihnen aus, eine Entscheidung zu treffen, ohne weitere Faktoren in Zahlen umzurechnen. Dies ist bestimmt nicht immer der Fall. Eventuell werden Sie auch auf die Austauschmethode zurückgreifen müssen (siehe Kapitel 6), damit die Konsequenzen miteinander verglichen werden können.

- *Schritt 6: Betrachten Sie spätere Entscheidungen als neue Entscheidungsprobleme:* Dan und Doris haben sich im Februar für die Stelle bei DotCom und den Umzug nach Amherst entschieden. Ende August sind sie jedoch um viele neue Erfahrungen reicher. Dan ist mit seiner neuen Arbeitsstelle nicht sonderlich glücklich: Die Dienstreisen nehmen überhand und die Zusammenarbeit mit Carney erweist sich als äußerst unerfreulich. Doris hingegen ist begeistert: Sie arbeitet als Vertretung in der Schule von Holyoke bei Amherst und plant, in ihrer Freizeit an der Universität von Massachusetts Geschichte zu studieren, um sich als Lehrkraft für höhere Schulen zu qualifizieren. Sarah hat sich von ihrem Freund in Arlington getrennt und möchte möglichst schnell möglichst weit weg ziehen. Nick, der auch bald auf eine weiterführende Schule gehen wird, war des öfteren beim Fußballtraining, mag aber den Trainer nicht und vermißt seine Freunde. Die Familie hat ihr Haus in Arlington noch nicht zum Verkauf angeboten, und Omega hat zu jedermanns Überraschung den DOD-Vertrag erhalten. Dan ist sich ziemlich sicher, daß er seinen vorherigen Arbeitsplatz wieder bekommen könnte. Sollte er es versuchen? Wir raten ihm, dies als eine völlig neue Entscheidung zu betrachten. Dan und Doris sollten die Situation der Familie noch einmal überdenken, einen weiteren Blick in die Zukunft werfen und die derzeit wichtigen Gesichtspunkte ganz genau untersuchen.

Sehen Sie die Dinge im richtigen Verhältnis

Wenn Sie sich mit verknüpften Entscheidungen auseinandersetzen müssen, haben wir eine gute und eine schlechte Nachricht für Sie.

Die schlechte Nachricht ist, daß verknüpfte Entscheidungen aufgrund ihrer Komplexität zu den schwierigsten und deshalb sicherlich auch zu den wichtigsten Entscheidungen zählen, mit denen Sie konfrontiert werden.

Die gute Nachricht ist, daß mit wachsender Komplexität und Wichtigkeit auch Ihr systematisches und logisches Denkvermögen geschult wird und größeren Nutzen bringt. Schon allein das Wissen darüber, auf welche Weise mehrere Entscheidungen miteinander verknüpft sind, kann zusammen mit einem vernünftigen Maß an Voraussicht große Dienste leisten, um eine smarte Entscheidung zu treffen. Viele, wenn nicht sogar alle unklugen Entscheidungen werden somit praktisch ausgeschlossen.

Verknüpfte Entscheidungen

Deshalb noch einmal: Sehen Sie die Dinge im richtigen Verhältnis! Selbst wenn Sie sich bei verknüpften Entscheidungen unsicherer oder unwohler fühlen als bei weniger komplizierten Problemen, sollten Sie daran denken, daß auch der Erfolg viel größer sein wird. Es ist wie beim Skifahren: die Anfängerpiste stellt keine großen Anforderungen, doch wenn Sie es schaffen, die schwierigen Abfahrten zu meistern, werden Sie sich über diese Leistung sehr freuen können – selbst wenn Sie eine nicht so perfekte Figur abgeben.

Langfristig gesehen wirkt sich eine kluge Wahl bei verknüpften Entscheidungen tiefgreifender und gewinnbringender auf Ihr Privat- und Berufsleben aus als alle idealen Lösungen weniger komplizierter Entscheidungsprobleme zusammen.

Psychologische Fallen

10

Die häufigsten Fehler bei der Entscheidungsfindung

Dieses ganze Buch handelt davon, wie man systematisch an wichtige und schwierige Entscheidungen herangeht. Deshalb sind Sie inzwischen auch viel besser darauf vorbereitet, die acht häufigsten und weitreichendsten Fehler beim Treffen einer Entscheidung zu vermeiden:

- Sich mit dem falschen Problem zu befassen

- Ihre Hauptziele nicht zu erkennen

- Keine guten und kreativen Alternativen zu entwickeln

- Entscheidende Konsequenzen Ihrer Alternativen zu übersehen

- Kompromisse zu wenig in Erwägung zu ziehen

- Unsicherheitsfaktoren zu mißachten

- Sich über Ihre Risikobereitschaft nicht im klaren zu sein

- Bei zeitlich verknüpften Entscheidungen nicht vorauszuplanen

Aber neben diesen Verfahrensfehlern gibt es noch eine ganz andere Kategorie von Fehlern, die selbst die wohlüberlegtesten Entscheidungen untergraben können. Wir nennen diese Fehler »psychologische Fallen«, die auf uns lauern, weil uns unser Gehirn manchmal schlimme Streiche spielt.

Obwohl wir unser Gehirn von fest verwurzelten Denkfehlern nicht befreien können, können wir doch lernen, uns ihrer bewußt zu werden und sie dadurch auszugleichen. Machen Sie sich diese Fallen und ihre verschiedenen Erscheinungsformen klar, damit Sie sicherstellen können, daß Ihre Entscheidungen vernünftig und verläßlich sind. Vorsicht ist die beste Verteidigung gegen diese Fallen.

Dem ersten Gedanken zuviel Gewicht verleihen: Die Verankerungsfalle

Wie würden Sie die beiden folgenden Fragen beantworten?

- Hat die Türkei mehr als 35 Millionen Einwohner?

- Wie hoch schätzen Sie die Einwohnerzahl der Türkei?

Die meisten Menschen lassen sich von der in der ersten Frage genannten Zahl von 35 Millionen – eine Zahl, die wir völlig willkürlich gewählt haben – bei ihrer Antwort auf die zweite Frage beeinflussen. Im Laufe der Jahre haben wir diese Fragen sehr vielen Menschen gestellt. In der Hälfte aller Fälle verwenden wir in der ersten Frage die Zahlenangabe 35 Millionen, in der anderen Hälfte die Zahlenangabe 100 Millionen. Ohne Ausnahme fallen die Antworten um mehrere Millionen höher aus, wenn wir in der ersten Frage die höhere Zahl verwenden. Dieser einfache Test verdeutlicht ein bekanntes gedankliches Phänomen, das sich oft ungünstig auswirkt, das Verankern. Stellt man Überlegungen hinsichtlich einer Entscheidung an, legt das Gehirn überproportional viel Gewicht auf die ersten Informationen, die es erhält. Erste Eindrücke, Gedanken, Schätzungen oder Daten »verankern« die Richtung nachfolgender Gedanken.

»Anker« nehmen viele Erscheinungsformen an. Sie können als eine vermeintlich harmlose Bemerkung Ihres Lebenspartners oder als Statistik in der Tageszeitung auftauchen. Sie können sich auch schon in der Formulierung Ihres Entscheidungsproblems verstecken. Sehr oft ist ein Anker auch ein Erlebnis oder eine Entwicklung in der Vergangenheit. Eine Prognose darüber, wie viele Patienten eine Klinik im nächsten Januar aufsuchen werden, beginnt oft damit, daß die Patientenzahlen des vergangenen Januars herangezogen werden. Die belegte Zahl des Vorjahres dient als Anker, der anschließend aufgrund anderer Faktoren aktualisiert wird. Obwohl diese Vorgehensweise oft zu einem ausreichend genauen Ergebnis führt, wird dennoch tendenziell zu großes Gewicht auf die Vorjahreszahl gelegt, und andere Faktoren werden zu sehr vernachlässigt. Ein Anker aus der Vergangenheit kann ganz besonders dann zu schlechten Prognosen und folglich zu fehlgeleiteten Entscheidungen führen, wenn sich die Situation rapide verändert.

Unabhängig von ihrer Ursache beeinträchtigen Anker unser Denken oft in einem solchen Ausmaß, daß wir keine gute Entscheidung treffen können. Da Anker festsetzen können, unter welchen Rahmenbedingungen eine Entscheidung getroffen wird, greifen gerissene Verhandlungspartner gerne auf diese Taktik zurück.

Beispiel:

Angenommen, Sie suchen nach einem Kunstwerk, das Sie sich im Wohnzimmer über den Kamin hängen möchten. Sie gehen zu einem Kunsthändler in Ihrer Stadt und entdecken ein Gemälde eines unbekannten jungen Künstlers, das Ihnen sehr gut gefällt – ein Gemälde ohne eindeutigen Marktwert (und ohne Preisschild!). Sie schätzen seinen Wert auf etwa $ 1 200, doch als Sie den Verkäufer auf das Gemälde ansprechen, veranschlagt dieser sofort einen Preis von $ 2 800. Als Eröffnungsschachzug kann Sie dieser Preis eventuell verankern und Ihre Einschätzung über den Wert des Bildes nach oben verschieben. Falls Sie darauf eingehen und als Verhandlungsbasis den Preis von $ 2 800 akzeptieren, wird der endgültige Verkaufspreis vielleicht zu sehr vom ersten Angebot des Verkäufers – dem Anker – beeinflußt sein.

Was können Sie dagegen tun?

Der Einfluß, den Anker auf Entscheidungen haben, ist in Tausenden von Experimenten belegt worden. Niemand kann sich ihrem Einfluß entziehen, sie sind einfach zu weit verbreitet. Folgende

Techniken können Ihnen allerdings helfen, ihre Einflußnahme zu verringern:

- Betrachten Sie ein Entscheidungsproblem immer aus verschiedenen Blickwinkeln. Versuchen Sie, verschiedene Ausgangspunkte und Herangehensweisen in Betracht zu ziehen, anstatt sich auf den ersten Gedankengang zu versteifen. Nachdem Sie verschiedene Wege durchdacht haben, können Sie die unterschiedlichen Auswirkungen miteinander vergleichen und aufeinander abstimmen.

- Denken Sie erst einmal alleine über Ihr Entscheidungsproblem nach, bevor Sie andere um Rat fragen. So werden Sie nicht von deren Ideen verankert.

- Sammeln Sie Informationen und Meinungen von verschiedenen Menschen, um Ihren gedanklichen Bezugsrahmen zu erweitern und Ihre Gedanken in neue Richtungen zu lenken. Bleiben Sie aufgeschlossen.

- Achten Sie darauf, andere Menschen nicht zu verankern, wenn Sie sie um Informationen und Ratschläge bitten. Erzählen Sie ihnen möglichst wenig über Ihre eigenen Ideen, Einschätzungen und eventuellen Entscheidungen. Falls Sie zuviel verraten, besteht die Gefahr, daß Sie nur Ihre eigene vorgefaßte Meinung bestätigt bekommen (da diese für Ihren Berater zum Anker wurde).

- Bereiten Sie sich sorgfältig auf Verhandlungen vor, dann werden Sie Anker-Taktiken weniger beeindrucken können.

Mit dem Weitermachen weitermachen: Die Status-quo-Falle

Sie erben 100 erstklassige Aktien, die Sie sich selbst nie gekauft hätten. Sie können die Aktien verkaufen und das Geld für eine minimale Provision und ohne steuerliche Nachteile wieder investieren. Was werden Sie machen?

In einer derartigen Situation behalten überraschend viele Menschen die geerbten Aktien. Sie fühlen sich mit dem Status quo wohl und scheuen vor Veränderungen zurück. »Vielleicht überlege ich es mir später noch einmal anders«, sagen sie sich. Aber später ist eben später.

Es ist eine Tatsache, daß die meisten Entscheidungsträger Alternativen bevorzugen, durch die die gegenwärtige Situation nicht verändert wird. Im großen Rahmen zeigt sich diese Tendenz immer bei der Einführung eines völlig neuen Produktes. Die ersten Automobile, die sehr zutreffend »pferdelose Kutschen« genannt wurden, sahen den Gefährten, die sie ersetzten, sehr ähnlich. Die erste »elektronische Zeitung«, die im World Wide Web erschien, ähnelte stark ihren gedruckten Vorgängern.

Viele psychologische Experimente belegen die magnetische Anziehungskraft des Status quo. In einem dieser Experimente erhielt eine Gruppe von Versuchspersonen nach dem Zufallsprinzip eines von zwei Geschenken: die eine Hälfte erhielt eine bemalte Tasse, die andere Hälfte eine große Tafel Schweizer Schokolade. Man stellte ihnen anschließend frei, ihr Geschenk gegen das andere zu tauschen. Man könnte glauben, daß etwa die Hälfte der Versuchspersonen ihr Geschenk umtauschen wollte, doch nur jeder Zehnte tat dies tatsächlich. Der Status quo hatte bereits große Anziehungskraft, obwohl er erst wenige Minuten zuvor ganz willkürlich eingeführt worden war!

Was können Sie dagegen tun?

Denken Sie immer daran, daß die Aufrechterhaltung des Status quo in jeder Entscheidung durchaus die beste Wahl sein kann – doch wählen Sie ihn nicht einfach nur deshalb, weil er der Status quo ist. Folgende Techniken helfen Ihnen, Veränderungen gegenüber aufgeschlossener zu werden:

- Rufen Sie sich immer wieder Ihre Ziele ins Gedächtnis und untersuchen Sie, inwieweit der Status quo diesen dient. Vielleicht stellt sich heraus, daß einige Elemente der aktuellen Situation mit diesen Zielen nicht vereinbar sind.

- Glauben Sie nie, der Status quo wäre Ihre einzige Alternative. Finden Sie heraus, welche anderen Möglichkeiten zur Verfügung stehen. Diese bilden das Gegengewicht zum Status quo und vereinfachen den Vergleich aller Vor- und Nachteile.

- Beantworten Sie sich ganz ehrlich die Frage, ob Sie den Status quo auch dann wählen würden, wenn er nicht zufällig der Status quo wäre.

- Falls mehrere Alternativen dem Status quo eindeutig vorzuziehen wären, wählen Sie nicht einfach den Status quo, weil es schwierig wäre, die beste Alternative herauszufinden. Zwingen Sie sich dazu, eine Alternative auszuwählen.

Frühere Entscheidungen verteidigen: Die Vergangenheitskostenfalle

Vor drei Monaten mußten an Ihrem acht Jahre alten Auto schwerwiegende Motorschäden repariert werden. Als Sie die Wahl hatten, für die Arbeiten $ 3000 zu bezahlen oder den Wagen verschrotten zu lassen und einen neuen zu kaufen, entschieden Sie sich für die Reparatur. Jetzt ist allerdings das

Getriebe defekt, und dies wird Sie weitere $ 1 500 kosten. Sie könnten das Auto auch jetzt für $ 1 000 verkaufen und sich ein neues zulegen. Ihnen ist klar, daß sehr wahrscheinlich auch in Zukunft hohe Reparaturkosten auf Sie zukommen werden, obwohl Sie natürlich hoffen, daß dies noch ein wenig dauern wird. Was tun Sie?

Die meisten Menschen entscheiden sich in dieser Situation für die Reparatur des Getriebes, denn sie wollen die $ 3 000, die sie bereits für die Reparatur des Motors ausgegeben haben, nicht »verlieren«. Dies ist eindeutig das falsche Kriterium für die Entscheidung! Würden Sie sich genauso entscheiden, wenn die Reparatur des Motors (wundersamerweise) kostenlos gewesen wäre? Vermutlich nicht – und genau so sollten Sie an das Problem herangehen. Was zählt, ist der aktuelle Zustand des Wagens und die finanziellen Vor- und Nachteile der beiden Alternativen. Die Vergangenheit ist vergangen; was Sie früher einmal ausgegeben haben, ist für Ihre aktuelle Entscheidung völlig unwichtig.

Warum kann man sich von vergangenen Entscheidungen nicht befreien? Manchmal ist einfach nur mangelnde Überlegung der Grund. Häufig aber will man, bewußt oder unbewußt, einfach nicht zugeben, daß man einen Fehler begangen hat (selbst wenn der »Fehler« nicht einmal auf einer falschen Entscheidung, sondern auf Pech beruht). Manchmal ist das Eingeständnis, eine falsche Entscheidung getroffen zu haben, eine rein persönliche Angelegenheit, bei der man nur Selbstkritik üben muß. Oft ist es jedoch auch eine öffentliche Angelegenheit, bei der man der Kritik von Freunden, Familienmitgliedern, Kollegen oder Vorgesetzten ausgesetzt ist. Falls Sie den kürzlich eingestellten Mitarbeiter aufgrund seiner schlechten Arbeitsleistung entlassen, geben Sie öffentlich zu, daß Sie sich geirrt haben. Es erscheint psychologisch gesehen sicherer, ihn weiter zu beschäftigen, obwohl Sie dadurch den Fehler nur verschlimmern.

Was können Sie dagegen tun?

Bei Entscheidungen, die einen Bezug zur Vergangenheit haben, sollten Sie bewußt darauf achten, sämtliche Vergangenheitskosten psychologischer oder finanzieller Art unberücksichtigt zu lassen. Folgende Techniken werden Ihnen dabei helfen:

- Lassen Sie sich von Menschen beraten, die nichts über Ihre frühere Entscheidung wissen und deshalb nicht voreingenommen sind.

- Fragen Sie sich, warum Sie sich frühere Fehler nicht einfach eingestehen können. Liegt das Problem darin, daß Sie damit Ihr eigenes Selbstwertgefühl verletzen? Falls dem so ist, gehen Sie das Problem sofort an. Denken Sie daran, daß selbst kluge Entscheidungen schlechte Konsequenzen nach sich ziehen können und daß selbst der erfahrenste Entscheider manchmal eine Fehlentscheidung trifft.

- Falls Sie sich darüber Sorgen machen, im nachhinein von Außenstehenden kritisiert zu werden, betrachten Sie diese Konsequenz als einen Teil Ihres Entscheidungsprozesses. Überlegen Sie sich auch, wie Sie diesen Außenstehenden Ihre Entscheidung erklären werden.

- Falls Sie befürchten, Ihre Angestellten könnten aufgrund von Vergangenheitskosten voreingenommen sein, überlassen Sie die jetzige Entscheidung einem Angestellten, der an der früheren Entscheidung nicht beteiligt war.

Nur das sehen, was man sehen will: Die Selbstbestätigungsfalle

Schon eine ganze Zeitlang verfolgen Sie besorgt den Höhenflug des Aktienmarkts und haben sich schon so gut wie entschieden, den größten Teil Ihres Wertpapierbestandes zu verkaufen und das

Geld in einen Investmentfond anzulegen. Bevor Sie Ihren Börsen-makler anrufen, beschließen Sie noch einen Schritt zu unternehmen, der Ihren Beschluß untermauern könnte. Sie rufen eine Freundin an, die ihre Wertpapiere letzte Woche verkauft hat und fragen sie, was ihre Gründe dafür waren. Sie erklärt Ihnen sehr überzeugend, warum ihrer Ansicht nach ein Kurseinbruch zu erwarten ist. Was tun Sie?

Dieses Gespräch sollte lieber nicht den Ausschlag zu Ihrer Entscheidung geben, da Sie vermutlich gerade in die Selbstbestätigungsfalle geraten sind. Die Selbstbestätigungsfalle läßt uns genau die Informationen sammeln, die unser Gefühl oder unseren Standpunkt bestätigen, wobei gleichzeitig anderslautende Informationen ignoriert werden. Was erwarten Sie anderes, als daß Ihnen Ihre Freundin gute Argumente für Ihre Entscheidung liefert?

Die Selbstbestätigungsfalle bestimmt übrigens nicht nur, wo wir nach Beweismaterial suchen, sondern auch, wie wir das gesammelte Beweismaterial auslegen. Diese Falle verleitet uns dazu, bestätigende Informationen zu hoch und widersprechende Informationen zu gering zu bewerten.

Hier sind zwei fundamentale psychologische Faktoren am Werk. Erstens: Unsere Neigung, unbewußt zu entscheiden, was wir wollen, ohne den Grund zu wissen, warum wir es wollen. Und zweitens unsere Neigung, uns mehr auf das zu konzentrieren, was uns gefällt, als auf das, was uns nicht gefällt – eine Neigung, die bereits bei Säuglingen wissenschaftlich erwiesen ist. Ganz spontan und instinktiv filtern wir deshalb gerne die Informationen heraus, die unsere unbewußten Neigungen bestätigen.

Was können Sie dagegen tun?

Wir möchten Sie ganz bestimmt nicht davon abhalten, eine Entscheidung zu treffen, die Sie unbewußt für richtig halten. Wir möchten Sie nur davon abhalten, eine unkluge Entscheidung zu treffen. Stellen Sie deshalb Ihre Entscheidung auf den Prüfstand:

- Lassen Sie jemanden, der Ihr Vertrauen und Ihre Achtung genießt, des Teufels Advokat spielen. Bitten Sie ihn, Gegenargumente für Ihre voraussichtliche Entscheidung ins Feld zu führen oder, was noch besser ist, überlegen Sie sich die Gegenargumente selbst. Wie lautet der triftigste Grund, sich anders zu entscheiden? Gibt es noch andere Gründe, die gegen Ihre Entscheidung sprechen?

- Werden Sie sich über Ihre Motive klar, und belügen Sie sich nicht selbst. Sammeln Sie die Informationen wirklich, damit Ihnen die kluge Wahl leichter fällt, oder suchen Sie nach Beweismaterial, um sich in dem zu bestätigen, was Sie glauben tun zu wollen?

- Setzen Sie sich auch mit den Informationen auseinander, die Ihrer vorgefaßten Meinung widersprechen. Stellen Sie immer sicher, daß Sie alle Informationen mit der gleichen Genauigkeit auswerten und alle Zusammenhänge verstehen. Werden Sie nicht nachlässig, wenn Sie Informationen auswerten, die Ihrer Position widersprechen.

- Wenn Sie sich von anderen beraten lassen, sollten Sie Suggestivfragen vermeiden, mit denen Sie sich eventuell nur bestätigt sehen möchten.

Die falsche Frage stellen:
Die Falle der falschen Formulierung

Ein junger Priester fragte seinen Bischof: »Darf ich beim Beten rauchen?« Die Antwort war ein entschiedenes »Nein!« Später traf der junge Priester einen älteren Priester, der beim Beten genüßlich eine Zigarette rauchte. Der junge Priester schimpfte: »Du sollst beim

Beten doch nicht rauchen! Ich habe den Bischof gefragt, und der hat es mir verboten.«

»Das ist ja merkwürdig«, entgegnete der ältere Priester. »Ich habe den Bischof gefragt, ob ich beim Rauchen beten darf, und er sagte mir, daß ich immer beten dürfe.«

Dieser alte Witz macht deutlich, daß eine Antwort immer davon abhängt, wie die Frage gestellt wird. Dies gilt auch für die Entscheidungsfindung. Ist das Entscheidungsproblem schlecht formuliert, können Sie wahrscheinlich keine kluge Entscheidung treffen.

Ganz offensichtlich hängt viel von der Art der Fragestellung ab. Psychologen konnten sogar beweisen, daß eine unterschiedliche, aber trotzdem gleichbedeutende Formulierung ein und derselben Frage Menschen dazu veranlaßt, unterschiedliche Entscheidungen zu treffen. Warum? Weil jede Formulierung ein anderes Ziel hervorhebt.

Entscheidungsforscher haben zwei Arten der Formulierung beschrieben, die sich besonders häufig als störend auf die Entscheidungsfindung auswirken:

1. Formulierung als Gewinn oder Verlust

Mit einem Experiment, das nach einer Musterstudie der Entscheidungsforscher Daniel Kahneman und Amos Tversky entwickelt wurde, untersuchten wir die Auswirkung der Formulierungsweise mit einigen erfahrenen Versicherungsvertretern, die vor folgendes Problem gestellt wurden:

Sie sind ein Schadenssachverständiger und damit beauftragt, den Frachtverlust zu reduzieren, der durch das Sinken von drei versicherten Lastkähnen vor Alaska am Tage zuvor entstand. Jeder Lastkahn beinhaltet Fracht im Wert von $ 200 000, die innerhalb von 72 Stunden geborgen werden muß. Eine örtliches Schiffsbergungsunternehmen schlägt Ihnen zwei Möglichkeiten vor, die beide gleichviel kosten:

Möglichkeit A: Die Fracht eines der drei Lastkähne, Wert $ 200 000, kann geborgen werden.

Möglichkeit B: Mit einer Wahrscheinlichkeit von 25 % kann die Fracht aller drei Lastkähne, Wert $ 600 000, geborgen werden; die Wahrscheinlichkeit, überhaupt nichts bergen zu können, liegt allerdings bei 75 %.

Wie würden Sie entscheiden?

71 % der Befragten wählten die »weniger riskante« Möglichkeit A, die zumindest die Bergung einer Frachtladung garantierte. Eine andere Gruppe mußte zwischen Alternativen C und D wählen:

Möglichkeit C: Zwei der drei Frachtladungen, Wert $ 400 000, können mit Sicherheit nicht geborgen werden.

Möglichkeit D: Mit einer Wahrscheinlichkeit von 75 % können alle drei Frachtladungen, Wert $ 600 000, nicht geborgen werden; die Wahrscheinlichkeit, alle drei Frachtladungen bergen zu können, liegt bei 25 %.

Dieser Wahl gegenübergestellt, entschieden sich 80 % der Befragten für Möglichkeit D.

Die Alternativenpaare entsprechen sich natürlich: Möglichkeit A entspricht Möglichkeit C und Möglichkeit B entspricht Möglichkeit D – sie wurden nur unterschiedlich formuliert. Die auffällig unterschiedlichen Entscheidungen machen deutlich, daß Menschen risikoscheu sind, wenn ein Problem vom Standpunkt des Gewinnes aus formuliert wird (geborgene Fracht), aber risikofreudiger reagieren, wenn das Problem vom Standpunkt der Verlustvermeidung (gesunkene Fracht) formuliert wird. Außerdem zeigt sich, daß man eher dazu neigt, eine gegebene Formulierung zu akzeptieren, anstatt das Problem individuell umzuformulieren.

2. Formulierung mit unterschiedlichen Ausgangspunkten

Geht man bei der Formulierung des gleichen Problems von unterschiedlichen Gesichtspunkten aus, können ebenfalls sehr unterschiedliche Entscheidungen getroffen werden. Stellen Sie sich vor, Sie haben $ 2 000 auf Ihrem Konto, und man stellt Ihnen folgende Frage:

Gehen Sie auf ein Angebot ein, bei dem Sie mit der gleichen Wahrscheinlichkeit $ 300 verlieren oder $ 500 gewinnen können?

Und wie würden Sie auf folgende Frage antworten?

Behalten Sie lieber die $ 2 000 sicher auf Ihrem Konto, oder gehen Sie auf ein Angebot ein, bei dem Sie mit der gleichen Wahrscheinlichkeit Ihren Kontostand auf $ 1 700 erniedrigen oder auf $ 2 500 erhöhen können?

Wieder einmal wird das gleiche Problem nur unterschiedlich formuliert. Obwohl die Antwort logischerweise in beiden Fällen die gleiche sein sollte, haben Studien ergeben, daß viele Menschen das Angebot im ersten Fall ablehnen, im zweiten Fall aber annehmen würden. Die unterschiedliche Reaktion ist auf die unterschiedlichen Ausgangspunkte beider Formulierungen zurückzuführen. Die erste Formulierung geht von 0 aus, was den Unterschied zwischen Gewinn und Verlust viel deutlicher herausstellt. Der Gedanke an einen Verlust läßt die meisten Menschen viel vorsichtiger reagieren. Die zweite Formulierung geht vom einem Betrag von $ 2 000 aus, was die Sachlage völlig anders aussehen läßt, da die finanziellen Auswirkungen der Entscheidung nicht so schwerwiegend erscheinen.

Was können Sie dagegen tun?

Ein schlecht formuliertes Problem kann selbst die wohlüberlegtesten Entscheidungen untergraben. Die Auswirkungen eines schlecht formulierten Problems lassen sich jedoch durch disziplinierte Vorgehensweise innerhalb des Entscheidungsprozesses ausgleichen:

- Denken Sie an Ihre grundsätzlichen Ziele und vergewissern Sie sich, daß die Art und Weise, wie Sie Ihr Problem formulieren, diesen Zielen auch gerecht wird.

- Übernehmen Sie nicht automatisch die erste Formulierung, die Ihnen oder einem anderen in den Sinn kam. Versuchen Sie immer, das Problem auf unterschiedliche Weise zu formulieren. Achten Sie darauf, inwiefern eine andere Formulierung das Problem anders darstellt.

- Versuchen Sie, das Problem neutral und umfassend zu formulieren, so daß Gewinne und Verluste und verschiedene Ausgangspunkte gleichmäßig berücksichtigt werden.

- Denken Sie während des gesamten Entscheidungsprozesses immer wieder über die Formulierung Ihres Problems nach. Fragen Sie sich hin und wieder, besonders gegen Ende, wie sich Ihr Standpunkt durch eine andere Formulierung ändern würde.

- Raten Ihnen Ihre Angestellten zu einer bestimmten Entscheidung, untersuchen Sie, wie diese das Problem formuliert haben. Entgegnen Sie mit anderen Formulierungen.

Wichtige Informationen übersehen: Die Trugschlußfalle

Donald Jones ist entweder Bibliothekar oder Vertreter. Er selbst kann am ehesten als zurückhaltend beschrieben werden. Wie stehen die Chancen, daß er Bibliothekar ist?

Die typische Antwort auf diese Frage ist unserer Erfahrung nach: »Bestimmt ist er Bibliothekar. Es ist viel wahrscheinlicher, daß ein Bibliothekar zurückhaltend ist; Vertreter sind normalerweise alles andere als zurückhaltend. Die Wahrscheinlichkeit, daß er Bibliothekar ist, beträgt mindestens 90 %.« Klingt gut, ist aber völlig falsch.

Das Problem an diesem Gedankengang ist, daß völlig übersehen wird, daß es weit mehr männliche Vertreter als männliche Bibliothekare gibt. Bevor Sie also überhaupt die Aussage, Donald Jones sei »zurückhaltend«, in Ihre Überlegungen einbeziehen, sollten Sie die Wahrscheinlichkeit, daß er Bibliothekar ist, auf 1 % geschätzt haben. Das ist die Ausgangsbasis.

Jetzt bedenken Sie die Charakterbeschreibung »zurückhaltend«. Nehmen wir an, die Hälfte aller männlicher Bibliothekare ist zurückhaltend, wohingegen dies auf nur 5 % aller Vertreter zutrifft. Das heißt, auf jeden zurückhaltenden Bibliothekar kommen zehn zurückhaltende Vertreter. Daraus folgt, daß Jones mit einer Wahrscheinlichkeit von 10 % und nicht von 90 % Bibliothekar ist.

Wenn Sie wichtige Informationen übersehen, ziehen Sie nur allzu leicht falsche Schlüsse.

Was können Sie dagegen tun?

Überprüfen Sie Ihre Gedankengänge zu Entscheidungsproblemen gründlich daraufhin, ob Sie Schlüsse ziehen, die nicht gerechtfertigt sind. Folgende Empfehlungen können Ihnen dabei helfen:

- Achten Sie darauf, keine wichtigen Informationen außer acht zu lassen. Gewöhnen Sie sich an, grundsätzlichen Fakten ihren angemessenen Stellenwert einzuräumen.

- Betrachten Sie Wahrscheinlichkeitsaussagen immer getrennt voneinander. (Die Wahrscheinlichkeit, daß ein Bibliothekar zurückhaltend ist und die Wahrscheinlichkeit, daß ein zurückhaltender Mensch Bibliothekar ist, haben nichts miteinander zu tun.)

Wahrscheinlichkeiten und Schätzwerte abändern: Die Falle der übertriebenen Vernunft

Sie sind in einem Forschungsteam tätig, das Behandlungsmethoden gegen einen potentiellen Krebserreger untersucht. Nach Überprüfung der empirischen Daten und Lesen entsprechender Fachartikel schätzen Sie die Wahrscheinlichkeit, daß dieser potentielle Krebserreger auch tatsächlich Krebs erregt, auf die Größenordnung von 1 zu 100 ein, sind sich aber nicht völlig sicher. Welche Wahrscheinlichkeit geben Sie nun an?

Viele Menschen hielten es in diesem Fall wahrscheinlich für vernünftig, die Wahrscheinlichkeit von 1 zu 100 auf beispielsweise 1 zu 20 abzuändern, nur um ganz »sicher« zu gehen. Müssen jedoch zu einem bestimmten Zweck mehrere Schätzwerte abgegeben werden, die alle im Namen der Vernunft abgeändert wurden, führt dies höchstwahrscheinlich zu einer völligen Fehleinschätzung darüber, wie ernst das Problem ist. Die empfohlene Behandlungsmethode wird folglich viel kostenintensiver und drastischer ausfallen als es tatsächlich erforderlich wäre.

Wie dieses Beispiel zeigt, kann uns selbst einer der besten Vorsätze für die Entscheidungsfindung – Vorsicht und Vernunft walten zu lassen – in die Irre führen. Betrachten wir die Vorgehensweise der »Worst-Case-Analyse«, die früher bei der Herstellung von Waffensystemen üblich war und noch heute in bestimmten Bereichen der Steuer- und Regeltechnik Anwendung findet. Mit dieser Analyse, die vom schlimmsten aller anzunehmenden Fälle ausgeht, wurden Waffen so entwickelt, daß sie auch dann noch eingesetzt werden konnten, wenn die Wahrscheinlichkeit des Eintretens dieser Bedingungen gegen Null ging. Die Analyse führte dazu, daß sich trotz enormer Ausgaben kein praktischer Nutzen einstellte, und beweist somit, daß übermäßige Vorsicht zu unangebrachten Entscheidungen führen kann.

Beispiel:

In der Geschäftswelt kann sich die Summe übertrieben vernünftiger bzw. vorsichtiger Entscheidungen verheerend auswirken. Vor einigen Jahren hatte zum Beispiel einer der drei großen amerikanischen Automobilhersteller zu entscheiden, welche Stückzahlen eines neuen Modells produziert werden sollten, da die beste Verkaufssaison bevorstand. Die für diese Entscheidung verantwortliche Marktplanungsabteilung bat andere Abteilungen um Prognosen über die wichtigsten Daten, wie zu erwartende Verkaufszahlen, Lagerbestand der Händler, Mitbewerberaktionen und Kosten. Der Zweck dieser Schätzung war allen Abteilungen bekannt, und alle änderten ihre Prognosen leicht dahingehend ab, daß eine große Stückzahl produziert werden sollte – »um ganz sicher zu gehen«. Die Marktplanungsabteilung betrachtete die vorgelegten Zahlen als objektive Fakten und änderten sie selbst ebenfalls ein wenig ab – »um ganz sicher zu gehen«. Es überrascht nicht, daß die Zahl der produzierten Kraftfahrzeuge die Nachfrage bei weitem überstieg und der Hersteller erst nach drastischen Preissenkungen den Überschuß nach sechs Monaten verkauft hatte.

Was können Sie dagegen tun?

Für eine vernünftige Entscheidung ist Ehrlichkeit der beste Weg.

- Geben Sie Wahrscheinlichkeiten und Schätzungen ehrlich ab. Informieren Sie andere, die mit diesen Werten arbeiten möchten, daß Ihre geschätzten Zahlenwerte weder aus Vernunft noch aus anderen Gründen abgeändert wurden.

- Protokollieren Sie, aufgrund welcher Informationen und Überlegungen Sie Ihre Einschätzung getroffen haben, so daß sie jeder nachvollziehen kann.

- Erklären Sie jedem, der Ihnen Informationen liefert, daß Sie auf ehrliche Angaben angewiesen sind.

- Variieren Sie die Bereichsangaben der Schätzwerte, um zu sehen, wie sich die Änderungen auf Ihre endgültige Entscheidung auswirken. Prüfen Sie entscheidende Schätzwerte besonders gründlich.

Gefahr erkannt, Gefahr gebannt!

Unser Gehirn arbeitet immer – manchmal allerdings so, daß es uns weniger hilft als behindert. An jedem Punkt innerhalb des Entscheidungsprozesses können uns Fehleinschätzungen, Vorurteile und andere Streiche unseres Gehirns von einer klugen Entscheidung abhalten. Ausgerechnet bei hochgradig komplexen und extrem wichtigen Entscheidungen besteht die größte Gefahr, da hierbei Vermutungen und Schätzungen eine große Rolle spielen. Das Risiko steigt mit dem Einsatz.

Besonders leicht geraten wir in Fallen, bei denen Ungewißheit eine Rolle spielt, da die meisten Menschen keine Übung darin haben, Wahrscheinlichkeiten einzuschätzen. Wir können Zeit, Entfernung, Gewicht und Umfang gut einschätzen, da dies zu unserem täglichen Leben gehört und wir schnelle Rückmeldung erhalten, ob wir mit unserer Schätzung richtig lagen. Die tägliche Übung trainiert unser Gehirn.

Die Einschätzung von Unsicherheitsfaktoren ist dagegen etwas ganz anderes, obwohl wir häufig Prognosen abgeben, wie sich eine Sachlage wahrscheinlich entwickelt. Ob sich unsere Prognose auch bewahrheitet hat, erfahren wir jedoch nur in den seltensten Fällen.

Sie schätzen zum Beispiel, daß ein Ereignis mit einer Wahrscheinlichkeit von 40 % eintritt, und es stellt sich heraus, daß etwas völlig anderes geschieht. Hatten Sie nun recht oder nicht? Die Genauigkeit Ihrer Prognose könnten Sie nur feststellen, wenn Sie so viele ähnliche Vorhersagen treffen, bis sich nach einer gewissen Zeit zeigt, ob die Ereignisse auch tatsächlich in 40 % aller Fälle eintreten. Dazu ist eine sehr große Datenmenge erforderlich, die über einen langen Zeitraum sorgfältig protokolliert und ausgewertet werden muß. Für Meteorologen und Buchmacher ist es notwendig, solche Aufzeichnungen zu pflegen, doch für die meisten Menschen nicht. Aus diesem Grund ist auch unser Gehirn nicht daran gewöhnt, Wahrscheinlichkeiten einzuschätzen.

Profi-Tip:

Der beste Verteidigung gegen alle psychologischen Fallen ist, sie zu kennen. Gefahr erkannt, Gefahr gebannt. Selbst wenn Sie nicht völlig ausschließen können, daß Ihnen Ihr Gehirn ab und zu Streiche spielt und Ihre Gedankengänge davon beeinflußt werden, können Sie doch kleine Tests und Übungen in Ihren Entscheidungsprozeß einbauen, damit eventuelle Denkfehler nicht zu Fehlurteilen führen.

Das Wissen über psychologische Fallen und darüber, wie sie vermieden werden können, hat noch einen weiteren Vorteil: Sie können Ihre Entscheidungen mit größerer Zuversicht treffen und besser zu ihnen stehen.

Der kluge Entscheider

11

Voraussetzung 1: Systematisches Denken

Die Kunst, kluge Entscheidungen zu treffen, kann jeder lernen, der sich eine systematische Denkweise aneignet. Eine systematischen Vorgehensweise unterstützt Sie dabei,

- das Entscheidungsproblem auf den Punkt zu bringen,

- Ihre wirklichen Ziele zu klären,

- eine Auswahl an kreativen Alternativen zu entwickeln,

- die Konsequenzen Ihrer Entscheidung zu verstehen,

- vernünftige Kompromisse zu schließen, falls Zielsetzungen einander ausschließen,

- vernünftig mit Ungewißheiten umzugehen,

- Ihre Risikobereitschaft angemessen zu berücksichtigen,

- vorausschauend verknüpfte Entscheidungen zu planen.

Es hat sich gezeigt, daß die Grundgedanken eines systematischen Ansatzes sehr einfach sind. Mag sein, daß es ein bißchen mehr Zeit und Anstrengung erfordert, Zielsetzungen detailliert auszuarbeiten oder die Auswahl der zur Verfügung stehenden Alternativen aktiv zu erweitern, doch der Gedankengang selbst ist geradlinig und unkompliziert. Im Grunde genommen ist der zusätzliche Aufwand letztlich doch kein zusätzlicher Aufwand, bewahrt er doch meist davor, daß sich die Gedanken endlos im Kreise drehen. Und was noch viel wichtiger ist: Er führt uns zu besseren Entscheidungen.

Eine kluge Entscheidung zu treffen ist eine Sache, ein kluger Entscheider zu werden, eine andere. Da wir die Elemente eines klugen Entscheidungsprozesses in den vorhergegangenen Kapiteln untersucht haben, gehen wir nun von der Methode zum Menschen über. Eignen Sie sich diese Praktiken an und halten Sie sich an sie, und schon sind Sie auf dem besten Weg, Ihr Leben lang die kluge Wahl zu treffen.

Voraussetzung 2: Geben Sie sich einen Ruck

Zaudern und zögern läßt keine guten Entscheidungen zu. Selbst die besten Begründungen, eine Entscheidung hinauszuzögern – das Problem scheint zu unüberschaubar, die Entscheidung ist zu aufwendig, unangenehme Gefühle könnten hervorgerufen werden – heben die Notwendigkeit einer Entscheidung nicht auf.

Eine Entscheidung der Zeit oder dem Zufall zu überlassen heißt, keine Entscheidung zu treffen. Dies hat fast immer unbefriedigende Ergebnisse zur Folge, und sei es nur Ihr Zweifel darüber, ob es nicht auch hätte besser ausgehen können.

Profi-Tip:

Deshalb: Geben Sie sich einen Ruck! Je eher Sie ein Problem angehen, um so mehr Zeit steht Ihnen zur Verfügung, über Ihre Entscheidung nachzudenken und nützliche Informationen einzuholen. Sie vermeiden dadurch, unter Zeitdruck und schlecht informiert eine Entscheidung treffen zu müssen. Steht Ihnen ausreichend Zeit zur Verfügung, wird auch Ihr Unterbewußtsein in der Lage sein, sich mit dem Problem zu beschäftigen und Sie mit hilfreichen Geistesblitzen belohnen, selbst wenn Sie gerade mit etwas völlig anderem beschäftigt sind.

Die zehn folgenden Fragen sind ein guter Einstieg in die Entscheidungsfindung. Sie werden Ihnen aufzeigen, was Sie bereits wissen, und was Sie noch in Erfahrung bringen müssen, um eine kluge Wahl zu treffen.

Geben Sie sich einen Ruck: Zehn Fragen zur Diagnose

1. Was ist mein Entscheidungsproblem? Was, breit gefaßt, muß ich eigentlich entscheiden? Welche speziellen Entscheidungen muß ich als Teil der breitgefaßten Entscheidung treffen?

2. Wie lauten meine grundsätzlichen Ziele? Habe ich mir oft genug die Frage »Warum« gestellt, um meine wahren Wünsche und Bedürfnisse zu erkennen?

3. Wie sind meine Alternativen? Gibt es noch andere gute Alternativen?

4. Dienen die Konsequenzen jeder Alternative meinen Zielen? Kann ich irgendeine Alternative sofort streichen?

5. Welche Kompromisse sind für meine wichtigeren Ziele erforderlich? Über welche gegensätzlichen Ziele mache ich mir die größten Sorgen?

6. Gibt es Ungewißheiten, die ernste Probleme verursachen können? Wenn ja, welche? Welchen Einfluß haben sie auf die Konsequenzen?

7. Welches Risiko bin ich bereit zu tragen? Wie schlecht oder gut sind die möglichen Konsequenzen? Wie kann ich mein persönliches Risiko verringern?

8. Habe ich vorausgeplant, an die Zukunft gedacht? Kann ich Unsicherheitsfaktoren durch entsprechende Informationen klären? Welchen Nutzen habe ich davon und zu welchem Preis (Zeit, Geld und Aufwand)?

9. Ist die Entscheidung an diesem Punkt offensichtlich oder relativ klar? Was läßt mich jetzt noch zögern? Inwiefern ließe sich

mit etwas mehr Zeitaufwand und Mühe eine noch bessere Entscheidung treffen?

10. Womit muß ich mich jetzt auseinandersetzen? Aus welchem triftigen Grund ist die Entscheidung noch unklar? Welche Fakten und Meinungen würden mir weiterhelfen?

Sobald Sie den Anfang gemacht haben, sollten Sie darauf achten, sich nicht festzufahren. Manche Entscheider beschäftigen sich übertrieben eingehend mit jedem einzelnen Element der Entscheidungsfindung. Bevor Sie nicht einen ausgefeilten Zielekatalog ausgearbeitet haben, überlegen Sie sich keinerlei Alternativen. Sie machen sich erst dann über die Konsequenzen Gedanken, wenn alle möglichen Alternativen fein säuberlich aufgestellt wurden. Und so weiter, und so fort.

Diese Menschen vergeuden viel Zeit damit, sich mit Aspekten der Entscheidungsfindung zu beschäftigen, die sich im nachhinein als relativ unwichtig herausstellen, da man sich nur durch vorausblickende Planung den richtigen Überblick über die Gesamtlage verschaffen kann. Sie verbringen zum Beispiel unglaublich viel Zeit damit, ihre Ziele bis in die kleinste Kleinigkeit auszuformulieren, obwohl das eigentliche Problem ein Unsicherheitsfaktor ist. Sind sie dann endlich am Unsicherheitsfaktor angelangt, fehlt womöglich die Zeit, ihm ausgiebig gerecht zu werden.

Sie können dieses Problem vermeiden, indem Sie einmal so tun, als wären Sie in einer Notfallübung. Stellen Sie sich vor, Sie hätten für eine einfache Alltagsentscheidung nur wenige Augenblicke Zeit, für eine wichtigere und komplexere Entscheidung nur einige Stunden. Gehen Sie alle Elemente der Entscheidungsfindung zügig durch: Problem, Ziele, Alternativen, Konsequenzen, Kompromisse, Ungewißheiten, Risikobereitschaft und verknüpfte Entscheidungen. Untersuchen Sie schnell jeden Punkt. Halten Sie sich nicht mit Einzelheiten auf. Machen Sie sich keine allzu großen Gedanken darüber, ob auch alles zu hundert Prozent richtig ist. Verschaffen Sie sich lieber einen Überblick über Ihr Entscheidungsproblem und verstehen Sie die Zusammenhänge. Sie haben sich damit eine Grundlage geschaffen und können später auf ganz bestimmte Punkte eingehen oder Kleinigkeiten klären. Oft werden Sie angenehm überrascht feststellen, daß diese Übung bereits zu einer klaren Entscheidung führt, die Ihr Problem mit nur wenig Aufwand lösen konnte. Auf alle Fälle haben Sie den schwierigsten ersten Schritt schon hinter sich.

Voraussetzung 3: Konzentrieren Sie sich auf das Wesentliche

Bei den meisten Entscheidungen wissen Sie bereits von Anfang an, worauf Sie sich konzentrieren müssen: darauf, was Ihnen die Entscheidung schwermacht. Normalerweise handelt es sich dabei um einen oder zwei Kernpunkte, mehr sind eher selten.

Ist das Wesentliche nicht auf den ersten Blick erkennbar, sollten Sie sich fragen: »Was hält mich davon ab, diese Entscheidung zu treffen? Warum kann ich mich nicht jetzt entscheiden?« Ihre Antwort wird Ihnen deutlich machen, worauf Sie Ihre Aufmerksamkeit richten sollten. Es kann an einer Ungewißheit liegen (»Ich weiß nicht, ob sich diese Firma halten kann.«) oder daran, daß Sie Ihr grundsätzliches Problem erst noch definieren müssen (»Ich weiß nicht einmal, warum dieses Problem aufkam.«). Wo auch immer die Schwierigkeit liegen mag, Sie sollten die entsprechenden Kapitel noch einmal aufschlagen und unseren Empfehlungen folgen.

Erstellen Sie einen »Schlachtplan«

Sobald Sie Ihre Entscheidungsfrage klar erkannt haben und Ihren Standpunkt eingenommen haben, werden Sie vermutlich einen Plan aufstellen wollen, wie Sie die Lösung am besten angehen können. Brauchen Sie Informationen? Genauere Zielsetzungen? Bessere Alternativen? Schließen Sie zuerst systematisch alle Lücken und überdenken Sie anschließend das Entscheidungsproblem noch einmal als ganzes.

Profi-Tip:

Denken Sie immer daran, daß sich bei eingehender Beschäftigung die Problemstellung ändern kann. Bleiben Sie also flexibel. Überprüfen Sie regelmäßig Ihre Strategie und nehmen Sie sich Zeit zum Nachdenken, sobald Sie neue Einsichten gewinnen oder einen großen Fortschritt erzielt haben. Stellen Sie sich folgende Fragen:

- Ist meine Entscheidung nun klar?

- Wenn nein, lohnt sich ein größerer Aufwand oder wähle ich einfach die beste Alternative?

- Was habe ich dazugelernt? Sehe ich das Problem nun anders?

- Womit muß ich mich als nächstes beschäftigen?

Überprüfen Sie Ihren Plan und fahren Sie fort. Wiederholen Sie diese Vorgehensweise so lange, bis Sie Ihre Entscheidung getroffen haben. Mit einem Plan können Sie Ihr Entscheidungsproblem gezielt angehen.

Allerdings sollten Sie gleichzeitig neuen Informationen und Entwicklungen gegenüber flexibel und offen bleiben. Die Bereitschaft innezuhalten, Ihren Plan zu überprüfen und gegebenenfalls umzuformulieren, ist unbedingt erforderlich. Fragen Sie sich immer wieder: »Was macht mir Sorgen? Was hält mich zurück? Warum kann ich mich nicht jetzt entscheiden?«

Schrittweiser Umgang mit komplexen Situationen

Viele Probleme scheinen hoffnungslos komplex, ganz unabhängig davon, wie sie definiert werden. Man glaubt, ein kleines Stückchen weitergekommen zu sein und hofft, sich irgendwie durchmogeln zu können. Die folgenden Techniken helfen im Umgang mit scheinbar unlösbaren Situationen.

1. Treffen Sie Entscheidungen Schritt für Schritt

Stellen Sie sich eine Pyramide vor, deren Ebenen von unten nach oben immer schmaler werden. Wenn Sie es mit einer Reihe von zusammenhängenden Entscheidungen zu tun haben, sollten Sie sich dabei zuerst der breitesten Ebene widmen (welche Stelle soll ich in der neuen Stadt annehmen?), gehen dann zur nächsten, schmaleren Ebene über (in welche Wohngegend soll ich ziehen?) und treffen als nächstes die spezifischste Entscheidung, die Ebene an der Spitze (welche Wohnung soll ich mieten?).

Bei jeder Ebene müssen Sie sich jedoch klarmachen, welche Alternativen in der nächsten noch offen stehen, da sie Ihre Wahl auf der jetzigen Ebene beeinflussen. (Bei der Auswahl eines Arbeitsplatzes, zum Beispiel, hilft es Ihnen sicherlich bei Ihrer Entscheidung, wenn Sie bereits jetzt daran denken, daß günstige und schöne Wohngegenden in der Nähe sein sollten. Die tatsächliche Entscheidung darüber, in welcher Gegend Sie welche Wohnung mieten, erfolgt jedoch erst nach der Entscheidung über den Arbeitsplatz.) In Großunternehmen und beim Militär wird nach dieser Methode vorgegangen: Zuerst werden strategische Entscheidungen getroffen, danach die taktischen und ganz zuletzt einsatzbezogene.

2. Großaufnahme und Ausschnitt betrachten

Dies ist eine Variante der eben beschriebenen Vorgehensweise, Entscheidungen in einzelne Ebenen aufzuteilen. Die Großaufnahme entspricht der untersten, breitesten Ebene (die strategische Entscheidung), während der Ausschnitt den höheren, schmaleren Ebenen entspricht (taktischen und einsatzbezogenen Entscheidungen).

Bei der Betrachtung der Großaufnahme und der Ausschnitte treffen Sie jedoch auf keiner Ebene eine Entscheidung, bevor Sie nicht jede Entscheidung auf jeder Ebene mehrmals bedacht haben. Sie beginnen mit der Großaufnahme und treffen versuchsweise eine Entscheidung auf der untersten Ebene, dann betrachten Sie sich einige Ausschnitte und überlegen sich, wie Sie sich auf verschiedenen höheren Ebenen entscheiden würden, was wiederum von der zuerst getroffenen Entscheidung abhängt.

Anschließend betrachten Sie wieder die Großaufnahme und wissen dabei bereits, wie sich diese Entscheidung auf den höheren Ebenen auswirkt. Wechseln Sie mehrmals zwischen Großaufnahme und Ausschnitt, bevor Sie die Entscheidung auf unterster Ebene treffen. Überlegt man sich die Auswirkungen seiner Entscheidungen auf den höheren Ebenen, erfährt man einiges darüber, wie realistisch die Entscheidung auf unterster Ebene eigentlich ist.

3. Schaffen Sie vergleichbare Entscheidungspakete

Bestimmte Entscheidungen gehören zusammen – sie bilden durchgängige Entscheidungspakete. Nehmen wir zum Beispiel an, Sie hätten gerade Ihren Schulabschluß gemacht und zwei Stellenangebote zur Auswahl. Wenn Sie die Stelle als Techniker in Los Angeles annehmen, werden Sie vermutlich in Westwood leben und in Abendkursen auf Ihren Abschluß als Diplomingenieur an der Universität Los Angeles hinarbeiten. Nehmen Sie jedoch die Stelle als

Produktmanager in San Francisco an, ziehen Sie wahrscheinlich nach Berkeley und studieren nebenbei Wirtschaftswissenschaften an der Universität von Berkeley. In beiden Fällen haben Sie ein durchgängiges Entscheidungspaket geschaffen, das Arbeitsplatz, Wohnort und Aus- bzw. Weiterbildung umfaßt. Diese Entscheidungspakete können gut miteinander verglichen werden.

4. Welches Maß an Genauigkeit ist für Sie erforderlich?

Das Maß an Genauigkeit Ihrer Untersuchungen sollte mit der Genauigkeit der Problemstellung übereinstimmen. Ist die Problemdefinition sehr breit gefaßt, sollten Sie sich auch nicht zu sehr mit Details beschäftigen.

Immer wieder beobachten wir, daß manche Menschen ihre Problemdefinition immer weiter verallgemeinern, aber gleichzeitig ihre Detailgenauigkeit aufrechterhalten. Natürlich beschweren sie sich dann darüber, daß die Situation zu komplex erscheint. Der amerikanische Philosoph William James bemerkte über dieses Phänomen einmal, daß die Kunst der Weisheit darin liegt zu wissen, was man übersehen kann. Sie müssen aufgrund Ihrer eigenen Erfahrungen oder der Ratschläge Dritter selbst herausfinden, welches Maß an Genauigkeit für das aktuelle Problem angemessen ist.

Befreien Sie sich

Mitten im Entscheidungsprozeß stellt man mitunter fest, daß man sich im Kreise dreht und keinen Schritt weiter kommt. Manchmal wagt man nicht einmal den ersten Schritt. Manchmal hält Sie ein scheinbar unbezwingbares Hindernis von der Untersuchung eines Schlüsselelements ab. Und manchmal können Sie sich trotz allem einfach nicht entscheiden.

Profi-Tip:

Unsere Empfehlung: Sprechen Sie mit jemanden über Ihr Entscheidungsproblem. Ein Gespräch kann der richtige Anstoß sein, den eigenen Denkprozeß in die Wege zu leiten. Haben Sie erst einmal angefangen, Ihr Problem einem anderen zu schildern, fallen Ihnen bestimmt Zusammenhänge auf, an die Sie vorher noch nie gedacht haben.

Noch besser ist es natürlich, wenn Sie sich vor einem solchen Gespräch Notizen machen, denn eine schriftliche Ausarbeitung gibt Ihrem Gedankengang einen Anstoß; selbst wenn Ihre Verabredung nicht zustande kommt, haben Sie dadurch einen gedanklichen Fortschritt erzielt.

Noch ein Ausweg: Hält Sie ein Hindernis davon ab, eine Entscheidung zu treffen, überlegen Sie, was Sie täten, wenn es das Hindernis nicht gäbe. Scheitert Ihre Entscheidung zum Beispiel an Geld, malen Sie sich aus, Sie hätten davon mehr als genug. Oft werden Sie feststellen, daß Sie sich auch nicht viel anders verhalten würden – Hindernis hin, Hindernis her.

Können Sie Ihr Entscheidungsproblem dadurch lösen, daß Sie das Hindernis als nicht vorhanden betrachten, sollten Sie sich überlegen, wie Sie es tatsächlich aus dem Weg räumen können.

Erkennen, wann man aufhören muß

Eine Untersuchung kann endlos fortgeführt werden, doch dazu sind Sie wohl kaum in der Lage. Irgendwann müssen Sie sich entscheiden. Aus diesem Grund muß das Verhältnis zwischen den zeitintensiven Überlegungen und der zur Verfügung stehenden Zeit abgestimmt sein. Es kostet zwar viel Zeit und Nerven, sich lange mit einer quälenden Entscheidung abzuplagen, doch eine überstürzte

Entscheidung, die man schnell hinter sich bringen möchte, um emotionale Belastungen oder die erforderliche Gedankenarbeit zu umgehen, ist normalerweise eine schlechte Entscheidung.

Wie können Sie erkennen, wann es genug ist? Ganz einfach: Sie wägen die Kosten des notwendigen Mehraufwands gegen den Vorteil einer möglicherweise besseren Entscheidung ab. Folgende Fragen helfen Ihnen bei dieser Entscheidung:

- Haben Sie das Gefühl, Sie haben Ihr Entscheidungsproblem richtig erkannt?

- Haben Sie sich ausführlich mit jedem für Ihre Entscheidungsfindung wichtigem Element unserer Methode auseinandergesetzt?

- Könnten Sie sich mit einer Ihrer Alternativen zufriedengeben?

- Besteht die Gefahr, daß die besten Alternativen nicht mehr verfügbar sind, falls Sie noch länger warten?

- Ist es eher unwahrscheinlich, daß Sie eine neue, bessere Alternative finden könnten, wenn Sie etwas mehr Zeit dafür hätten?

- Wäre die Optimallösung nur geringfügig besser als Ihre derzeit beste Alternative?

- Würde Sie die weitere Auseinandersetzung mit dieser Entscheidung von anderen wichtigen Aktivitäten und Entscheidungen abhalten?

Konnten Sie alle oder fast alle Fragen mit »Ja« beantworten, haben Sie ganz offensichtlich bereits gründlich genug über Ihre Entscheidung nachgedacht und sollten sie jetzt treffen.

Manchmal müssen Sie sich ganz bewußt dazu zwingen, einen Schlußstrich zu ziehen. »Informationssucht« zeigt sich als unstillbarer Hunger nach immer mehr Informationen. Es ist der oft aussichtslose Versuch, nach genau der Information zu suchen, die einer Entscheidung den endgültigen Ausschlag gibt, oder genau die Alternative zu finden, die absolut perfekt ist.

Die perfekte Lösung gibt es fast nie, und doch sind viele Menschen auf endloser (und unrealistischer) Suche nach ihr.

Häufig wird das vermeintliche Bedürfnis nach mehr und mehr Informationen als Entschuldigung dafür mißbraucht, die Entscheidung hinauszuzögern, sich den Tatsachen nicht zu stellen. Denn Entscheiden heißt, sowohl die guten als auch die schlechten Seiten akzeptieren zu können.

Stellen Sie Grundregeln für die Entscheidungsfindung auf

Weniger wichtige und alltägliche Entscheidungen machen es meist nicht erforderlich, ausführliche Untersuchungen anzustellen. Doch obwohl diese Entscheidungen als Einzelentscheidungen gesehen verhältnismäßig geringfügige Auswirkungen zeigen, können sie als Summe sehr folgenschwere Konsequenzen haben. So ist es zwar eigentlich relativ unwichtig, was Sie heute zu abend essen, doch über längere Zeit gesehen entscheidet jede einzelne Mahlzeit Ihre Ernährungsweise.

Profi-Tip:

Es lohnt sich deshalb durchaus, sich einmal Gedanken darüber zu machen, nach welchem Grundprinzip alltägliche Entscheidungen getroffen werden, selbst wenn Sie über diese kleinen Einzelentscheidungen im privaten oder beruflichen Bereich nicht lange nachdenken möchten. Sie können dadurch sicherstellen, daß Sie auch bei Alltagsentscheidungen, die normalerweise relativ unbewußt getroffen werden, nach den Prinzipien handeln, die Ihren Wertvorstellungen entsprechen (zum Beispiel, auf eine gesunde Ernährung zu achten). Außerdem fallen selbst Alltagsentscheidungen leichter, wenn dafür bestimmte Prinzipien gelten.

Überprüfen Sie regelmäßig Ihre Entscheidungsfindungstechnik

Mit der Zeit entwickelt man eine persönliche Technik der Entscheidungsfindung, d. h. eine Reihe von Gewohnheiten, wie man zu einer Entscheidung gelangt. Natürlich soll diese Technik möglichst schnell und leistungsfähig sein und, wenn möglich, immer weiter verbessert werden. Dazu empfiehlt es sich, regelmäßig zu überprüfen, was die eigene Technik bei kürzlich getroffenen Entscheidungen geleistet hat. Sowohl die Überprüfung als auch der erwünschte Lernerfolg kann dadurch vereinfacht werden, daß bei jeder wichtigen Entscheidung notiert wird, auf welcher Grundlage und aufgrund welcher Gedankengänge sie getroffen wurde. Überprüfen Sie Ihre Technik anhand dieser Notizen. Sind Verhaltensmuster erkennbar? Was sagt Ihr Verhalten über Ihre Technik aus? Fragen Sie sich z. B. folgendes:

- Sind Ihre Alternativen ausreichend kreativ?

- Verbringen Sie zuviel Zeit für weniger wichtige Fragen?

- Neigen Sie zu Entscheidungen, die sich im nachhinein als zu vorsichtig erweisen?

- Haben Sie bei der Entscheidungsfindung die Zügel selbst in der Hand oder glauben Sie, Entscheidungen treffen sich ohne Ihr Zutun fast von selbst?

Nach erfolgter Überprüfung sollten Sie sich fragen, ob Sie mit Ihrer Technik zufrieden sind. Ist sie Ihnen bei der Verfolgung Ihrer Ziele eine Hilfe oder ein Hindernis? Was müßte unter Umständen verändert werden? Woran muß noch gearbeitet werden?

Sie können diese Überprüfung alleine durchführen, doch oft erweist es sich als aufschlußreicher, jemanden hinzuzuziehen. Bitten Sie doch ein Familienmitglied, einen Freund oder Arbeitskollegen, Ihnen bei der Auswertung einiger Entscheidungen zu helfen, die Ihren Helfern bereits bekannt sind. Bieten Sie Ihre Hilfe ebenfalls an. Daraus ergeben sich für beide Seiten große Vorteile: die eigene Entscheidungsfindungstechnik wird einmal aus einem anderen Blickwinkel betrachtet, man lernt die Technik seines Gegenübers kennen, und man lernt meist selbst etwas dazu, wenn man einem anderen beratend zur Seite steht.

Nehmen Sie Ihre Entscheidungen selbst in die Hand

Wer trifft Ihre Entscheidungen? Sie! Und wer sucht sich das Entscheidungsproblem aus, mit dem Sie konfrontiert sind? Auch Sie – und zwar immer, wenn es möglich ist.

Profi-Tip:

Wir raten Ihnen dringlich, bei jeder Entscheidungsgelegenheit die Initiative zu ergreifen und nicht abzuwarten, bis Sie sich unerwartet in einer Entscheidungssituation wiederfinden.

Oft ist es ja so, daß Entscheidungsprobleme von Außenstehenden (Mitbewerbern, Vorgesetzten, Familie) oder durch bestimmte Umstände (Naturgewalten, Unfälle, Finanzmärkte) an uns herangetragen werden. Das Leben wäre sicherlich wesentlich einfacher, wenn es diese Probleme nicht gäbe. Schließlich wünschen sich alle Eltern, daß ihr aufgewecktes Kind keine schlechten Noten mit nach Hause bringt; kein Manager sieht es gern, wenn ein gutes Produkt

Marktanteile an einen Konkurrenten verliert und kein Hausbesitzer ist begeistert, wenn sein Haus durch heftige Unwetter Schaden nimmt. Entscheidungsprobleme, die sich aus solchen Umständen ergeben, sind alles andere als angenehm.

Aus diesem Grund ist es immer besser, sich aktiv bei jeder passenden Gelegenheit eigene Entscheidungsprobleme zu schaffen, da diese im Grunde keine Probleme, sondern Entscheidungsgelegenheiten darstellen. Wir alle haben zum Beispiel Interesse daran, gesund zu bleiben. Dieses Interesse umfaßt die unterschiedlichsten Entscheidungsmöglichkeiten: Wie werde oder bleibe ich gesund? Wie kann ich auf vernünftige Ernährung achten? Wie läßt sich ein Unfallrisiko reduzieren?

Natürlich besteht keine Notwendigkeit, sich mit diesen Fragen zu befassen, aber es besteht die Möglichkeit. Ergreifen Sie eine beliebige Gelegenheit, und handeln Sie nach den Vorschlägen, die wir Ihnen in diesem Buch anbieten: Bewerten – Entscheiden – Handeln.

Lassen Sie diese Gelegenheiten ungenutzt, könnte Ihre Gesundheit darunter leiden, und die daraus folgenden Entscheidungsprobleme sind wesentlich unangenehmer: In welchem Krankenhaus unterziehe ich mich einer Dreifach-Bypass-Operation? Was soll ich tun, wenn ich nicht mehr Auto fahren kann?

Schaffen Sie sich den Anreiz, Entscheidungsgelegenheiten zu erkennen, indem Sie klar und deutlich formulieren, was Sie wirklich möchten. Es gibt hierfür eine systematische Vorgehensweise, die als »wertorientiertes Denken« bezeichnet wird. Ihre Wertvorstellungen, alles was Ihnen als wertvoll, nützlich und erstrebenswert erscheint, bilden den Ausgangspunkt. Nehmen Sie sich die Zeit und formulieren Sie Ihre obersten Ziele – Ihre Wertvorstellungen. Schreiben Sie möglichst genau auf, was Sie sich vom Leben im allgemeinen oder von bestimmten Teilbereichen, wie berufliche Laufbahn, Ehe, Familie, Hobbys etc. erwarten. Für die berufliche Entscheidungsfindung formulieren

Sie die im Unternehmen oder Ihrem Verantwortungsbereich geltenden Wertvorstellungen.

Suchen Sie anschließend anhand dieser Wertvorstellungen nach Entscheidungsgelegenheiten oder schaffen Sie diese. Überlegen Sie sich beispielsweise, wie sich das Ziel »mehr Freizeit« erreichen läßt. Die Initiative ergreifen heißt, eine größere Auswahl an Optionen zu schaffen und die Zukunft zu gestalten.

Die Vorstellung, das Leben sei eine aufeinanderfolgende Reihe von Entscheidungsproblemen, ist eine besonders wirkungsvolle Methode, das Steuer selbst in die Hand zu nehmen.

Und was haben Sie von all dem?

Sie haben viel zu gewinnen, wenn Sie die Vorschläge in diesem Buch für Ihre Entscheidungsfindung anwenden. Der größtmögliche Nutzen stellt sich jedoch nur ein, wenn Sie auch tatsächlich damit arbeiten.

Profi-Tip:

Wenden Sie den PrOACT-Ansatz für einige Ihrer Entscheidungen an. Beginnen Sie mit wichtigen, jedoch nicht unbedingt lebenswichtigen Entscheidungen. Es mag Ihnen anfangs beschwerlich und ungewohnt erscheinen, doch das ist immer der Fall, wenn man alte Gewohnheiten ändert. Bald wird Ihnen unsere Methode in Fleisch und Blut übergehen, und Sie werden das Gefühl haben, daß Sie nun so entscheiden können, wie Sie es schon immer tun wollten – nur mit System.

Sobald sich eine gewisse Routine im Umgang mit der Methode einstellt, werden Sie feststellen, daß sich die Vorteile nahezu von selbst ergeben. Sie werden folgendes entdecken:

- Bei den meisten schwierigen Entscheidungsproblemen gibt es ein oder zwei schwierige Punkte.

- Viele der schwierigen Entscheidungen sind viel einfacher, als es den Anschein hat. Geht man sie systematisch an und konzentriert sich hauptsächlich auf die schwierigen Punkte, läßt sich auch eine zufriedenstellende Lösung finden.

- Die Beschreibung des Problems, die Klärung der Ziele und die Entwicklung guter Alternativen sind die Grundlagen einer klugen Wahl. Arbeitet man diese drei Elemente sorgfältig aus, wird sich für gut die Hälfte aller Entscheidungen die kluge Wahl bereits gezeigt haben.

- Das Erkennen und Streichen schlechter Alternativen ist fast immer von großem Vorteil, besonders dann, wenn sie zu Beginn noch nicht offensichtlich als die schlechteren erkannt wurden. Dieses Vorgehen schützt Sie nicht nur vor unklugen Entscheidungen, sondern stellt die kluge Wahl schon sicher, wenn sich die übriggebliebenen Alternativen nur geringfügig unterscheiden. Allgemein gilt, daß die Entscheidung sehr viel einfacher wird.

- Bestehen Ungewißheiten, kann auch bei einer klugen Entscheidung nicht garantiert werden, daß positive Konsequenzen folgen. Auf längere Sicht gesehen steht das Glück jedoch auf der Seite derer, die ihre Entscheidungen nach einer guten Methode treffen.

Das Allerwichtigste sollten Sie niemals vergessen: Der einzige Weg, das eigene Leben selbst in die Hand zu nehmen, ist, eigene Entscheidungen zu treffen. Alles andere geschieht einfach. Handeln Sie proaktiv, übernehmen Sie das Kommando über Ihre Entscheidungen, bemühen Sie sich, kluge Entscheidungen zu treffen und entwickeln Sie eine gute Entscheidungsfindungstechnik.

Ihre Belohnung wird ein erfülltes, befriedigendes Leben sein.

Stichwortverzeichnis

Stichwortverzeichnis

Stichwortverzeichnis